teoría

Traducción de Martí Soler

michel foucault
historia de la sexualidad

2. el uso de los placeres

**siglo
veintiuno
editores**

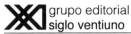 grupo editorial
siglo ventiuno

siglo xxi editores, méxico	siglo xxi editores, argentina
CERRO DEL AGUA 248, ROMERO DE TERREROS, 04310, MÉXICO, DF	GUATEMALA 4824, C 1425 BUP, BUENOS AIRES, ARGENTINA

salto de página	biblioteca nueva	anthropos
ALMAGRO 38, 28010, MADRID, ESPAÑA	ALMAGRO 38, 28010 MADRID, ESPAÑA	DIPUTACIÓN 266, BAJOS BARCELONA, 08007 ESPAÑA

primera edición en español, 1986
decimoséptima reimpresión, 2009
segunda edición en español, 2011
segunda reimpresión, 2014
© siglo xxi editores, s.a. de c.v.
isbn 978-607-03-0164-3 (obra completa)
isbn 978-607-03-0291-6 (volumen 2)

primera edición en francés, 1984
© éditions gallimard, parís
título original: *histoire de la sexualité ii: l'usage des plaisirs*

diseño de interior: thölon kunst

Índice

Introducción

Esta serie de investigaciones aparece más tarde de lo que había previsto y bajo una forma totalmente distinta.

He aquí el porqué. No debían ser ni una historia de los comportamientos ni una historia de las representaciones, pero sí una historia de la "sexualidad": las comillas tienen su importancia. Mi propósito no era reconstruir una historia de las conductas y prácticas sexuales, según sus formas sucesivas, su evolución y su difusión. Tampoco era mi intención analizar las ideas (científicas, religiosas o filosóficas) a través de las cuales nos hemos representado tales comportamientos. En principio, quería detenerme ante esta noción, tan cotidiana, tan reciente, de "sexualidad": tomar distancia respecto a ella, evitar su evidencia familiar, analizar el contexto teórico y práctico al que está asociada. El propio término de "sexualidad" apareció tardíamente, a principios del siglo XIX. Se trata de un hecho que no hay que subestimar ni sobreinterpretar. Señala algo más que un cambio de vocabulario, pero evidentemente no marca el surgimiento súbito de aquello con lo que se relaciona. Se ha reconocido el uso de la palabra en relación con otros fenómenos: el desarrollo de campos de conocimiento diversos (que cubren tanto los mecanismos biológicos de la reproducción como las variantes individuales o sociales del comportamiento); el establecimiento de un conjunto de reglas y normas, en parte tradicionales, en parte nuevas, que se apoyan en instituciones religiosas, judiciales, pedagógicas, médicas; cambios también en la manera en que los individuos se ven llevados a dar sentido y valor a su conducta, a sus deberes, a sus placeres, a sus sentimientos y sensaciones, a sus sueños. Se trataba, en suma, de ver cómo, en las sociedades occidentales modernas, se había ido conformando una "experiencia" por la que los individuos iban reconociéndose como sujetos de una "sexualidad", abierta a dominios de conocimiento muy diversos y articulada con un sistema de reglas y de restricciones. El proyecto era por lo tanto el de una historia de la sexualidad como experiencia, si entendemos por experiencia la correlación, dentro de una cultura, entre campos de saber, tipos de normatividad y formas de subjetividad.

Hablar así de la sexualidad implicaba liberarse de un esquema de pensamiento que entonces era muy común: hacer de la sexualidad una invariable y suponer que, si adopta en sus manifestaciones formas históricamente singulares, lo hace gracias a mecanismos diversos de represión, a los que se encuentra expuesta sea cual fuere la sociedad; lo cual corresponde a sacar del campo histórico al deseo y al sujeto del deseo y a pedir que la forma general de lo prohibido dé cuenta de lo que pueda haber de histórico en la sexualidad. Pero el rechazo de esta hipótesis no era suficiente por sí mismo. Hablar de la "sexualidad" como de una experiencia históricamente singular suponía también que pudiéramos disponer de instrumentos susceptibles de analizar, según su carácter propio y según sus correlaciones, los tres ejes que la constituyen: la formación de los saberes que a ella se refieren, los sistemas de poder que regulan su práctica y las formas según las cuales los individuos pueden y deben reconocerse como sujetos de esa sexualidad. Ahora bien, acerca de los dos primeros puntos, el trabajo que había emprendido anteriormente —fuera acerca de la medicina y de la psiquiatría, fuera acerca del poder punitivo y de las prácticas disciplinarias— me daba los instrumentos que necesitaba; el análisis de las prácticas discursivas permitía seguir la formación de los saberes al evitar el dilema de la ciencia y la ideología; el análisis de las relaciones de poder y de sus tecnologías permitía contemplarlas como estrategias abiertas, al evitar la alternativa de un poder concebido como dominación o denunciado como simulacro.

En cambio, el estudio de los modos por medio de los cuales los individuos son llevados a reconocerse como sujetos sexuales me planteaba muchas más dificultades. La noción de deseo o la de sujeto deseante constituía pues, si no una teoría, por lo menos un tema teórico generalmente aceptado. Esta misma aceptación era extraña: se trata del tema con el que en efecto nos encontramos, con ciertas variantes, en el propio corazón de la teoría clásica de la sexualidad, pero también en las concepciones que buscaban desprenderse de ella; esa misma que parecía haber sido el legado, en los siglos XIX y XX, de una larga tradición cristiana. La experiencia de la sexualidad puede realmente distinguirse, como figura histórica singular, de la experiencia cristiana de la "carne": ambas parecen dominadas por el principio del "hombre de deseo". Sea lo que fuere, parecía difícil analizar la formación y la evolución de la experiencia de la sexualidad a partir del siglo XVIII sin hacer, por lo que atañe al deseo y al sujeto deseante, un trabajo histórico y crítico, sin emprender, por lo tanto, una "genealogía". Por genealogía no entiendo hacer una historia de los sucesivos conceptos del deseo, de la concupiscencia o de la libido, sino más bien analizar las prácticas mediante las cuales los individuos se vieron llevados a prestarse atención a ellos mismos, a descubrirse, a reconocerse y a declararse como sujetos de deseo, haciendo jugar entre unos y otros una determinada relación que les permite descubrir en el deseo la verdad de su ser, sea natural o caído. En resumen, la idea era, en esta genealogía, indagar cómo los individuos han sido llevados a ejercer sobre sí mismos, y sobre los demás, una hermenéutica del deseo en la que el comportamiento sexual ha sido sin duda la circunstancia, pero ciertamente no el dominio exclusivo. En suma: para comprender cómo el individuo moderno puede hacer la experiencia de sí mismo, como sujeto de una "sexualidad", era indispensable despejar antes la forma en que, a través de los siglos, el hombre occidental se vio llevado a reconocerse como sujeto de deseo.

Me pareció necesario un desplazamiento teórico para analizar lo que con frecuencia se designaba como el progreso de los conocimientos: me había llevado a interrogarme por las formas de las prácticas discursivas que articulaban el saber. Fue igualmente necesario un desplazamiento teórico para analizar lo que con frecuencia se describe como las manifestaciones del "poder": me hizo preguntarme más bien acerca de las relaciones múltiples, las estrategias abiertas y las técnicas racionales que articulan el ejercicio de los poderes. Creo necesario emprender ahora un tercer desplazamiento, para analizar lo que se ha designado como "el sujeto"; convenía buscar cuáles son las formas y las modalidades de la relación consigo mismo por las que el individuo se constituye y se reconoce como sujeto. Tras el estudio de los juegos de verdad unos en relación con otros —tomando el ejemplo de un número determinado de ciencias empíricas en los siglos XVII y XVIII— seguido por el de los juegos de verdad en relación con las relaciones de poder —con el ejemplo de las prácticas punitivas—, parecía imponerse otro trabajo: estudiarlos en la relación del individuo consigo mismo y en la constitución de sí como sujeto, al considerar como dominio de referencia y campo de investigación lo que podríamos llamar la "historia del hombre de deseo".

Pero estaba visto que emprender esta genealogía me alejaba mucho de mi proyecto primitivo. Debía escoger: o bien mantener un plan establecido, acompañándolo de un rápido examen histórico de dicho tema del deseo, o bien reorganizar todo el estudio alrededor de la lenta formación, en la Antigüedad, de una hermenéutica de sí. Opté por este último partido, mientras reflexionaba que, después de todo, aquello a lo que me he sujetado —aquello a lo que me he querido sujetar desde hace muchos años— es una empresa que busca desbrozar algunos de los elementos que podían ser útiles a una historia de la verdad. Una historia que no sería aquella de lo que puede haber de cierto en los conocimientos, sino un análisis de los "juegos de verdad", de los juegos de falso y verdadero a través de los cuales el ser se constituye históricamente como experiencia, es decir, como una realidad que puede y debe pensarse a sí misma. ¿A través de qué juegos de verdad se permite al hombre pensar su ser propio cuando se percibe como loco, cuando se contempla como enfermo, cuando se reflexiona como ser vivo, como ser hablante y como ser que trabaja, cuando se juzga y se castiga en calidad de criminal? ¿A través de qué juegos de verdad el ser humano se ha reconocido como hombre de deseo? Me di cuenta de que, planteando así la pregunta e intentando elaborarla a propósito de un período tan alejado de mis horizontes antes familiares, abandonaba sin duda el plan contemplado, pero me acercaba mucho más a la pregunta que desde hace tanto tiempo es mi intención plantear. Me esperaban al abordarlo así algunos años más de trabajo. Desde luego, no carecía de peligros este largo rodeo, pero tenía un motivo y me pareció haberle hallado a esta investigación cierto interés teórico.

Pero, ¿cuáles eran los riesgos? Debía retrasar y alterar el programa de publicación que tenía previsto. Agradezco a todos aquellos que siguieron las travesías y los rodeos de mi trabajo —pienso en los oyentes del Collège de France— y a quienes tuvieron la paciencia de esperar su finalización, Pierre Nora a la cabeza. En cuanto a aquellos para quienes esforzarse y trabajar, comenzar y recomenzar, hacer intentos, equivocarse, retomarlo todo de nuevo de arriba abajo y encontrar el medio aún de dudar a cada paso, en cuanto a aquellos —digo— para quienes, en suma, más vale abandonar que trabajar en la reserva y la inquietud, es bien cierto que no somos del mismo planeta.

El peligro residía también en analizar documentos mal conocidos por mí.[1] Sin darme cuenta del todo, arriesgaba plegarlos

---

1   No soy helenista ni latinista. Pero me pareció que, aplicándose
    al trabajo, poniendo paciencia, modestia y atención, era
    posible adquirir ante los textos de la Antigüedad griega y
    romana una familiaridad suficiente: me refiero a una familiaridad

a formas de análisis o a formas de cuestionamiento que, por extrañas, ya no les convenían. Las obras de P. Brown, las de P. Hadot y sus conversaciones y opiniones retomadas una y otra vez me han sido de gran ayuda. A la inversa, corría el riesgo de perder, en el esfuerzo por familiarizarme con los textos antiguos, el hilo de las preguntas que quería plantear; H. Dreyfus y P. Rabinow, en Berkeley, me permitieron, con sus reflexiones, con sus preguntas, y gracias a sus exigencias, un trabajo de reformulación teórica y metodológica. F. Wahl me dio consejos preciosos.

P. Veyne me ayudó constantemente en el transcurso de esos años. Como verdadero historiador, sabe qué es eso de investigar la verdad, pero también conoce el laberinto en el que se entra desde el momento en que se quiere hacer la historia de los juegos de falso y verdadero; es de aquellos, tan raros hoy, que aceptan enfrentarse al peligro que conlleva, para todo pensamiento, la cuestión de la historia de la verdad. Sería difícil delimitar su influencia sobre estas páginas.

En cuanto al motivo que me impulsó, fue bien simple. Espero que, a los ojos de algunos, pueda bastar por sí mismo. Se trata de la curiosidad, esa única especie de curiosidad, por lo demás, que vale la pena practicar con cierta obstinación: no la que busca asimilar lo que conviene conocer, sino la que permite alejarse de uno mismo. ¿Qué valdría el encarnizamiento del saber si sólo hubiera de asegurar la adquisición de conocimientos y no, en cierto modo y hasta donde se puede, el extravío del que conoce? Hay momentos en la vida en los que la cuestión de saber si se puede pensar distinto de como se piensa y percibir distinto de como se ve es indispensable para seguir contemplando o reflexionando. Quizá se me diga que estos juegos con uno mismo de-

que permitiera, según una práctica sin duda constitutiva de la filosofía occidental, a la vez interrogar la diferencia que nos mantiene a distancia de un pensamiento en el que reconocemos el origen del nuestro y la proximidad que permanece a pesar de ese alejamiento que nosotros profundizamos sin cesar.

ben quedar entre bastidores y que, en el mejor de los casos, forman parte de esos trabajos de preparación que se desvanecen por sí solos cuando han logrado sus efectos. Pero, ¿qué es la filosofía hoy —quiero decir la actividad filosófica— si no el trabajo crítico del pensamiento sobre sí mismo? ¿Y si no consiste, en vez de legitimar lo que ya se sabe, en emprender el saber cómo y hasta dónde sería posible pensar de otro modo? Siempre hay algo de irrisorio en el discurso filosófico cuando, desde el exterior, quiere ordenar a los demás, decirles dónde está su verdad y cómo encontrarla, o cuando se siente con fuerza para instruirles proceso con positividad ingenua; pero es su derecho explorar lo que, en su propio pensamiento, puede ser cambiado mediante el ejercicio que hace de un saber que le es extraño. El "ensayo" —que hay que entender como prueba modificadora de sí mismo en el juego de la verdad y no como apropiación simplificadora del otro con fines de comunicación— es el cuerpo vivo de la filosofía, si por lo menos ésta es todavía hoy lo que fue, es decir una "ascesis", un ejercicio de sí, para el pensamiento.

Los estudios que siguen, como otros que emprendí antes, son estudios de "historia" por el campo de que tratan y las referencias que toman, pero no son trabajos de "historiador". Esto no quiere decir que resuman o sinteticen el trabajo hecho por otros; son —si se quiere contemplarlos desde el punto de vista de su "pragmática"— el protocolo de un ejercicio que ha sido largo, titubeante, y que ha tenido la frecuente necesidad de retomarse y corregirse. Se trata de un ejercicio filosófico: en él se encara el problema de saber en qué medida el trabajo de pensar su propia historia puede liberar al pensamiento de lo que piensa en silencio y permitirle pensar de otro modo.

¿Acerté al adoptar tales riesgos? No soy yo quien debe decirlo. Sólo sé que al desplazar así el tema y las referencias cronológicas de mi estudio me encontré con un cierto beneficio teórico; me fue posible proceder a dos generalizaciones que a su vez me permitieron situarlo en un horizonte más amplio y precisar mejor su método y su objeto.

Así, al remontar desde la época moderna, a través del cristianismo, hasta la Antigüedad, me pareció que no podía evitarse plantear una pregunta a la vez muy simple y muy general: ¿por qué el comportamiento sexual, por qué las actividades y placeres que de él dependen, son objeto de una preocupación moral? ¿De dónde proviene esta inquietud ética que, por lo menos en ciertos momentos, en ciertas sociedades o en ciertos grupos parece más importante que la atención moral que se presta a otros dominios también esenciales para la vida individual o colectiva, como serían las conductas alimentarias o el cumplimiento de los deberes cívicos? Sé bien que en seguida viene a la mente una respuesta: son objeto de prohibiciones fundamentales cuya transgresión está considerada como una falta grave. Pero esto es dar como solución la propia pregunta y sobre todo es desconocer que la inquietud ética que concierne a la conducta sexual no siempre guarda, en intensidad y formas, relación directa con el sistema de las prohibiciones; con frecuencia sucede que la preocupación moral es fuerte allí donde, precisamente, no hay ni obligación ni prohibición. En suma, la interdicción es una cosa, la problematización moral es otra. Así pues, me pareció que la pregunta que debía servir como hilo conductor era ésta: ¿cómo, por qué y en qué forma se constituyó la actividad sexual como dominio moral? ¿Por qué esa inquietud ética tan insistente, aunque variable en sus formas y en su intensidad? ¿Por qué esta "problematización"? Después de todo, ésta es la tarea de una historia del pensamiento, por oposición a la historia de los comportamientos o de las representaciones: definir las condiciones en las que el ser humano "problematiza" lo que es, lo que hace y el mundo en el que vive.

Pero al plantear esta cuestión muy general, y al plantearla con respecto a la cultura griega y grecolatina, me di cuenta de que esta problematización estaba ligada a un conjunto de prácticas que tuvieron ciertamente una importancia considerable en nuestras sociedades: es lo que podríamos llamar "las artes de la existencia". Por ellas hay que entender las prácticas sensatas y voluntarias por las que los hombres no sólo se fijan reglas de conducta, sino que buscan transformarse a sí mismos, modificarse en su ser singular y hacer de su vida una obra que presenta ciertos valores estéticos y responde a ciertos criterios de estilo. Estas "artes de existencia", estas "técnicas de sí" sin duda han perdido una parte de su importancia y de su autonomía, una vez integradas, con el cristianismo, al ejercicio de un poder pastoral y más tarde a prácticas de tipo educativo, médico o psicológico. No por ello es menos cierto que sería necesario hacer o retomar la larga historia de estas estéticas de la existencia y de estas tecnologías de sí. Hace ya mucho que Burckhardt destacó su importancia en la época del Renacimiento, pero su supervivencia, su historia y su evolución no se detienen ahí.[2] En todo caso, me pareció que el estudio de la problematización del comportamiento sexual en la Antigüedad podía considerarse como un capítulo —uno de los primeros capítulos— de esa historia general de las "técnicas de sí".

Tal es la ironía de los esfuerzos que hacemos para cambiar nuestro modo de ver, para modificar el horizonte de lo que conocemos y para intentar lograr verlo en perspectiva. ¿Nos condujeron efectivamente a pensar de otro modo? Quizá, como mucho, nos permitieron pensar de otro modo lo que ya pensábamos y percibir lo que hicimos desde un ángulo distinto y bajo una luz más clara. Creíamos alejarnos y nos encontramos en la vertical de nosotros mismos. El viaje rejuveneció las cosas y envejeció la relación con uno mismo. Me parece mejor observar ahora de qué manera, un poco a ciegas y en fragmentos sucesivos y diferentes, me sentí atrapado en esta empresa de una historia de la verdad: analizar, no los comportamientos ni las ideas, no las sociedades ni sus "ideologías", sino las *problematizaciones*

---

2 Sería inexacto creer que, después de Burckhardt, el estudio de estas artes y de esta estética de la existencia ha sido completamente descuidado. Piénsese en el estudio de Benjamin sobre Baudelaire. También puede encontrarse un análisis interesante en el reciente libro de S. Greenblatt, *Renaissance self-fashioning*, 1980.

a través de las cuales el ser se da como una realidad que puede y debe ser pensada por sí misma, y las *prácticas* a partir de las cuales se forman. La dimensión arqueológica del análisis permite analizar las formas mismas de la problematización; su dimensión genealógica, su formación a partir de las prácticas y de sus modificaciones. Problematización de la locura y de la enfermedad a partir de prácticas sociales y médicas que definen cierto perfil de "normalización"; problematización de la vida, del lenguaje y del trabajo en las prácticas discursivas que obedecen a ciertas reglas "epistémicas"; problematización del crimen y del comportamiento criminal a partir de ciertas prácticas punitivas que responden a un modelo "disciplinario". Y ahora quisiera mostrar cómo, en la Antigüedad, la actividad y los placeres sexuales fueron problematizados mediante las prácticas de sí, al hacer jugar los criterios de una "estética de la existencia".

He aquí pues las razones por las que focalicé todo mi estudio en la genealogía del hombre de deseo, desde la Antigüedad clásica hasta los primeros siglos del cristianismo. Seguí una distribución cronológica simple: *El uso de los placeres* está consagrado a la forma en que la actividad sexual ha sido problematizada por los filósofos y los médicos, en la cultura griega clásica del siglo IV a.C.; *La inquietud de sí* está consagrado a esta problematización en los textos griegos y latinos de los dos primeros siglos de nuestra era; finalmente, *Las confesiones de la carne** trata de la formación de la doctrina y de la pastoral de la carne. En cuanto a los documentos que habré de utilizar, en gran parte serán textos "prescriptivos"; por ello quiero decir textos que, sea cual fuere su forma (discurso, diálogo, tratado, compilación de preceptos, cartas, etc.), su objeto principal es proponer reglas de conducta. Sólo me dirigiré a los textos teóricos sobre la doctrina del placer o de las pasiones con el fin de hallar en ellos mayor claridad. El campo que analizaré está constituido por textos que pretenden dar reglas, opiniones, consejos para comportarse como se debe: textos "prácticos",

* Inédito. [N. del E.]

que en sí mismos son objeto de "práctica" en la medida en que están hechos para ser leídos, aprendidos, meditados, utilizados, puestos a prueba y en que buscan constituir finalmente el armazón de la conducta diaria. Estos textos tienen como función ser operadores que permitan a los individuos interrogarse sobre su propia conducta, velar por ella, formarla y darse forma a sí mismos como sujetos éticos; revelan en suma una función "eto-poética", para utilizar una palabra que se encuentra en Plutarco.

Pero ya que este análisis del hombre de deseo se encuentra en el punto en que se cruzan una arqueología de las problematizaciones y una genealogía de las prácticas de sí, quisiera detenerme, antes de comenzar, en estas dos nociones: justificar las formas de "problematización" que he retenido, indicar lo que puede entenderse por "prácticas de sí" y explicar por qué paradojas y dificultades he sido llevado a sustituir una historia de los sistemas de moral, que había de hacerse a partir de las prohibiciones, por una historia de las problematizaciones éticas hecha a partir de las prácticas de sí.

LAS FORMAS DE PROBLEMATIZACIÓN

Supongamos que aceptamos por el momento categorías tan generales como las de "paganismo", "cristianismo", "moral" y "moral sexual". Supongamos que nos preguntamos en qué puntos la "moral sexual del cristianismo" se ha opuesto con mayor claridad a la "moral sexual del paganismo antiguo": ¿prohibición del incesto, dominación masculina, sujeción de la mujer? No son éstas, sin duda, las respuestas que nos darían: conocemos la extensión y la constancia de estos fenómenos en sus diversas formas. Más verosímilmente, propondríamos otros puntos de diferenciación. El valor del acto sexual mismo: el cristianismo lo habría asociado con el mal, el pecado, la caída, la muerte, mientras que la Antigüedad lo habría dotado de significaciones positivas. La delimitación del compañero legítimo: el cristianismo, a diferencia de lo que sucedía en las sociedades griegas o romanas, sólo lo aceptaría dentro del matrimonio monogámico y, dentro de esta conyugalidad, le impondría el principio de una finalidad exclusivamente procreadora. La descalificación de las relaciones entre individuos del mismo sexo: el cristianismo las habría excluido rigurosamente mientras que Grecia las habría exaltado —y Roma aceptado— por lo menos entre los hombres. A estos tres puntos de oposición principales podríamos añadir el alto valor moral y espiritual que el cristianismo, a diferencia de la moral pagana, habría prestado a la abstinencia rigurosa, a la castidad permanente y a la virginidad. En suma, con respecto a todos estos puntos que han sido considerados durante tanto tiempo como muy importantes —naturaleza del acto sexual, fidelidad monogámica, relaciones homosexuales, castidad—, parecería que los antiguos habrían sido más bien indiferentes y que nada de todo esto concitó excesivamente su atención ni constituyó para ellos problemas demasiado graves.

Ahora bien, no es tan así y será fácil demostrarlo. Podríamos establecerlo haciendo válidos los préstamos directos y las continuidades muy estrechas que pueden comprobarse entre las primeras doctrinas cristianas y la filosofía moral de la Antigüedad: el primer gran texto cristiano consagrado a la práctica sexual en la vida matrimonial —se trata del capítulo X del libro segundo del *Pedagogo* de Clemente de Alejandría— se apoya en toda una serie de referencias escriturales, pero igualmente en un conjunto de principios y preceptos directamente tomados de la filosofía pagana. Vemos en él ya cierta asociación de la actividad sexual con el mal, la regla de una monogamia procreadora, la condena de las relaciones de personas del mismo sexo, la exaltación de la continencia. Esto no es todo: en una escala histórica mucho más amplia, podríamos seguir la permanencia de temas, inquietudes y exigencias que sin duda marcaron la ética cristiana y la moral de las sociedades europeas modernas, pero que ya estaban claramente presentes en el corazón del pensamiento griego o grecorromano. Avanzo algunos testimonios de ello: la expresión de un temor, un modelo de comportamiento, la imagen de una actitud descalificada, un ejemplo de abstinencia.

1. *Un temor.* Los jóvenes afectados por una pérdida de semen "llevan en toda la disposición del cuerpo la huella de la caducidad y de la vejez; se vuelven flojos, sin fuerza, embotados, estúpidos, agobiados, encorvados, incapaces de nada, con la tez pálida, blanca, afeminada, sin apetito, sin calor, los miembros pesados, las piernas entumecidas, de una debilidad extrema, en una palabra casi perdidos por completo. Esta enfermedad es incluso, en muchos de ellos, un avance hacia la parálisis; ¿cómo en efecto podría lograrse la potencia nerviosa, habiéndose debilitado la naturaleza en el principio regenerador y en la fuente misma de la vida?" Esta enfermedad "vergonzosa en sí misma" es "peligrosa pues conduce al marasmo, perjudica a la sociedad pues se opone a la propagación de la especie; porque es en todos los aspectos la fuente de una infinidad de males, exige auxilios diligentes".[3]

En este texto se reconocen fácilmente las obsesiones que alimentaron la medicina y la pedagogía desde el siglo XVIII con respecto al mero uso sexual: aquel que carece de fecundidad y de compañero; el agotamiento progresivo del organismo, la muerte del individuo, la destrucción de su raza y finalmente el daño acarreado a la humanidad fueron prometidos, por lo ge-

---

3 Areteo, *Tratado de los signos, las causas y la cura de las enfermedades agudas y crónicas,* II, 5. El traductor francés, L. Renaud (1834), comenta así este pasaje (p. 163): "La gonorrea a que se hace referencia aquí difiere esencialmente de la enfermedad que lleva este nombre hoy, y a la que llamamos con mayor razón blenorragia... La gonorrea simple o verdadera, de la que aquí habla Areteo, se caracteriza por un derrame involuntario y extracoito del humor espermático, mezclado con humor prostático. Esta enfermedad vergonzosa es excitada con frecuencia por la masturbación y es su resultado". La traducción modifica algo el sentido del texto griego que podemos encontrar en el *Corpus medicorum graecorum.*

neral, a lo largo de una literatura prolífica, a quien abusase de su sexo. Estos temores inducidos parecen haber constituido, en el pensamiento médico del siglo XIX, el relevo "naturalista" y científico de una tradición cristiana que asignaba el placer al terreno de la muerte y del mal.

Ahora bien, esta descripción es de hecho una traducción —una traducción libre, al estilo de la época— de un texto escrito por un médico griego, Areteo, en el siglo I de nuestra era. Y de este temor al acto sexual, susceptible, si se sale de las reglas, de producir en la vida del individuo los efectos más nocivos, encontraremos muchos testimonios de la misma época: Sorano, por ejemplo, consideraba que la actividad sexual era, de todas formas, menos favorable a la salud que la abstención pura y simple y la virginidad. Más antiguamente aún, la medicina dio consejos apremiantes de prudencia y economía en el uso de los placeres sexuales: evitar su uso intempestivo, tener cuidado de las condiciones en que se practica, temer su violencia propia y los errores de régimen. Algunos incluso dicen que no hay que prestarse a ello más que "si queremos hacernos daño a nosotros mismos". Se trata de un temor muy antiguo, por consiguiente.

2. *Un esquema de comportamiento.* Conocemos cómo Francisco de Sales exhortaba a la virtud conyugal; a los casados les proporcionaba un espejo natural cuando les proponía el modelo del elefante y de las buenas costumbres de las que daba prueba con su esposa.

> No es más que una gran bestia, pero la más digna que vive sobre la Tierra y la que tiene más sentido... Nunca cambia de hembra y ama tiernamente a la que escoge, con la que con todo sólo se aparea cada tres años y esto únicamente durante cinco días y con tanto secreto que nunca se le ve durante el acto; pero sin embargo sí se le ve al sexto día, en el que, antes que nada, se dirige al río

en el que se lava todo el cuerpo, sin querer de ninguna manera regresar a la manada hasta no estar purificado. ¿No son éstos bellos y honestos humores?[4]

Pero este texto es en sí una variación de un tema transmitido por una larga tradición (a través de Aldrovando, Gesnero, Vicente de Beauvais y el famoso *Physiologus*); esta formulación se encuentra ya en Plinio, que la *Introducción de la vida devota* sigue de cerca:

> Y ansí, de vergüenza, jamás se toman si no es en lugar escondido... y esto, de tres en tres años, cinco días, según se dice, cada vez, y no más; el sexto se bañan en el río y jamás tornan al rebaño hasta haberlo hecho. No cometen adulterios...[5]

Claro que Plinio no pretendía proponer un esquema tan explícitamente didáctico como el de Francisco de Sales; no obstante, se refería a un modelo de conducta visiblemente valorado. No se trata de que la fidelidad recíproca de los dos cónyuges haya sido un imperativo generalmente admitido y aceptado entre los griegos y los romanos, pero sí era una enseñanza impartida con insistencia en ciertas corrientes filosóficas tales como el estoicismo tardío. Era asimismo un comportamiento apreciado como una manifestación de virtud, de firmeza de alma y de dominio de sí. Se podía loar a Catón el Joven, quien a la edad en que decidió casarse todavía no había tenido relaciones con ninguna mujer, y más todavía a Lelio, que "en su larga vida sólo se acercó a su mujer, la primera y la única a la que desposó".[6] Podemos remontarnos más todavía en la definición de este modelo de conyugalidad recíproca y fiel. Nicocles, en el discurso que le atribuye Isócrates, muestra toda la importan-

---

4 Francisco de Sales, *Introducción a la vida devota*, III, 39.
5 Plinio el Viejo, *Historia natural*, VIII, 5.
6 Plutarco, *Vida de Catón*, VII.

cia moral y política que concede al hecho de que "desde su matrimonio no tuvo jamás relación sexual con nadie más que no fuera su mujer".[7] Y en su ciudad ideal, Aristóteles quiere que sea considerada como "acto deshonroso" (y en "forma absoluta y sin excepción") la relación del marido con otra mujer o de la esposa con otro hombre.[8] La "fidelidad" sexual del marido respecto de su esposa legítima ni las leyes ni las costumbres la requerían, pero no por ello dejaba de ser un problema que plantear y una forma de austeridad a la que ciertos moralistas conferían un gran valor.

3. *Una imagen.* En los textos del siglo XIX existe un retrato tipo del homosexual o invertido, sus gestos, sus maneras, el modo de emperifollarse, su coquetería, así como la forma y las expresiones de su rostro, su anatomía, la morfología femenina de todo su cuerpo constituyen, por lo común, parte de esta descripción descalificadora; ésta se refiere a la vez al tema de una inversión de los papeles sexuales y al principio de un estigma natural de esta ofensa a la naturaleza: se dirá que "la propia naturaleza se hizo cómplice de la mentira sexual".[9] Sin duda podría hacerse la larga historia de esta imagen (a la que con toda seguridad correspondieron comportamientos reales, mediante un complejo juego de inducciones y desafíos). Tras de la intensidad tan vivamente negativa de este estereotipo se lee la dificultad secular, dentro de nuestras sociedades, para integrar estos dos fenómenos, por lo demás tan diferentes, que son la inversión de los papeles sexuales y la relación entre individuos del mismo sexo. Sin embargo esta imagen, con el aura repulsiva que la rodea, ha recorrido los siglos; ya estaba claramente dibujada en la literatura grecorromana de la época imperial. La encontramos en el retrato del *Effeminatus* trazado por el autor de una *Physiognomis* anónima del si-

---

7 Isócrates, *Nicocles*, 36.
8 Aristóteles, *Política*, VII, 16, 1335b.
9 H. Dauvergne, *Les forçats*, 1841, p. 289.

glo IV; en la descripción de los sacerdotes de Atargatis de los que se burla Apuleyo en las *Metamorfosis*;[10] en la simbolización que Dión de Prusa propone del *daimōn* de la intemperancia, en el transcurso de una de sus conferencias sobre la monarquía;[11] en la evocación fugaz de los pequeños retores perfumados y emperifollados a los que Epicteto interpela desde el fondo de su clase y a los que pregunta si son hombres o mujeres.[12] Podría vérsela también en el retrato de la juventud decadente, esa que Séneca el Retor observa con gran repugnancia a todo su alrededor:

> La pasión malsana de cantar y bailar llena el alma de nuestros afeminados; ondularse los cabellos, hacer la voz más tenue para igualar la caricia de las voces femeninas, rivalizar con las mujeres en la molicie de las actitudes, dedicarse a las búsquedas más obscenas, tal es el ideal de nuestros adolescentes... Blandos y carentes de nervio desde el nacimiento, persisten en ello de buen grado, siempre dispuestos a atacar el pudor de los demás para no ocuparse del propio.[13]

Pero el retrato, con sus rasgos esenciales, es aún más antiguo. El primer discurso de Sócrates, en el *Fedro,* hace alusión a ello, cuando reprocha el amor que se tiene a los jóvenes sin vigor, educados en la delicadeza de la sombra, adornados de afeites y aderezos.[14] Igualmente aparece Agatón con estos mismos rasgos en las *Tesmoforias* —tez blanca, imberbe, voz de mujer, túnica azafranada y ceñidor—, al punto que su interlocutor se pregunta si realmente está en presencia de un hombre o de una mujer.[15] Sería por completo inexacto ver ahí una condena del amor

---

10 Apuleyo, *Metamorfosis*, VIII, 26 ss.
11 Dión de Prusa, *Discursos*, IV, 101-115.
12 Epicteto, *Pláticas*, III, 1.
13 Séneca el Viejo, *Controversias*, I. Prefacio, 8.
14 Platón, *Fedro*, 239c-d.
15 Aristófanes, *Tesmoforias*, V, 130 s.

de los muchachos o de lo que en general llamamos relaciones homosexuales, pero conviene reconocer el efecto de apreciaciones muy negativas acerca de ciertos aspectos posibles de la relación entre hombres, al igual que una viva repugnancia respecto de todo lo que podría mostrar una renuncia voluntaria al prestigio y a los signos de la función viril. El ámbito de los amores masculinos pudo ser "libre" en la Antigüedad griega, mucho más, en todo caso, que en las sociedades europeas modernas, sin embargo, es preciso reconocer que desde muy pronto surgieron reacciones negativas intensas y formas de descalificación que se prolongarían en el tiempo.

4. *Un ejemplo de abstinencia.* El héroe virtuoso que es capaz de apartarse del placer como de una tentación en la que sabe que no caerá es una figura familiar al cristianismo, al igual que ha sido común la idea de que esta renuncia es capaz de dar libre acceso a una experiencia espiritual de la verdad y del amor que la actividad sexual excluiría. Pero es igualmente conocida de la Antigüedad pagana la figura de esos atletas de la templanza que se dominan a sí mismos y dominan sus codicias para renunciar al placer sexual. Mucho antes de un taumaturgo tal como Apolonio de Tiana, quien hizo de una vez por todas votos de castidad y que en toda su vida no tuvo ya más relaciones sexuales,[16] Grecia conoció y honró a modelos semejantes. En algunos, esta extremada virtud era la señal visible del dominio que ejercían sobre sí mismos y, por consiguiente, del poder que eran dignos de asumir sobre los demás: igualmente el Agesilao de Jenofonte, no sólo "no tocaba a quienes no le inspiraban deseo alguno", sino que renunciaba a besar incluso al muchacho al que amaba y se cuidaba de no alojarse más que en los templos o en un lugar visible "para que todos puedan ser testigos de su templanza".[17] Pero para otros esta abstención estaba per-

16 Filóstrato, *Vida de Apolonio de Tiana*, I, 13.
17 Jenofonte, *Agesilao*, 6.

fectamente vinculada con una forma de sabiduría que los ponía directamente en contacto con algún elemento superior a la naturaleza humana y que les abría el acceso al ser mismo de la verdad: tal sucedía con el Sócrates del *Banquete,* al que todos querían acercársele, del que todos se enamoraban, del que todos querían hacer propia la sabiduría, esa sabiduría que se manifestaba y se experimentaba justo en el hecho de que él mismo era capaz de no poner la mano sobre la belleza provocadora de Alcibiades.[18] La temática de una relación entre la abstinencia sexual y el acceso a la verdad estaba ya fuertemente marcada.

No obstante, no hay que pedir demasiado a estas pocas referencias. De ellas sólo podríamos inferir que la moral sexual del cristianismo y la del paganismo forman un continuo. Muchos temas, principios o nociones pueden volver a encontrarse tanto en el uno como en el otro, pero no tienen, sin embargo, ni el mismo lugar ni el mismo valor. Sócrates no es un padre del desierto que lucha contra la tentación y Nicocles no es un marido cristiano; la risa de Aristófanes ante Agatón disfrazado tiene pocos rasgos comunes con la descalificación del invertido que se encontrará mucho más tarde en el discurso médico. Además hay que recordar que la Iglesia y la pastoral cristiana han dado valor al principio de una moral cuyos preceptos eran constrictivos y de alcance universal (lo que no excluía ni las diferencias de prescripción relativas a la posición de los individuos ni la existencia de movimientos ascéticos que tenían aspiraciones propias). Al contrario, en el pensamiento antiguo las exigencias de austeridad no estaban organizadas en una moral unificada, coherente, autoritaria e impuesta por igual a todos; eran más bien un complemento, algo así como un "lujo" en relación con la moral admitida comúnmente. Por lo demás se presentaban en "focos dispersos"; éstos se originaban en diferentes movimientos

18 Platón, *Banquete,* 217a-219e.

religiosos o filosóficos; encontraban su medio de desarrollo en múltiples grupos; proponían, más que imponían, estilos de moderación o de rigor, y cada uno con su fisonomía particular: la austeridad pitagórica no era la de los estoicos, que a su vez era muy distinta de la recomendada por Epicuro. De las pocas comparaciones que pudimos esbozar no hay que concluir que la moral cristiana del sexo en cierta manera estuviera "preformada" en el pensamiento antiguo; más bien hay que pensar que muy pronto, en la reflexión moral de la Antigüedad, se formó una temática —una "cuadritemática"— de la austeridad sexual, alrededor y a propósito de la vida del cuerpo, de la institución del matrimonio, de las relaciones entre hombres y de la existencia de sabiduría. Y esta temática, a través de instituciones, de conjuntos de preceptos, de referencias teóricas extremadamente diversas, y a pesar de tantas modificaciones, ha conservado a través de los tiempos una cierta constancia: como si ya hubiera, desde la Antigüedad, cuatro puntos de problematización a partir de los cuales se reformulara sin cesar —según esquemas con frecuencia diferentes— la preocupación por la austeridad sexual.

Pero es preciso observar que estos temas de austeridad no coinciden con las líneas divisorias que pueden trazar las grandes prohibiciones sociales, civiles o religiosas. Podría pensarse en efecto que, en general, cuando las prohibiciones son más fundamentales y las obligaciones son más coercitivas, las morales desarrollan las exigencias de austeridad más insistentes: la historia del cristianismo o de la Europa moderna darían sin duda ejemplos de ello.[19] Pero parecería que no era así en la Antigüedad. Ello puede verse ya muy claramente en la disime-

19 Puede pensarse que el desarrollo de una moral de las relaciones conyugales, y más precisamente de las reflexiones sobre el comportamiento sexual de marido y mujer en la relación conyugal (que adquirieron tanta importancia en la pastoral cristiana), es una consecuencia de la instauración, por lo demás lenta, tardía y difícil, del modelo cristiano de matrimonio en el transcurso de la Alta Edad Media (cfr. G. Duby, *El caballero, la mujer y el cura*, Madrid, 1999).

tría muy particular alrededor de esta reflexión moral sobre el comportamiento sexual: las mujeres se ven obligadas en general (salvo la libertad que puede darles una situación como la de cortesana) a coacciones extremadamente estrictas: y sin embargo no es a las mujeres a quienes se dirige esta moral; no son ni sus deberes ni sus obligaciones lo que ahí se recuerda, justifica o desarrolla. Se trata de una moral de hombres; una moral pensada, escrita y enseñada por hombres y dirigida a los hombres, evidentemente libres. Por consiguiente, moral viril en la que las mujeres sólo aparecen a título de objetos o como mucho de compañeras a las que hay que formar, educar y vigilar, mientras están bajo el poder propio, y de las que hay que abstenerse, al contrario, cuando están bajo el poder de otro (padre, marido, tutor). Sin duda nos encontramos aquí ante uno de los puntos más notables de esta reflexión moral: no intenta definir un campo de conducta ni un ámbito de reglas válidas —según las inflexiones necesarias— para los dos sexos; se trata de una elaboración de la conducta masculina hecha a partir del punto de vista de los hombres y con el fin de dar forma a su conducta.

Mejor aún: no se dirige a los hombres a propósito de conductas que podrían relevar de determinadas prohibiciones conocidas por todos y recordadas solemnemente en los códigos, las costumbres o las prescripciones religiosas. Se dirige a ellos con ocasión de las conductas en las que justamente habrán de hacer uso de su derecho, poder, autoridad y libertad: en las prácticas de los placeres que no están condenados, en una vida de matrimonio ninguna regla ni costumbre impide al hombre tener relaciones sexuales extraconyugales, en las relaciones con los muchachos, que por lo menos hasta ciertos límites son admitidas, comunes y aun valoradas. Es necesario comprender estos temas de la austeridad sexual, no como una traducción o un comentario a prohibiciones profundas y esenciales, sino como elaboración y estilización de una actividad en el ejercicio de su poder y la práctica de su libertad.

Lo que no quiere decir que esta temática de la austeridad sexual represente únicamente un refinamiento sin consecuencias y una especulación sin vínculo alguno con una preocupación precisa. Por el contrario, es fácil ver que cada una de las grandes figuras de la austeridad sexual se relaciona con un eje de la experiencia y con un haz de relaciones concretas: relaciones con el cuerpo, con el problema de la salud, y tras ella todo el juego de la vida y de la muerte; relación con el otro sexo, con la cuestión de la esposa como compañera privilegiada, dentro del juego de la institución familiar y del vínculo que crea; relación con su propio sexo, con los compañeros que pueden escogerse y el problema de ajuste entre papeles sociales y papeles sexuales; en fin, relación con la verdad en la que se plantea la problemática de las condiciones espirituales que permiten tener acceso a la sabiduría.

De esta manera me ha parecido que era necesario reorientar todo de nuevo. Más que buscar las prohibiciones de base que se ocultan o manifiestan en las exigencias de la austeridad sexual, era menester buscar a partir de qué regiones de la experiencia y bajo qué formas se problematizó el comportamiento sexual, al punto de convertirse en objeto de inquietud, elemento de reflexión, materia de estilización. Más precisamente, convenía preguntarse por qué los cuatro grandes ámbitos de relaciones en los que parecía que el hombre libre, en las sociedades antiguas, había podido desplegar su actividad sin topar con ninguna prohibición de importancia, fueron precisamente los lugares de una problematización intensa de la práctica sexual. ¿Por qué fue ahí, a propósito del cuerpo, de la esposa, de los muchachos y de la verdad, donde la práctica de los placeres se convirtió en un problema? ¿Por qué la interferencia de la actividad sexual en estas relaciones se volvió objeto de inquietud, de debate y de reflexión? ¿Por qué estos ejes de la experiencia cotidiana dieron lugar a un pensamiento que buscaba la rarefacción del comportamiento sexual, su moderación, su formalización y la definición de un estilo austero en la práctica de los placeres?

¿Cómo fue que se reflexionó acerca del comportamiento sexual, en la medida en que implicaba estos distintos tipos de relaciones, como ámbito de experiencia moral?

MORAL Y PRÁCTICA DE SÍ

Para responder a estas preguntas hay que introducir algunas consideraciones de método o, más precisamente, convendría interrogarse sobre el objeto que nos proponemos cuando se pretende estudiar las formas y transformaciones de una "moral".

Somos conscientes de la ambigüedad que encierra la palabra "moral". Por "moral" entendemos un conjunto de valores y de reglas de acción que se proponen a los individuos y a los grupos por medio de aparatos prescriptivos diversos, como pueden serlo la familia, las instituciones educativas, las iglesias, etc. Se llega a tal punto que estas reglas y valores son explícitamente formulados dentro de una doctrina coherente y de una enseñanza explícita. Pero también se llega al punto que son transmitidos de manera difusa y que, lejos de formar un conjunto sistemático, constituyen un juego complejo de elementos que se compensan, se corrigen, se anulan en ciertos cruces, permitiendo así compromisos o escapatorias. Con tales reservas, podemos llamar "código moral" a este conjunto prescriptivo. Pero por "moral" entendemos también el comportamiento real de los individuos, en su relación con las reglas y valores que se les proponen: designamos así la forma en que se someten más o menos completamente a un principio de conductas, en que obedecen una prohibición o prescripción o se resisten a ella, en que respetan o dejan de lado un conjunto de valores. El estudio de este aspecto de la moral debe determinar de qué manera y con qué márgenes de variación o de transgresión los individuos o los grupos se comportan en relación con un sistema prescriptivo que está explícita o implícitamente dado en su cultura y del que tienen una conciencia más o menos clara. Llamemos a este nivel de fenómenos "moralidad de los comportamientos".

Esto no es todo. En efecto, una cosa es una regla de conducta y otra la conducta que con tal regla podemos medir. Pero hay algo más todavía: la manera en que uno debe "conducirse" —es decir la manera en que debe constituirse uno mismo como sujeto moral que actúa en referencia a los elementos prescriptivos que constituyen el código—. Dado un código de acciones y para un tipo determinado de acciones (que podemos definir por su grado de conformidad o de divergencia en relación con ese código), hay diferentes maneras de "conducirse" moralmente, diferentes maneras para el individuo que busca actuar no simplemente como agente, sino como sujeto moral de tal acción. Aunque sea un código de prescripciones sexuales que ordena expresamente a los dos esposos una fidelidad conyugal estricta y simétrica, al igual que la subsistencia de una voluntad procreadora, incluso dentro de ese marco tan riguroso, habrá muchas maneras de practicar esta austeridad, muchos modos de "ser fiel". Estas diferencias pueden apoyarse en muchos puntos.

Ellas conciernen a lo que podríamos llamar la *determinación de la sustancia ética,* es decir la manera en que el individuo debe dar forma a tal o cual parte de sí mismo como materia principal de su conducta moral. Así, pues, se puede hacer radicar lo esencial de la práctica de fidelidad en el estricto respeto a las prohibiciones y obligaciones en los actos mismos que uno realiza. Pero igualmente se puede hacer consistir lo esencial de la fidelidad en el dominio de los deseos, en el combate encarnizado que dirige contra ellos, en la fuerza con la que sabe resistir a las tentaciones: lo que constituye entonces el contenido de la fidelidad es esta vigilancia y esta lucha; en estas condiciones, serán los movimientos contradictorios del alma, mucho más que los mismos actos en su ejecución, la materia de la práctica moral. Podríamos todavía hacerla consistir en la intensidad, la continuidad, la reciprocidad de los sentimientos que se experimentan por el cónyuge y en la cualidad de la relación que liga, permanentemente, a ambos esposos.

Las diferencias pueden también llevar al *modo de sujeción,* es decir a la forma en que el individuo establece su relación con esta regla y se reconoce como vinculado con la obligación de observarla. Por ejemplo, podemos practicar la fidelidad conyugal y someternos al precepto que la impone porque nos reconocemos como parte formal del grupo social que lo acepta, que se envanece de ella en voz alta y que silenciosamente conserva su costumbre; pero podemos practicarla igualmente porque nos consideremos herederos de una tradición espiritual de la que tenemos la responsabilidad de mantenerla o de hacerla revivir; también podemos ejercer esta fidelidad respondiendo a una llamada, proponiéndonos como ejemplo o buscando dar a nuestra vida personal una forma que responda a criterios de gloria, de belleza, de nobleza o de perfección.

También hay diferencias posibles en las formas de la *elaboración,* del *trabajo ético* que realizamos en nosotros mismos y no sólo para que nuestro comportamiento sea conforme a una regla dada sino para intentar transformarnos nosotros mismos en sujeto moral de nuestra conducta. Así, la austeridad sexual puede practicarse a través de un largo trabajo de aprendizaje, de memorización, de asimilación de un conjunto sistemático de preceptos y a través de un control regular de la conducta destinado a medir la exactitud con la que aplicamos las reglas; podemos practicarla en la forma de una renuncia súbita, global y definitiva a los placeres; podemos practicarla también en forma de un combate permanente cuyas peripecias —incluso en las derrotas pasajeras— pueden tener su sentido y su valor; puede ejercerse también a través de un desciframiento tan cuidadoso, permanente y detallado como sea posible de los movimientos del deseo, en todas las formas, incluso las más oscuras, bajo las cuales se oculta.

Finalmente, otras diferencias conciernen a lo que podríamos llamar la *teleología* del sujeto moral: ya que una acción no sólo es moral en sí misma y en su singularidad, también lo es por su inserción y por el lugar que ocupa en el conjunto de una conducta; es un elemento y un aspecto de esta conducta y señala una etapa en su duración, un progreso eventual en su continuidad. Una acción moral tiende a su propio cumplimiento; pero además intenta, por medio de éste, la constitución de una conducta moral que lleve al individuo no sólo a acciones siempre conformes con ciertos valores y reglas, sino también con un determinado modo de ser, característico del sujeto moral. Y sobre este punto es posible que haya muchas diferencias: la fidelidad conyugal puede depender de una conducta moral que tiende hacia un dominio de sí cada vez más íntegro; puede tratarse de una conducta moral que manifiesta un desapego súbito y radical respecto del mundo; puede tender a una tranquilidad perfecta del alma, a una insensibilidad total hacia las agitaciones de las pasiones o a una purificación que asegura la salvación después de la muerte y la inmortalidad bienaventurada.

En suma, para que se califique de "moral" una acción no debe reducirse a un acto o a una serie de actos conformes a una regla, una ley y un valor. Es cierto que toda acción moral implica una relación con la realidad en la que ella se lleva a cabo, y una relación con el código al que se refiere, pero también implica una determinada relación con uno mismo; ésta no es simplemente "conciencia de sí", sino constitución de sí como "sujeto moral", en la que el individuo circunscribe la parte de sí mismo que constituye el objeto de esta práctica moral, define su posición en relación con el precepto que sigue, se fija un determinado modo de ser que valdrá como cumplimiento moral de sí mismo, y para ello actúa sobre sí mismo, busca conocerse, se controla, se prueba, se perfecciona, se transforma. No hay acción moral particular que no se refiera a la unidad de una conducta moral; ni conducta moral que no reclame la constitución de sí misma como sujeto moral, ni constitución del sujeto moral sin "modos de subjetivación" y sin una "ascética" o "prácticas de sí" que los apoyen. La acción moral es indisociable de estas formas de actividad sobre sí que no son menos diferentes de una a otra moral que el sistema de valores, de reglas y de interdicciones.

Estas distinciones producen determinados efectos teóricos. También tienen consecuencias para el análisis histórico. Quien quiera hacer la historia de una "moral" debe tener en cuenta las diferentes realidades que oculta esta palabra. Historia de las "moralidades": aquella que estudia en qué medida las acciones de tales o cuales individuos o grupos se conforman o no con las reglas y con los valores que han sido propuestos por diferentes instancias. Historia de los "códigos": la que analiza los diferentes sistemas de reglas y valores que están en juego en una sociedad o en un grupo dados, las instancias o aparatos de constricción que les dan valor y las formas que adoptan su multiplicidad, sus divergencias o sus contradicciones. Historia, en fin, de la manera en que los individuos son llamados a constituirse como sujetos de conducta moral: esta historia será la de los modelos propuestos por la instauración y el desenvolvimiento de las relaciones consigo mismo, por la reflexión sobre sí mismo, el conocimiento, el examen, el desciframiento de sí por sí mismo, las transformaciones que uno trata de operar sobre uno mismo. Tal es lo que podríamos llamar una historia de la "ética" y de la "ascética", entendida como historia de las formas de la subjetivación moral y de las prácticas de sí que están destinadas a asegurarla.

Si en efecto es verdad que toda "moral" en sentido amplio implica los dos aspectos que acabo de señalar, el de los códigos de comportamiento y el de las formas de subjetivación; si es cierto que nunca pueden disociarse del todo, sino que sucede que ambos se desarrollan con relativa autonomía, hay que admitir también que, en algunas morales, el acento cae especialmente en el código, su sistematicidad, su riqueza, su capacidad de ajuste ante todos los casos posibles y de cubrir todos los dominios del comportamiento; en estas morales, lo importante debe buscarse del lado de las instancias de autoridad que exaltan este código, que imponen su aprendizaje y observancia, que

sancionan las infracciones; en estas condiciones, la subjetivación se hace, en lo esencial, en una forma casi jurídica, donde
el sujeto moral se relaciona con una ley, o con un conjunto de
leyes, a las que debe someterse bajo la pena de faltas que lo
exponen a un castigo. Sería del todo inexacto reducir la moral
cristiana —sin duda deberíamos decir "las morales cristianas"— a
un modelo semejante, pero quizá no sea errado pensar que la
organización del sistema penitenciario de principios del siglo XIII y su desarrollo hasta las vísperas de la Reforma provocaron una "juridización" muy fuerte —una "codificación" muy
fuerte en sentido estricto— de la experiencia moral: contra ella
se levantaron muchos movimientos espirituales y ascéticos que
se desarrollaron antes de la Reforma.

En contrapartida, se pueden concebir morales en las que el
elemento fuerte y dinámico debe buscarse del lado de las formas
de subjetivación y de las prácticas de sí. En este caso, el sistema
de códigos y de reglas de comportamiento puede ser bastante ru-
dimentario. Su exacta observancia puede ser relativamente ine-
sencial, por lo menos si se la compara con la que se le exige al individuo para que, en la relación que tiene consigo mismo, en sus
diferentes acciones, pensamientos o sentimientos, se constituya
como sujeto moral; el acento cae entonces sobre las formas de
relacionarse consigo mismo, sobre los procedimientos y las técnicas mediante las cuales se las elabora, sobre los ejercicios mediante los cuales uno se da a sí mismo como objeto de conocimiento y sobre las prácticas que permiten transformar su
propio modo de ser. Estas morales "orientadas hacia la ética" (y
que no coinciden forzosamente con las morales de lo que se ha
dado en llamar la renuncia ascética) han sido muy importantes
en el cristianismo al lado de las morales "orientadas hacia el código": entre ellas a veces hubo yuxtaposiciones, a veces rivalidades y conflictos, a veces acuerdo.

Ahora bien, parecería, por lo menos al primer golpe de vista,
que las reflexiones morales en la Antigüedad griega o grecorromana se orientaron mucho más hacia las prácticas de sí y la

cuestión de la *askesis* que hacia las codificaciones de conductas y la definición estricta de lo permitido y lo prohibido. Si hacemos excepción de *La República* y de las *Leyes*, encontraremos muy pocas referencias al principio de un código que definiera detalladamente la conducta a observar, la necesidad de una instancia encargada de vigilar su aplicación, la posibilidad de castigos que sancionaran las infracciones cometidas. Aun cuando la necesidad de respetar la ley y las costumbres —las *nomoi*— se destacan con frecuencia, lo importante está menos en el contenido de la ley, y en sus condiciones de aplicación, que en la actitud que obliga a respetarlas. El acento se coloca sobre la relación consigo mismo que permite no dejarse llevar por los apetitos y los placeres, conservar respecto de ellos dominio y superioridad, mantener los sentidos en un estado de tranquilidad, permanecer libre de toda esclavitud interior respecto de las pasiones y alcanzar un modo de ser que puede definirse por el pleno disfrute de sí mismo o la perfecta soberanía de sí sobre sí mismo.

De ahí la elección de método que he hecho a lo largo de este estudio sobre las morales sexuales de la Antigüedad pagana y cristiana: conservar en su espíritu la distinción entre los elementos de código de una moral y los elementos de ascesis; no olvidar su coexistencia ni sus relaciones ni su relativa autonomía ni sus posibles diferencias de énfasis; tener en cuenta todo lo que parezca indicar el privilegio, en estas morales, de las prácticas de sí, el interés que podía prestárseles, el esfuerzo hecho para desarrollarlas, perfeccionarlas y enseñarlas, el debate que se planteara acerca de ellas. Aunque llegáramos a transformar así la cuestión con tanta frecuencia planteada acerca de la continuidad (o de la ruptura) entre las morales filosóficas de la Antigüedad y la moral cristiana; en lugar de preguntarnos cuáles son los elementos de código que el cristianismo pudo tomar del pensamiento antiguo y cuáles son los que ha sumado por propia iniciativa, para definir lo que está permitido y lo que está prohibido en el orden de una sexualidad considerada constante, convendría preguntarse cómo, bajo la continuidad, la transferencia o la modificación de los códigos, las formas de la relación consigo mismo (y las prácticas de sí que se le vinculan) han sido definidas, modificadas, reelaboradas y diversificadas.

No estamos diciendo que los códigos carezcan de importancia ni que permanezcan constantes. Pero podemos observar que finalmente dan vueltas alrededor de algunos principios bastante sencillos y bastante poco numerosos: quizá los hombres no inventan mucho más en el orden de las prohibiciones que en el de los placeres. Su permanencia es igualmente bastante amplia: la proliferación sensible de las codificaciones (que conciernen a los lugares, los compañeros, los gestos permitidos o prohibidos) se producirá bien entrado el cristianismo. En cambio, parece —en todo caso es la hipótesis que quisiera explorar aquí— que hay todo un campo de historicidad compleja y rica en la manera como se conmina al individuo a reconocerse como sujeto moral de la conducta sexual. Se trataría de ver cómo, del pensamiento griego clásico a la constitución de la doctrina y de la pastoral cristiana de la carne, esta subjetivación se definió y se transformó.

En este volumen querría señalar algunos rasgos generales que caracterizan la forma en que el pensamiento griego clásico reflexionó sobre el comportamiento sexual como ámbito de apreciación y de elección morales. Partiré de la noción entonces frecuente de "uso de los placeres" —*chrēsis aphrodisiōn*— para descubrir los modos de subjetivación a los que se refiere: sustancia ética, tipos de sujeción, formas de elaboración de sí y de teleología moral. Pues al partir cada vez de una práctica que tenía su existencia en la cultura griega, así como su estatuto y sus reglas (la práctica del régimen de salud, la de la economía doméstica, la del cortejo amoroso), estudiaré la forma en que el pensamiento médico y filosófico elaboró este "uso de los placeres" y formuló algunos temas de austeridad que se volverán recurrentes en cuatro grandes ejes de la experiencia: la relación con el cuerpo, la relación con la esposa, la relación con los varones jóvenes y la relación con la verdad.

1. La problematización moral de los placeres

Pasaríamos mucho trabajo para encontrar entre los griegos (como entre los latinos) una noción parecida a la de "sexualidad" y a la de "carne". Quiero decir: una noción que se refiera a una entidad única y que permita reagrupar —por ser de la misma naturaleza, por derivar de un mismo origen o porque juega con el mismo tipo de causalidad— fenómenos diversos y aparentemente alejados unos de otros: comportamientos y también sensaciones, imágenes, deseos, instintos, pasiones.[1]

Desde luego, los griegos disponían de toda una serie de palabras para designar distintos gestos o actos a los que llamamos "sexuales". Disponían de un vocabulario para designar prácticas precisas; tenían términos más vagos que se referían de manera general a lo que llamamos "relación", "vínculo" o "unión" sexual: así *synousia*, *homilia*, *plēsiasmos*, *mixis*, *ocheia*. Pero la categoría de conjunto bajo la cual estos gestos, actos y prácticas se subsumían es mucho más difícil de captar. Los griegos utilizaban con toda naturalidad un adjetivo sustantivado: *ta aphrodisia*,[2] que los latinos traducían poco más o menos por *venerea*. "Cosas" o "placeres del amor", "relaciones sexuales", "actos de la carne", "voluptuosidades", serían algunos términos equivalentes

---

1   E. Leski, "Die Zeugungslehre der Antike", *Abhandlungen der Akademie der Wissenschaften und Literatur*, XIX, Maguncia, 1950, p. 1248.
2   Cfr. K. J. Dover, "Classical Greek attitudes to sexual behaviour", *Arethusa*, 6, núm. 1, 1973, p. 59; *Greek popular morality*, 1974, p. 205 y *Homosexualité grecque*, pp. 83-84.

en la actualidad. Pero la diferencia de los conjuntos denotativos hace dificultosa la traducción exacta del término. Nuestra idea de "sexualidad" no simplemente cubre un terreno mucho más amplio sino que contempla una realidad de otro tipo; tiene, en nuestra moral y nuestro saber, muchas otras funciones. En contrapartida, nosotros ni siquiera poseemos una noción que opere un corte y reúna un conjunto análogo al de las *aphrodisia*. Quizá se me perdone si, más de una vez, dejo el término griego en su forma original.

No pretendo en este capítulo dar una explicación exhaustiva, ni siquiera un resumen sistemático de las diferentes doctrinas filosóficas o médicas que pudieron hacer referencia, del siglo v a principios del siglo iii, al placer en general y a los placeres sexuales en particular. Previo al estudio de los cuatro tipos principales de estilización de la conducta sexual que fueron desarrollados en la Dietética, con el tema del cuerpo, en la Económica, con el tema del matrimonio, en la Erótica, con el tema de los muchachos, y en la Filosofía, a propósito de la verdad, mi intención es sólo rescatar algunos rasgos generales que les sirvieron de marco, puesto que eran comunes a las distintas reflexiones acerca de las *aphrodisia*. Podemos admitir la tesis corriente de que los griegos de esta época aceptaban mucho más fácilmente que los cristianos de la Edad Media o los europeos del periodo moderno ciertos comportamientos sexuales; podemos admitir también que las faltas y desarreglos en este dominio suscitaban entonces menos escándalo y exponían a menos disgustos, tanto más cuanto que ninguna institución —pastoral o médica— pretendía determinar lo que, en este orden de cosas, estaba permitido o prohibido, o era normal o anormal; podemos admitir igualmente que los griegos atribuían a todas estas cuestiones mucha menos importancia que nosotros. Pero, una vez admitido o supuesto todo ello, queda un punto irreductible: existió no obstante una preocupación al respecto, pues hubo pensadores, moralistas, filósofos, médicos que determinaban que lo que las leyes de la ciudad prescribían o prohibían, lo que la costumbre general toleraba o rechazaba no podía reglamentar suficientemente y como era debido la conducta sexual de un hombre preocupado por sí mismo; reconocían, en la forma de asumir este género de placer, un problema moral.

En estas pocas páginas, lo que me gustaría determinar es precisamente los aspectos generales por los cuales sintieron preocupación, la forma general del cuestionamiento moral que se plantearon a propósito de las *aphrodisia*. Y, para ello, recurriré a textos muy dispares —esencialmente los de Jenofonte, Platón y Aristóteles— e intentaré, no tanto restituir el "contexto doctrinal" que puede dar a cada uno su sentido particular y su valor diferencial, sino más bien el "campo de problematización" que les fue común y que los hizo posibles a unos y a otros. Se tratará de hacer aparecer, en sus caracteres generales, la constitución de las *aphrodisia* como terreno de preocupación moral. Contemplaré cuatro nociones que encontramos con frecuencia en la reflexión sobre la moral sexual: la noción de *aphrodisia*, a través de la cual podemos captar lo que, en el comportamiento sexual, era reconocido como "sustancia ética"; la del "uso" de *chrēsis*, que permite captar el tipo de sujeción al que la práctica de estos placeres debería someterse para ser valorada moralmente; la noción de *enkrateia*, de dominio que define la actitud necesaria ante uno mismo para constituirse como sujeto moral; finalmente la de "templanza", de "sabiduría", de *sōphrosynē* que caracteriza al sujeto moral en su realización. Así podremos cernir aquello que estructura la experiencia moral de los placeres sexuales: su ontología, su deontología, su ascética y su teleología.

APHRODISIA

La *Suda* propone esta definición que repetirá Hesiquio: las *aphrodisia* son "las obras", "los actos de Afrodita" —*erga Aphroditēs*—. En este género de obras, sin duda, no hay que atenerse a un esfuerzo de conceptualización demasiado riguroso. Pero es un hecho que los griegos ni en su pensamiento teórico ni en su reflexión práctica alcanzaron a dar testimonio de una preocupación apremiante por delimitar lo que entendían por *aphrodisia* —trátese de fijar la naturaleza de la cosa designada, de delimitar la extensión de su dominio o de establecer el catálogo de sus elementos—. En todo caso, nada que se parezca a esas largas listas de actos posibles tales como los que se encontrarán entre los penitenciales, entre los manuales de confesión o en las obras de psicopatología; ningún cuadro que sirva para definir lo legítimo, lo permitido o lo normal o para describir la vasta familia de los gestos prohibidos. Nada tampoco que se parezca a la preocupación —tan característica de la cuestión de la carne o de la sexualidad— por revelar bajo lo inofensivo y lo inocente la presencia insidiosa de un poder cuyos límites son inciertos y múltiples sus máscaras. Ni clasificación ni desciframiento. Se fijará con cuidado la mejor edad para casarse y tener hijos, y en qué momento deben practicarse las relaciones sexuales; nunca se dirá, como haría un director cristiano, qué gesto hacer o evitar, cuáles son las caricias preliminares permitidas, qué posición adoptar o en qué condiciones puede interrumpirse el acto. A todos aquellos que no estaban suficientemente preparados, Sócrates les recomendaba huir de la vista de un bello muchacho, o incluso exiliarse por un año,[3] y el *Fedro* evocaba la larga lucha del amante contra su propio deseo, pero en ninguna parte se mencionan, como sucederá con la espiritualidad cristiana, las precauciones que es preciso tomar para impedir que el deseo se introduzca subrepticiamente en el alma o para desalojar de ella sus rasgos secretos. Y lo que es aún más raro: los médicos que proponen, con cierto detalle, los elementos del régimen de las *aphrodisia* permanecen más bien mudos acerca de las formas que pueden adoptar los propios actos; dicen bien poco —fuera

3 Jenofonte, *Recuerdos de Sócrates*, i, 3, 13.

de algunas referencias a la posición "natural"— acerca de lo que es conforme o contrario a la voluntad de la naturaleza.

¿Por pudor? Quizá: pues podemos atribuir a los griegos una gran libertad de costumbres; la representación de los actos sexuales que sugieren en las obras escritas —y aun en la literatura erótica— parece marcada por una reserva considerable:[4] y esto a diferencia de los espectáculos que se presentaban o de las representaciones iconográficas que han podido hallarse.[5] En todo caso, sentimos que Jenofonte, Aristóteles y más tarde Plutarco habrían encontrado poco decente dispensar, acerca de las relaciones sexuales con la esposa legítima, los consejos suspicaces y atentos que los autores cristianos prodigaron a propósito de los placeres conyugales; no estaban listos, como más tarde los directores espirituales, para reglamentar el juego de las demandas y los rechazos, de las primeras caricias, de las modalidades de la unión, de los placeres que se experimentan y de la conclusión que conviene darles.

Pero existe, para aquello que podríamos percibir retrospectivamente como "reticencia" o "reserva", una razón positiva. Y es que la forma en que se contemplaba las *aphrodisia*, el género de pregunta que se les planteaba, estaba orientada de muy distinto modo que hacia la búsqueda de su naturaleza profunda, de sus formas canónicas o de su potencia secreta.

1. Las *aphrodisia* son actos, gestos, contactos, que procuran cierta forma de placer. Cuando San Agustín se refiere en sus *Confesiones* a los recuerdos de sus amigos de juventud, la intensidad de sus afectos, el placer de los días pasados juntos, las conversaciones, los fervores y las risas, se preguntará si todo ello no revela, bajo una apariencia inocente, la carne y esa "ligazón" que nos une a ella.[6] Pero cuando Aristóteles en la *Ética nico-*

---

4   K. J. Dover observa una acentuación de esta reserva en el transcurso de la época clásica: *Greek popular morality,* pp. 206-307.

5   Cfr. K. J. Dover, *Homosexualité grecque,* pp. 17 ss.

6   San Agustín, *Confesiones,* IV, caps. 8, 9 y 10.

maquea[7] se pregunta cuáles son precisamente aquellos que merecen ser llamados "intemperantes", su definición es cuidadosamente restrictiva: sólo los placeres del cuerpo revelan la intemperancia, la *akolasia,* y, entre ellos, hay que excluir los de la vista, los del oído y los del olfato. No se es intemperante por "encontrar placer" (*chairein*) en los colores, en los gestos, en los dibujos, ni tampoco en el teatro o en la música; sin intemperancia podemos encantarnos con el perfume de las frutas, de las rosas y del incienso, y como dice la *Ética eudemiana,*[8] al que se absorte tan intensamente con la contemplación de una estatua o la audición de un canto que pierda el apetito o el gusto de practicar el amor, a éste no habría que reprocharle más intemperancia que a aquel que se deja seducir por las sirenas. Pues no hay placer susceptible de *akolasia* si no hay tacto y contacto: contacto con la boca, la lengua y la garganta (para los placeres de la comida y de la bebida), contacto con otras partes del cuerpo (para el placer del sexo). Y aun Aristóteles observa que sería injusto tachar de intemperancia a ciertos placeres que se experimentan a través de la superficie del cuerpo, como los placeres nobles que ocasionan en el gimnasio los masajes y el calor: "pues al intemperante no le interesa el contacto extendido por todo el cuerpo, sino el que está vinculado tan sólo a ciertas partes".[9]

---

7 Aristóteles, *Ética nicomaquea,* III, 10, 1118a-b.

8 Aristóteles, *Ética eudemiana,* III, 2, 8-9, 1230b.

9 *Ética nicomaquea, loc. cit.* Véase también seudo-Aristóteles, *Problemas,* XXVIII, 2. Hay que observar, no obstante, la importancia atribuida a la mirada y a los ojos, por muchos textos griegos, para la génesis del deseo o del amor: pero no es que el placer de la mirada sea intemperante por sí mismo, sino que constituye una apertura por donde se alcanza el alma. Cfr. a este respecto Jenofonte, *Recuerdos de Sócrates,* I, 3, 12-13. En cuanto al beso, a pesar del peligro que comporta por sí mismo (cfr. Jenofonte, *op. cit.*), ha sido valuado en alto grado como placer físico y comunicación del alma. De hecho, llevaría a hacer todo un estudio histórico sobre el "cuerpo de placer" y sus transformaciones.

Uno de los rasgos característicos de la experiencia cristiana de la "carne", además de la de la "sexualidad", será que el sujeto es aquí llamado a sospechar con frecuencia y a reconocer desde lejos las manifestaciones de un poder sordo, dúctil y terrible que es tanto más necesario descifrar cuanto que es capaz de enmascararse bajo muchas otras formas que la de los actos sexuales. No hay tal sospecha tras la experiencia de las *aphrodisia*. Cierto que, en la educación y en el ejercicio de la templanza, se recomienda desconfiar de los sonidos, de las imágenes, de los perfumes. Pero no es porque el apego que se les tiene no sería más que la forma enmascarada de un deseo cuya esencia proviene de ser sexual, sino porque hay música que por su ritmo es capaz de ablandar el alma, porque hay espectáculos que son capaces de llegar al alma como una ponzoña y porque tal o cual perfume o imagen son de tal naturaleza que traen a la memoria el "recuerdo de la cosa deseada".[10] Y cuando causen risa los filósofos que pretenden amar sólo las bellas almas de los muchachos, no se nos harán sospechosos por tener sentimientos perturbadores de los que quizá no son conscientes, sino sencillamente por esperar el encuentro con el amado para deslizar la mano bajo su túnica.[11]

¿Cuáles son la forma y la variedad de estos actos? La historia natural proporciona ciertas descripciones, por lo menos cuando se trata de los animales: la cópula, señala Aristóteles, no es la misma para todos y no se realiza de la misma manera.[12] Y en la parte del libro VI de la *Historia de los animales* que está consagrada más precisamente a los vivíparos, describe las diferentes modalidades de cópula que pueden observarse: varían según la for-

10 Para los peligros de la música, cfr. Platón, *La República*, III, 398e (las armonías lidias son "perniciosas aun para las mujeres, ya no digamos para los varones"). Para la función mnemónica de los olores y de la imagen visual, cf. Aristóteles, *Ética nicomaquea*, III, 10, 1118a.
11 Encontraremos mucho más tarde un reproche de este género en los *Amores* atribuidos a Luciano (seudo-Luciano, 53).
12 Aristóteles, *Historia de los animales*, V, 2, 539b.

ma y el emplazamiento de los órganos, la posición de la pareja, la duración del acto; pero evoca también los tipos de comportamiento que señalan la estación de los amores: los jabalíes preparándose para la batalla,[13] los elefantes cuyo furor llega hasta a destruir la casa de su dueño o los caballos que reúnen a las yeguas trazando un gran círculo a su alrededor antes de arrojarse sobre sus rivales.[14] En lo que concierne al género humano, si la descripción de los órganos y de su función puede darse detalladamente, los comportamientos sexuales, con sus posibles variantes, apenas son evocados. Ello no quiere decir, no obstante, que en la medicina, en la filosofía o en la moral griegas haya una zona de silencio rigurosa alrededor de la actividad sexual de los humanos. El hecho no es que se abstengan de hablar de estos actos placenteros: pero, cuando se preguntan sobre el tema, lo que cuestionan no es la forma que revisten sino la actividad que manifiestan. Su dinámica, mucho más que su morfología.

Esta dinámica queda definida por el movimiento que une a las *aphrodisia*, el placer que se les asocia entre sí y el deseo que suscitan. La atracción ejercida por el placer y la fuerza del deseo que lleva a él constituyen, con el acto mismo de las *aphrodisia*, una unidad sólida. Tal será por consiguiente uno de los rasgos fundamentales de la ética de la carne y del concepto de sexualidad: la disociación —aunque sea parcial— de este conjunto. Esta disociación se distinguirá, por un lado, por cierta "elisión" del placer (desvalorización moral por la prescripción dada en la pastoral cristiana de no buscar la voluptuosidad como fin de la práctica sexual; desvalorización teórica que se traduce en la extrema dificultad de conferir un lugar al placer en la concepción de la sexualidad); igualmente, se distinguirá por una problematización cada vez más intensa del deseo (en el que se verá la señal original de la naturaleza caída en pecado o la estructura propia del ser humano). Al contrario, en la expe-

13 *Ibid.*, VI, 18, 571b.
14 *Ibid.*, VI, 18, 571b y 572b.

riencia de las *aphrodisia,* acto, deseo y placer forman un conjunto cuyos elementos, desde luego, pueden distinguirse, pero están fuertemente ligados unos a otros. Precisamente este vínculo apretado es el que constituye uno de los caracteres esenciales de esta forma de actividad. La naturaleza ha querido (por razones que ya se verán) que el cumplimiento del acto esté asociado con un placer, y este placer es el que suscita la *epithymia,* el deseo, movimiento dirigido por naturaleza hacia lo que "da placer", en función del principio que recuerda Aristóteles: el deseo es siempre "deseo de la cosa agradable" (*hē gar epithymia tou hēdeos estin*).[15] Cierto que —Platón vuelve a ello con frecuencia— no podría haber deseo sin privación, sin carencia de la cosa deseada, y sin mezcla por consiguiente de cierto sufrimiento; pero el apetito, explica en el *Filebo,* sólo puede provocarse con la representación, la imagen o el recuerdo de lo que da placer; de ahí concluye que no podría haber deseo más que en el alma, ya que si el cuerpo es alcanzado por la carencia, es el alma y sólo el alma la que puede por el recuerdo hacer presente lo que se desea y así suscitar la *epithymia.*[16] Lo cual parece constituir para los griegos, dentro del orden de la conducta sexual, el objeto de la reflexión moral, y no exactamente el propio acto (contemplado en sus distintas modalidades) o el deseo (considerado según su origen o su dirección) o incluso el placer (medido según los distintos objetos o prácticas que pueden provocarlo); se trata más bien de la dinámica que los une a los tres de manera circular (el deseo que lleva al acto, el acto que está ligado al placer y el placer que suscita el deseo). La cuestión ética que se plantea no es: ¿qué deseos, qué actos, qué placeres?, sino: ¿con qué fuerza nos dejamos llevar "por los placeres y los deseos"? La ontología a la que se refiere esta ética del comportamiento sexual, por lo menos en su forma general, no es una ontología de la carencia y del deseo; no es la de una na-

15 Aristóteles, *De las partes de los animales,* 661a.
16 Platón, *Filebo,* 44 ss.

turaleza que fija la norma de los actos, es la de una fuerza que asocia entre sí actos, placeres y deseos. Esta relación dinámica es la que constituye lo que podríamos llamar el grano de la experiencia ética de las *aphrodisia.*[17]

Esta dinámica llega a analizarse según dos grandes variables. Una de ellas es cuantitativa; concierne al grado de actividad que expresan el número y la frecuencia de los actos. Lo que distingue a unos hombres de otros, tanto dentro de la medicina como dentro de la moral, no es tanto el tipo de objetos hacia los que se orientan ni el modo de práctica sexual que prefieren; es, ante todo, la intensidad de dicha práctica. La separación está entre el menos y el más: moderación o incontinencia. Es bien raro, cuando se dibuja el retrato de un personaje, que se haga valer su preferencia por tal o cual forma de placer sexual;[18] al contrario, siempre es importante para su caracterización moral indicar si, en su práctica con las mujeres o los muchachos, ha sabido dar pruebas de mesura, como Agesilao, quien llevaba la templanza al grado de rechazar el beso del joven al que amaba,[19] o si se abandonaba como Alcibiades o como Arcesilao al apetito de los

---

17 Hay que observar la frecuencia de las expresiones que vinculan vigorosamente a los placeres y deseos y que muestran que lo que está en juego dentro de la moral de las *aphrodisia* es el control del conjunto dinámico constituido por el deseo y el placer ligados al acto. La pareja *epithymiai-hēdonai* se encuentra corrientemente en Platón: *Gorgias,* 484d, 491d; *Banquete,* 196c; *Fedro,* 237d; *La República,* IV, 430e, 431c y d; IX, 571b; *Leyes,* I, 647e; IV, 714a; VI, 782e; VII, 802e, 864b; X, 886b, etc. Cf. igualmente Aristóteles, *Ética nicomaquea,* VII, 4, 1148a. Frecuentes son también las expresiones que evocan el placer como fuerza que persuade, seduce, triunfa; así en Jenofonte, *Recuerdos de Sócrates,* I, 2, 23; I, 4, 14; I, 8; IV, 5, 3; etcétera.

18 Puede suceder que se mencione por la necesidad del relato el gusto particular de un hombre por los muchachos. Así lo hace Jenofonte en la *Anábasis,* a propósito de un cierto Epístenes (VII, 4). Pero cuando traza el retrato negativo de Menón (II, 6), no le reprocha este tipo de inclinación, sino el hacer mal uso de esos placeres: obtener el mando de tropas cuando era muy joven o amar, aún imberbe, a un hombre mayor.

19 Jenofonte, *Agesilao,* V.

placeres que pueden tomarse de uno y otro sexo.[20] A este respecto podemos recoger el célebre pasaje del libro primero de las *Leyes:* cierto que Platón opone en él muy claramente la relación "conforme a natura" que une al hombre y a la mujer para los fines de la generación y la relación "contra natura" de varón con varón y hembra con hembra.[21] Pero esta oposición, por marcada que sea en términos de la naturaleza, la relaciona Platón con la distinción más fundamental entre continencia e incontinencia; las prácticas que contravienen la naturaleza y el principio de la procreación no se explican como efecto de una naturaleza anormal o de una forma particular de deseo; no son más que la continuación de la desmesura: son originadas por "la intemperancia en el placer" (*akrateia hēdonēs*).[22] Y cuando, en el *Timeo,* Platón expone que la lujuria debe tomarse como efecto de una enfermedad del cuerpo y no de una mala voluntad del alma, enfermedad descrita como una gran patología del exceso: el esperma, en lugar de seguir encerrado en la médula y en su armadura ósea, se habría desbordado y puesto a fluir por todo el cuerpo; éste se habría vuelto semejante a un árbol cuya potencia vegetal sobrepasaría toda medida: así el individuo, durante gran parte de su existencia, se vería enloquecido por el "exceso de placeres y de dolores".[23] Que la inmoralidad de los placeres del sexo sea siempre del orden de la exageración, de la demasía y del exceso es una idea que volvemos a encontrar en el libro tercero de la *Ética nicomaquea;* por lo que hace a los deseos naturales que nos son comunes, las únicas faltas que podemos cometer, explica Aristóteles, son del orden de la

---

20 Sobre Arcesilao, cf. Diógenes Laercio, *Vida de los filósofos,* IV, 6.
   Plutarco observará igualmente que Hiperides se dejaba llevar por
   las *aphrodisia* (*Vida de diez oradores,* 849d).
21 Platón, *Leyes,* I, 636c.
22 Del mismo modo se encontrará una explicación en Dión de Prusa
   acerca de la aparición del amor a los muchachos por un exceso de
   intemperancia (*Discurso,* VII, 150).
23 Platón, *Timeo,* 86c-e.

cantidad: tienen que ver con el "exceso" (*to pleion*); cuando el deseo natural consiste tan sólo en satisfacer la necesidad, "comer y beber lo que uno va encontrando al azar hasta estar literalmente saturado es sobrepasar por exceso (*tōi plēthei*) las necesidades naturales". Es cierto que Aristóteles confiere un lugar también a los placeres particulares de los individuos; puede suceder que se cometan diferentes tipos de faltas, ya sea que "encuentre placer en cosas que no debe desear", porque se "entrega más de lo corriente" o porque "no goza su placer del modo debido". Pero, añade Aristóteles, "los intemperantes se exceden (*hyperballousi*) de todas estas formas a la vez: se complacen, en efecto, en ciertas cosas ilícitas (realmente detestables) y, si es bueno gozar de algunas de ellas, lo hacen más de lo que conviene y más de lo que hace la mayoría". Lo que constituye la intemperancia es el exceso en ese terreno "y es una cosa reprobable".[24] Parecería más bien que la primera línea de partida que señalaría en el ámbito del comportamiento sexual la apreciación moral no sería trazada desde la naturaleza del acto, con todas sus posibles variantes, sino desde la actividad y desde sus gradaciones cuantitativas.

La práctica de los placeres recoge también otra variable a la que podríamos llamar de "función" o de "polaridad". Al término *aphrodisia* corresponde el verbo *aphrodisiazein;* se refiere a la actividad sexual en general: así se habla del momento en que los animales llegan a la edad en que son capaces de *aphrodisiazein;*[25] designa también el cumplimiento de un acto sexual cualquiera: así Antístenes evoca en Jenofonte la necesidad que a veces tiene de

24 Aristóteles, *Ética nicomaquea*, III, 11, 1118b. No obstante, hay que subrayar que Aristóteles se preocupa una y otra vez por el problema de los "placeres censurables" que algunos pueden buscar (*Ética nicomaquea*, VII, 5, 1148b; X, 3, 1173b). Sobre el problema del deseo, de su objeto natural y de sus variaciones, cfr. Platón, *La República*, IV, 437d-e.
25 Aristóteles, *Historia de los animales*, VIII, 1, 581a. Platón, en *La República*, IV, 426a-b, habla de los enfermos que en lugar de seguir un régimen siguen comiendo, bebiendo y *aphrodisiazein*.

aphrodisiazein.[26] Pero el verbo puede también usarse en su valor activo; en este caso, se relaciona de manera particular con el papel llamado "masculino" de la relación sexual y con la función "activa" definida por la penetración. Y a la inversa, puede emplearse en su forma pasiva; entonces designa el otro papel de la unión sexual: el papel "pasivo" del compañero-objeto. Este papel es el que la naturaleza reservó a las mujeres —Aristóteles habla de la edad en que las muchachas son susceptibles de *aphrodisiasthēnai*—;[27] una función que puede imponerse mediante la violencia a alguien que se encuentra reducido a ser objeto del placer de otro;[28] es también el papel aceptado por el muchacho o por el hombre que se deja penetrar por su compañero —el autor de *Problemas* se pregunta también cuál es el motivo por el que algunos hombres sienten placer por la *aphrodisiazeisthai*.[29]

Sin duda tenemos razón cuando decimos que en el vocabulario griego no hay nombre que reagrupe en una noción común lo que puede haber de específico en la sexualidad masculina y en la sexualidad femenina.[30] Pero hay que destacar que, en la práctica de los placeres sexuales, se distinguen claramente dos papeles y dos polos, como puede distinguírselos también en la función generadora; se trata de dos valores de posición: la del sujeto y la del objeto, la del agente y la del paciente; como dice Aristóteles, "la hembra en tanto hembra es un elemento pasivo y el macho en tanto macho un elemento activo".[31] Aun cuando la experiencia de la "carne" sea considerada como una experiencia común a hombres y mujeres, pero sin que tenga para ellas la misma forma que para ellos, aun cuando la "sexualidad" se vea marcada por la

---

26 Jenofonte, *Banquete*, IV, 38. Seudo-Aristóteles, *Sobre la esterilidad*, V, 636b.
27 Aristóteles, *Historia de los animales*, IX, 5, 637a; VII, 1, 581b.
28 Jenofonte, *Hierón*, III, 4.
29 Seudo-Aristóteles, *Problemas*, IV, 26.
30 P. Manuli, "Fisiologia e patologia del feminile negli scritti hippocratici", *Hippocratica*, 1980, pp. 393 ss.
31 Aristóteles, *La generación de los animales*, I, 21, 729b.

gran cesura entre sexualidad masculina y femenina, se considerará a las *aphrodisia* como una actividad que implica dos actores, cada uno con su papel y su función, el que ejerce la actividad y
aquel sobre quien ésta se ejerce.

Desde este punto de vista, y dentro de esta ética (de la que
siempre hay que recordar que es una moral de hombres, hecha
para y por los hombres), puede decirse que la línea divisoria pasa sobre todo entre los hombres y las mujeres —por la misma razón que existe una gran diferenciación entre el mundo de los
hombres y el de las mujeres en tantas sociedades antiguas—.
Pero aún más generalmente, pasa más bien entre lo que podríamos llamar los "actores activos" de la escena de los placeres
y los "actores pasivos": por un lado los que son sujetos de la actividad sexual (y que tienen cierta dificultad en lograr ejercerla
de manera mesurada y oportuna) y por el otro aquellos que
son compañeros-objetos, sobre quienes y con quienes se ejerce.
Por supuesto, los primeros son los hombres, pero más precisamente son los hombres adultos y libres; los segundos, desde
luego, comprenden a las mujeres, pero ellas sólo figuran como uno de los elementos de un conjunto más amplio al que
se hace referencia a veces con la designación de los objetos de
placer posibles: "las mujeres, los muchachos, los esclavos". En
el texto conocido como juramento de Hipócrates, el médico se
compromete a abstenerse, en las casas a las que tenga entrada,
de las *erga aphrodisia,* con cualquier persona, mujer, hombre libre o esclavo.[32] Mantenerse en su papel o abandonarlo, ser sujeto de la actividad o ser su objeto, pasarse del lado de quienes la
sufren, cuando se es hombre, o quedarse del lado de quienes la
ejercen, tal es la segunda gran variable, con aquella de la "cantidad de actividad" que da asidero a la apreciación moral. El exceso y la pasividad son, para un hombre, las dos formas mayores de la inmoralidad en la práctica de las *aphrodisia.*

32 Hipócrates, *Juramento* (en *Œuvres,* ed. Loeb. I, p. 300).

2. Si la actividad sexual debe ser así objeto de diferenciación y de apreciación morales, la razón no es que el acto sexual sea en sí malo; tampoco porque cargue consigo la marca de una caída original. Aun cuando la forma actual de la relación sexual y del amor se relacione, como lo hace Aristóteles en el *Banquete,* con algún drama original —orgullo de los humanos y castigo de los dioses—, ni el acto ni el placer son considerados malos; al contrario, tienden a la restauración de lo que para el ser humano era el modo de ser más consumado.[33] De una manera general, la actividad sexual es percibida como natural (natural e indispensable) ya que gracias a ella pueden reproducirse los seres vivos, la especie en su conjunto puede escapar a la muerte[34] y las ciudades, las familias, los nombres y los cultos pueden prolongarse más allá de los individuos condenados a desaparecer. Platón clasifica los deseos que nos conducen a las *aphrodisia* entre los que son más naturales y necesarios;[35] y según Aristóteles, los placeres que aquéllas nos procuran tienen por causa cosas necesarias que interesan al cuerpo y a la vida corporal en general.[36] En suma, la actividad sexual, tan profundamente anclada en la naturaleza y de manera tan natural, no podría ser considerada —nos lo recuerda Rufo de Éfeso— como mala.[37] Aquí, entendámoslo, la experiencia moral de las *aphrodisia* es radicalmente distinta de lo que será la de la carne.

Pero por natural y aun necesaria que pueda ser, no por ello es menos objeto de inquietud moral; requiere de unos límites que permiten fijar hasta qué punto y en qué medida es conveniente practicarla. No obstante, si en la actividad sexual puede señalarse el bien y el mal, no es a pesar de su naturalidad, o

---

33 Platón, *Banquete,* 189d-193d. Sobre un tiempo mítico sin generación sexual, cfr. *Político,* 271a-272b.

34 Aristóteles, *La generación de los animales,* II, 1, 731b; cfr. *Del alma,* II, 4, 415a-b.

35 Platón, *La República,* VIII, 559c.

36 Aristóteles, *Ética nicomaquea,* VII, 4, 2, 1147b.

37 Rufo de Éfeso, *Œuvres,* ed. Daremberg, p. 318.

porque ésta haya sido alterada, sino en razón de la forma en que fue dispuesta por la naturaleza. En efecto, hay dos rasgos que marcan el placer al que está asociada. Veamos primero su carácter inferior: sin olvidar que para Aristipo y para los cirenaicos "los placeres no difieren entre sí",[38] se caracteriza en general al placer sexual no como portador del mal sino como algo que es ontológica o cualitativamente inferior: puesto que es común a los animales y a los hombres (y no constituye una señal específica de éstos); puesto que se mezcla con la privación y el sufrimiento (y en esto se opone a los placeres que pueden darnos la vista y el oído); puesto que depende del cuerpo y de sus necesidades y puesto que está destinado a restablecer al organismo a su estado anterior a la necesidad.[39] Pero, por otro lado, este placer condicionado, subordinado e inferior, es un placer de una extrema vivacidad; como lo explica Platón, al principio de las *Leyes,* si la naturaleza ha hecho que los hombres y las mujeres se atraigan entre sí, será con el fin de que la procreación sea posible y que esté asegurada la supervivencia de la especie.[40] Ahora bien, este objetivo es tan importante y es tan esencial para que los hombres se den una descendencia, que la naturaleza añadió al acto de la procreación un placer extremadamente intenso; del mismo modo que la necesidad de alimentarse, y de asegurar así la supervivencia individual, se reactiva en el animal por el placer natural ligado a la alimentación y a la bebida, igualmente la necesidad de engendrar y de dejar tras de sí una progenie propia le es recordada sin cesar por el placer y el deseo asociados a la unión de los sexos. Las *Leyes* evocan así la existencia de esos tres grandes apetitos fun-

38 Diógenes Laercio, *Vida de los filósofos,* II, 8.
39 Sobre la comunidad de este tipo de placer con los animales, cfr. Jenofonte, *Hierón,* VII; sobre el carácter mezclado del placer físico, cfr. Platón, *La República,* IX, 583b s.; *Filebo,* 44 s.; sobre el placer que acompaña a la restauración del estado anterior del cuerpo, Platón, *Timeo,* 64d-65a; Aristóteles, *Ética nicomaquea,* VII, 4, 1147b.
40 Platón, *Leyes,* I, 636c.

damentales, que conciernen a la comida, la bebida y la generación: los tres son fuertes, imperiosos, ardientes, pero el tercero, más que ningún otro, aunque sea "el último en despuntar", es "el más vivo de nuestros amores".[41] A su interlocutor de *La República,* Sócrates le pregunta si conoce "placer mayor y más agudo que el del amor sensual".[42]

Justamente esta agudeza natural del placer con la atracción que ejerce sobre el deseo es la que lleva a la actividad sexual a desbordar los límites que la naturaleza le fijó cuando hizo del placer de las *aphrodisia* un placer inferior, subordinado y condicionado. A causa de esta agudeza hemos sido llevados a invertir las jerarquías, a colocar esos apetitos y su satisfacción en la primera fila, a darles un poder absoluto sobre el alma. También por causa suya hemos sido llevados a ir más allá de la satisfacción de las necesidades y a seguir buscando el placer incluso después del restablecimiento del cuerpo. Tendencia a la revuelta y a la sublevación, ésa es la virtualidad "estasiástica" del apetito sexual; tendencia a sobrepasarse, al exceso, es su virtualidad "hiperbólica".[43] La naturaleza ha dado al ser humano esa fuerza necesaria y temible, siempre lista a desbordar el objetivo que se le fijó. Vemos por qué, en estas condiciones, la actividad sexual exige una discriminación moral de la que se ha visto que era mucho más dinámica que morfológica. Si es necesario, como dice Platón, imponerle los tres frenos más fuertes —el temor, la ley y el discurso verdadero—,[44] si es necesario, según Aristóteles, que la facultad de desear obedezca a la razón como el niño a los mandatos del maestro,[45] si el propio Aristipo que-

---

41 *Ibid.,* VI, 783a-b.
42 Platón, *La República,* III, 403a.
43 Sobre la hipérbole *(hyperbolē, hyperballein)* de los placeres, véase, por ejemplo, Platón, *La República,* 402e; *Timeo,* 86b; Aristóteles, *Ética nicomaquea,* III, 11, 1118b; VII, 4, 1148a; VII, 7, 1150a y 1150b. Sobre la revuelta *(epanastasis, stasiazein),* Platón, *La República,* IV, 442d, 444b; IX, 586e; *Fedro,* 237d.
44 Platón, *Leyes,* VI, 783a.
45 Aristóteles, *Ética nicomaquea,* III, 12, 1119b.

ría, sin dejar de "servirse" de los placeres, vigilarse para no dejarse llevar por ellos,[46] la razón no radica en que la actividad sexual sea un mal; tampoco en que correría el riesgo de desviarse en relación con un modelo canónico; radica más bien en que desencadena una fuerza, una *energeia* que por sí misma pasa al exceso. En la doctrina cristiana de la carne, la fuerza excesiva del placer encuentra su principio en la caída y la falta que señala desde entonces a la naturaleza humana. Para el pensamiento clásico griego, esta fuerza es por naturaleza virtualmente excesiva y la cuestión moral será la de saber cómo hacer frente a esta fuerza, cómo dominarla y asegurar su conveniente economía.

El hecho de que la actividad sexual aparezca bajo la especie de un juego de fuerzas establecidas por la naturaleza, pero susceptibles de abuso, la aproxima a la alimentación y a los problemas morales que ésta pueda plantear. Esta asociación entre la moral del sexo y la de la mesa es un hecho constante en la cultura antigua. Podríamos encontrar mil ejemplos. Cuando Jenofonte, en el primer libro de los *Recuerdos,* quiere mostrar cómo Sócrates era útil a sus discípulos, por su ejemplo y su conversación, expone los preceptos y la conducta de su maestro "sobre la bebida, la comida y los placeres del amor".[47] Los interlocutores de *La República,* cuando tratan sobre la educación de los guardianes, están de acuerdo en que la templanza, la *sōphrosynē,* exige el triple dominio de los placeres del vino, del amor y de la mesa (*potoi, aphrodisia, edōdai*).[48] Igualmente Aristóteles, en la *Ética nicomaquea,* los tres ejemplos que da de "placeres comunes" son los de la alimentación, la bebida y, para los jóvenes y los hombres en la plenitud de la edad, el "placer del sexo";[49] reconoce el mismo tipo de peligro en estas tres formas de placer: el del exceso que va más allá de la necesidad; les encuentra incluso

---

46 Diógenes Laercio, *Vida de los filósofos,* VI, 8.
47 Jenofonte, *Recuerdos de Sócrates,* I, 3, 15.
48 Platón, *La República,* III, 389d-e; cfr. también IX, 580e.
49 Aristóteles, *Ética nicomaquea,* III, 11, 1, 1118b.

un principio fisiológico común cuando ve en unos y otros placeres de contacto y de tacto (alimento y bebida no suscitan según
él el placer que les es propio más que al entrar en contacto con
la lengua y sobre todo la garganta).[50] El médico Erixímaco,
cuando toma la palabra en el *Banquete,* reivindica para su arte la
capacidad de dar consejos sobre la forma en que hay que usar
de los placeres de la mesa y de la cama; según él, son los médicos los que deben decir, a propósito de la buena comida, cómo
obtener placer de ella sin ponerse enfermos; también ellos deben prescribir, a quienes practican el amor físico —"el pande-
mio"—, cómo pueden encontrar su goce sin que resulte de ello
ningún desorden.[51]

Sería sin duda interesante seguir la larga historia de las relaciones entre moral alimentaria y moral sexual a través de las
doctrinas, pero también a través de los ritos religiosos o de las
reglas dietéticas; habría que buscar cómo, a largo plazo, pudo
producirse el desfase entre el juego de las prescripciones alimentarias y el de la moral sexual: la evolución de su importancia
respectiva (el momento sin duda bastante tardío en que el problema de la conducta sexual se volvió más preocupante que el
de los comportamientos alimentarios) y la diferenciación progresiva de su estructura propia (cuando el deseo sexual fue interrogado en términos distintos que el apetito alimentario). En todo
caso, en la reflexión de los griegos de la época clásica, parecería
que la problematización moral de la alimentación, de la bebida y
de la actividad sexual fue realizada de manera muy semejante.
La comida, los vinos, las relaciones con mujeres y muchachos
constituyen una materia ética análoga; ponen en juego fuerzas
naturales pero que siempre tienden a ser excesivas: y unas y
otras plantean la misma cuestión: ¿cómo se puede y cómo se debe "servirse" (*chrēsthai*) de esta dinámica de los placeres, de los
deseos y de los actos? Cuestión de buen uso. Como lo dice Aris-

---

50 *Ibid.,* III, 10, 9, 1118a.
51 Platón, *Banquete,* 187e.

tóteles: "Todos los hombres, en efecto, gozan en alguna medida de los placeres de la mesa, del vino y del amor, pero no todos lo hacen de la manera debida (*ouch' hōs dei*)".[52]

CHRĒSIS

¿Cómo asumir el propio placer "de la manera debida"? ¿A qué principio remitirse para moderar, limitar, regular esta actividad? ¿Qué tipo de validez reconocer a estos principios que pueda justificar que tengamos que plegarnos a ellos? O bien, en otros términos, ¿cuál es el modo de sujeción implicado en esta problematización moral de la conducta sexual?

La reflexión moral sobre las *aphrodisia* tiende mucho menos a establecer un código sistemático —que fijaría la forma canónica de los actos sexuales, trazaría la frontera de las interdicciones y distribuiría las prácticas a uno y otro lado de una línea de división— que a elaborar las condiciones y las modalidades de un "uso": el estilo de lo que los griegos llamaron la *chrēsis aphrodisiōn,* el uso de los placeres. La expresión común *chrēsis aphrodisiōn* se relaciona, de una manera general, con la actividad sexual (se habla pues de los momentos del año o de la edad de la vida en que es bueno *chrēstai aphrodisiois*).[53] Pero el término se relaciona igualmente con la forma en que el individuo dirige su actividad sexual, su modo de conducirse en este orden de cosas, el régimen que se permite o impone, las condiciones en las que efectúa los actos sexuales, la parte que él les concede en su vida.[54] No se trata de lo que está permitido o prohibido entre los deseos que se experimentan o los actos que se realizan, sino de la pruden-

52 Aristóteles, *Ética nicomaquea,* VII, 14, 7, 1154 a.
53 Aristóteles, *Historia de los animales,* VII, 1, 581b; *La generación de los animales,* II, 7, 747a.
54 Platón (*La República,* V, 451c) habla de lo que debe ser la correcta "posesión y trato" (*ktēsis te kai chreia*) de las mujeres y de los hijos;

cia, de la reflexión, del cálculo en la forma en que se distribuyen
y en que se controlan los propios actos. En el uso de los placeres, si bien es cierto que hay que respetar las leyes y costumbres
del país, no ofender a los dioses y remitirse a lo que quiere la
naturaleza, las reglas morales a las que uno se somete están
muy lejos de lo que puede constituir una sujeción a un código
bien definido.[55] Se trata mucho más de un ajuste que va varian-
do y en el que deben tenerse en cuenta diferentes elementos:
uno sería el de la necesidad y el de lo que se ha vuelto necesario según la naturaleza; el otro sería aquel, temporal y circunstancial, de la oportunidad; el tercero, el del estatuto del propio
individuo. La *chrēsis* debe decidirse teniendo en cuenta estas diferentes consideraciones. Puede reconocerse en la reflexión sobre
el uso de los placeres la preocupación por una triple estrategia:
la de la necesidad, la del momento y la del estatuto.

1. La estrategia de la necesidad. Conocemos el gesto escanda-
loso de Diógenes: cuando tenía necesidad de satisfacer su apetito sexual, se consolaba a sí mismo, en la plaza pública.[56] Como
muchas de las provocaciones cínicas, ésta tiene un doble sentido. La provocación, en efecto, remite al carácter público de la
cosa —lo cual en Grecia iba en contra de todos los usos—; se
aceptaba de buen grado la necesidad de ocultarse a las miradas
—por eso se practicaba el amor sólo de noche— y en la precau-

---

aquí se trata del conjunto de las relaciones y de las formas de
relaciones que pueden tenerse con ellos. Polibio evoca la *chreia
aphrodisiōn* que con el lujo de los vestidos y de la mesa caracteriza las
costumbres de los soberanos hereditarios y provoca el descontento y
la revolución (*Historias*, VI, 7).

55 La *Retórica* de Aristóteles (I, 9) define la templanza como aquello
que hace que nos conduzcamos, en cuanto a los placeres del
cuerpo, "como lo quiere el *nomos*". Sobre la noción de *nomos*, cfr. J.
de Romilly, *L'idée de loi dans la pensée grecque des origines à Aristote*.

56 Diógenes Laercio, *Vida de los filósofos*, VI, 2, 46. Véase también Dión
de Prusa, *Discurso*, VI, 17-20, y Galeno, *De los lugares afectados*, VI, 5.

ción de no dejarse ver en este tipo de relaciones se notaba que la práctica de las *aphrodisia* no era algo que honrara lo que había de más noble en el hombre. Es pues contra esa regla de la no publicidad contra la que Diógenes dirige su crítica "gestual"; Diógenes Laercio sostiene en efecto que Diógenes tenía por costumbre "hacer en público todas sus cosas, las comidas y el amor" y que él se justificaba diciendo: "si no es malo comer, tampoco lo es comer en público".[57] Pero con esta comparación con la comida, el gesto de Diógenes adquiere también otro significado: la práctica de las *aphrodisia,* que no puede ser vergonzosa pues es natural, no es ni más ni menos que la satisfacción de una necesidad, y así como el cínico busca la comida que con mayor sencillez pueda satisfacer a su estómago (incluso intentará comer carne cruda), así encuentra en la masturbación el medio más directo de apaciguar su apetito; incluso lamenta que no hubiera una posibilidad tan sencilla de dar satisfacción al hambre y a la sed: "Pluguiera al cielo que fuera suficiente con frotarse el estómago para apaciguar el hambre".

En esto, Diógenes no hacía más que llevar al límite uno de los grandes preceptos de la *chrēsis aphrodisiōn.* Reducía al mínimo la conducta que Antístenes exponía ya en el *Banquete* de Jenofonte:

> ¿Me pide el cuerpo algo de Venus?, me contento con lo primero que se presente, y, por cierto, que aquellas mujeres a quienes me acerco me colman de caricias, porque ningún otro quiere acercarse a ellas. Y todos estos disfrutes me saben tan bien que, al gustarlos, no pidiera mayor deleite; pidiéralo menor, que me parecen algunos de ellos más deleitosos de lo soportable.[58]

Este régimen de Antístenes no está muy alejado en su principio (aunque las consecuencias prácticas sean bien distintas) de mu-

57 Diógenes Laercio, *Vida de los filósofos,* VI, 2, 69.
58 Jenofonte, *Banquete,* IV, 38.

chos preceptos o ejemplos que Sócrates, según Jenofonte, daba a sus discípulos. Pues si recomendaba a quienes no estaban bien provistos contra los placeres del amor que huyeran de la vista de los bellos muchachos, y aun que se exiliaran si era necesario, no prescribía, de todas maneras, una abstención total, definitiva e incondicional;

> [...] era, pues, de la opinión en estas cosas de pasión sexual —por lo menos así presenta Jenofonte la lección socrática— que quienes no se sintieran fuertes contra ellas, se sirvieran de las mismas como de todo lo que el alma, a no ser por imperiosa necesidad del cuerpo, no admitiría; tal necesidad no ha de llegar, con todo, a dominarla.[59]

Pero en este uso de las *aphrodisia* regulado por la necesidad, el objetivo no es anular el placer; se trata al contrario de mantenerlo y de mantenerlo por la necesidad que suscita el deseo; sabemos bien que el placer se embota si no ofrece satisfacción a la agudeza de un deseo:

> Mis amigos [dice la Virtud en el discurso de Pródico que relata Sócrates] gozan con placer (*hēdeia... apolausis*), y sin trabajos (*apragmōn*) de comer y de beber porque aguardan el apetito para hacerlo.[60]

Y en una discusión con Eutidemo, Sócrates recuerda

> [...] el hambre, la sed, los deseos amorosos (*aphrodisiōn epithymia*), el insomnio, hacen placenteros el comer, el beber, el amar, el reposar, el dormir, cuando, mediante

59 Jenofonte, *Recuerdos de Sócrates*, I, 3, 14.
60 *Ibid.*, II, 1, 33.

la espera y la privación, hacen que el deseo se acrecien-
te (*hōs eni hēdista*).[61]

Pero si, por el deseo, es necesario sostener la sensación de placer, a la inversa, no es necesario multiplicar los deseos recurriendo a placeres que no están en la naturaleza: es la fatiga, se
dice, incluso en el discurso de Pródico, y no la ociosidad sostenida la que habrá de proporcionar las ganas de dormir, y si
pueden satisfacerse, cuando se manifiesten, los deseos sexuales,
no hay que crear deseos que van más allá de las necesidades. La
necesidad debe servir de principio rector en esta estrategia de
la que vemos claramente que nunca puede tomar la forma de
un código preciso o de una ley aplicable a todos de la misma
forma en todas las circunstancias. Permite un equilibrio en la
dinámica del placer y del deseo: le impide "desbocarse" y caer
en el exceso al fijarle como límite interno la satisfacción de una
necesidad, y evita que esta fuerza natural se revuelva y usurpe
un lugar que no es el suyo: pues no concede más que lo que,
por necesario al cuerpo, la naturaleza quiere, y nada más.

Esta estrategia permite conjurar la intemperancia, la que básicamente es una conducta que no tiene su referencia en la necesidad. Por ello puede adoptar dos formas contra las cuales
debe luchar el régimen moral de los placeres. Existe una intemperancia a la que se podría llamar de "plétora", de "relleno":[62]
concede al cuerpo todos los placeres posibles antes incluso de
que haya experimentado la necesidad, sin permitir que experi-
mente "hambre, sed o deseos amorosos, o insomnios" y sofo-
cando por ello mismo toda sensación de placer. Existe también
una intemperancia a la que podría llamársela de "artificio" y
que es consecuencia de la primera: consiste en buscar las voluptuosidades en la satisfacción de deseos extranaturales: "vas a la
búsqueda de cocineros para poder comer sabrosamente; a fin

---

61 *Ibid.,* IV, 5, 9.
62 Cfr. Platón, *Gorgias,* 492a-b, 494c, 507e; *La República,* VIII, 561b.

de beber con deleite te procuras vinos caros, y durante el verano corres a todas partes en busca de nieve"; es aquella que para
encontrar nuevos placeres en las *aphrodisia* se sirve "de hombres como si se tratara de mujeres".[63] Concebida así, la templanza no puede adoptar la forma de una obediencia a un sistema de leyes o a un código de conductas; tampoco puede valer
como un principio de anulación de los placeres; es un arte, una
práctica de los placeres que es capaz, al "usar" de quienes se
fundamentan en la necesidad, de limitarse a sí misma:

> [...] la templanza —dice Sócrates—, es la única que
> nos hace soportar las necesidades de las que he habla-
> do, la única también que nos hace sentir un placer
> digno de ser recordado.[64]

Y así usaba Sócrates los placeres en la vida diaria, si hemos de
creer a Jenofonte:

> No comía sino lo que era menester para hacer de la
> comida deleite, e iba a comer dispuesto de tal manera
> que el hambre era para él el mejor de los condimen-
> tos. Toda bebida le resultaba agradable; pues no bebía
> sino cuando tenía sed.[65]

2. Otra estrategia consiste en determinar el momento oportuno, el *kairos*. Se trata de uno de los objetivos más importantes, y
más delicados, en el arte de hacer uso de los placeres. Platón lo
recuerda en las *Leyes*: feliz aquel (sea un particular o un Estado)
que, en este orden de cosas, sabe lo que debe hacerse, "cuando
es debido y como sea debido"; al contrario, aquel que actúa "en

---

63 Jenofonte, *Recuerdos de Sócrates,* II, 1, 30.
64 *Ibid.,* IV, 5, 9.
65 *Ibid.,* I, 3, 5.

la ignorancia" (*anepistēmonōs*) y "fuera de los momentos debidos" (*ektos tōn kairōn*), éste "tiene una vida muy diferente".[66]

Debemos tener en mente que este tema del "cuando es debido" siempre ha ocupado para los griegos un lugar importante no sólo como problema moral, sino también como cuestión de ciencia y de técnica. Estos saberes prácticos que son —según un acercamiento muy tradicional— la medicina, el gobierno, el pilotaje, implican así que no nos contentemos con conocer los principios generales sino que seamos capaces de determinar el momento en que es necesario intervenir y la forma precisa de hacerlo en función de las circunstancias. Y justamente es uno de los aspectos esenciales de la virtud de la prudencia proporcionar la capacidad para llevar como es debido "la política del momento", en los diferentes campos —se trate de la ciudad o del individuo, del cuerpo o del alma— en los que lo que importa es captar el *kairos*. En el uso de los placeres, también la moral es un arte del "momento".

Este momento puede estar determinado según muchas escalas. Existe la escala de la vida entera; los médicos creen que no es bueno comenzar muy joven la práctica de estos placeres: estiman igualmente que puede ser nociva si se la prolonga hasta una edad muy avanzada; tiene su estación en la existencia: en general se la fija en un periodo que no sólo está caracterizado como aquel en que la procreación es posible, sino como aquel en el que la descendencia es sana, bien formada, de buena salud.[67] También está la escala del año, con las estaciones: los regímenes dietéticos, lo veremos más adelante, le dan una gran importancia a la correla-

---

66 Platón, *Leyes*, I, 636d-e. Sobre la noción de *kairos* y su importancia en la moral griega, cf. P. Aubenque, *La prudence chez Aristote*, París, 1963, pp. 95 ss.

67 Esta edad se la fijó muy tardía: para Aristóteles, el esperma es infecunda hasta los veintiún años. Pero la edad a la que el hombre debe aguardar para esperar una buena descendencia es más tardía aún: "Después de los veintiún años, las mujeres presentan buenas condiciones para tener hijos, mientras que los hombres deben todavía desarrollarse" (*Historia de los animales*, VII, 1, 582a).

LA PROBLEMATIZACIÓN MORAL DE LOS PLACERES 65

ción entre la actividad sexual y el cambio de equilibrio en el clima, entre el calor y el frío, la humedad y la sequedad.[68] También conviene escoger el momento del día: una de las *Conversaciones de sobremesa* de Plutarco habrá de tratar este problema, proponiendo una solución que parece haber sido tradicional; razones dietéticas, pero también argumentos de decencia y motivos religiosos recomiendan preferir la tarde: pues es el momento más favorable para el cuerpo, el momento en que la sombra oculta las imágenes poco convenientes y el que permite intercalar el tiempo de la noche ante las prácticas religiosas de la mañana siguiente.[69] La elección del momento —del *kairos*— habrá de depender igualmente de las demás actividades. Si Jenofonte puede citar como ejemplo de templanza a su Ciro, no es porque hubiera renunciado a los placeres, sino porque sabía distribuirlos como es debido a lo largo de su existencia, no dejándose apartar por ellos de sus ocupaciones y no autorizándolos más que después de un trabajo previo que abría el camino a abandonos honorables.[70]

La importancia del "buen momento" en la ética sexual aparece bien claramente en un pasaje de los *Recuerdos de Sócrates* consagrado al incesto. Sócrates plantea inequívocamente que "la prohibición de las relaciones entre un padre y sus hijas, entre un hijo y su madre" constituye un precepto universal, establecido por los dioses: la prueba la ve en el hecho de que quienes lo transgreden reciben un castigo. Ahora bien, este castigo consiste en que, a pesar de las cualidades intrínsecas que puedan tener los padres incestuosos, su descendencia es mal recibida. ¿Y por qué? Porque han desconocido el principio del "momento" y mezclado a destiempo la simiente de los genitores, de los que uno es forzosamente más viejo que el otro: se trata siempre de "procrear en malas condiciones", engendrar cuando no se está "en la flor de la edad".[71]

---

68 Todo esto será desarrollado en el capítulo siguiente.
69 Plutarco, *Conversaciones de sobremesa*, III, 6.
70 Jenofonte, *Ciropedia*, VIII, 1, 32.
71 Jenofonte, *Recuerdos de Sócrates*, IV, 4, 21-23.

Jenofonte o Sócrates no dicen que el incesto sólo es condenable bajo la forma de ese "destiempo", pero es notable que el mal del incesto se manifieste de la misma manera y mediante los mismos efectos que el desconocimiento del tiempo oportuno.

3. El arte de usar del placer debe modularse también en consideración de quien lo usa y según el estatuto que le corresponda. El autor del *Eroticos* (atribuido a Demóstenes) lo recuerda siguiendo al *Banquete*: todo espíritu sensato sabe que las relaciones amorosas de un muchacho no son "virtuosas o deshonestas de manera absoluta", sino que "difieren completamente en función de cada interesado"; sería pues "poco razonable seguir la misma máxima en todos los casos".[72]

Sin duda es un rasgo común a muchas sociedades que las reglas de conducta sexual varíen según la edad, el sexo, la condición de los individuos, y que las obligaciones y las interdicciones no se impongan a todos de la misma manera. Pero, para mantenernos dentro del caso de la moral cristiana, esta especificación se hace en el marco de un sistema de conjunto que define siguiendo principios generales el valor del acto sexual e indica bajo qué condiciones podrá ser o no legítimo según que se esté casado o no, ligado o no por los votos, etc.; se trata de una universalidad modulada. Parecería que en la moral antigua, y salvo algunos preceptos que son válidos para todos, la moral sexual formaba parte siempre del modo de vida, el que a su vez estaba determinado por el estatuto que se hubiera recibido y las finalidades que uno hubiera escogido. Es el propio seudo-Demóstenes del *Eroticos* quien se dirige a Epícrates para "darle consejos propios para que a su conducta se la tenga en más alta estima"; no querría en efecto que el joven tomase resoluciones acerca de sí mismo "que no estén conformes con las mejores

---

72 Platón, *Banquete*, 180c-181a, 183d. Seudo-Demóstenes, *Eroticos*, 4.

opiniones"; y estos buenos consejos no tienen la función de recordar principios generales de conducta, sino de ensalzar la legítima diferencia de los criterios morales: "si alguien es de condición oscura y humilde, nosotros no lo criticamos, aun en el
caso de una falta poco honorable"; al contrario, si, como el propio Epícrates, se "ha encumbrado a la notoriedad, el menor olvido sobre un punto que incide en el honor lo cubre de vergüenza".[73] Es un principio generalmente admitido que cuanto más a
la vista se está, más autoridad se tiene o se quiere tener sobre los
demás, más se busca hacer de la propia vida una obra refulgente
cuya reputación irá lejos en el espacio y en el tiempo, más es necesario imponerse, por propia elección y voluntad, principios rigurosos de conducta sexual. Ése era el consejo dado por Simóni-
des a Hierón a propósito de "la comida, la bebida, el sueño y el
amor": estos "goces son comunes a todos los animales indistinta-
mente", mientras que el amor del honor y de la alabanza es propio de los seres humanos, y es este amor el que permite sobrelle-
var tanto los peligros como las privaciones.[74] Y ésa era también
la forma en que se conducía Agesilao, siempre según Jenofonte,
ante los placeres "por los que tantos hombres se dejan dominar"; estimaba en efecto que "un jefe debe distinguirse de los
particulares, no por la molicie, sino por la resistencia".[75]

La templanza es representada con toda regularidad entre las
cualidades que pertenecen —o por lo menos deberían pertene-
cer— no a cualquiera, sino en forma privilegiada a aquellos
que tienen rango, posición y responsabilidad en la ciudad.
Cuando el Sócrates de los *Recuerdos* hace a Critóbulo el retrato
del hombre de bien del que hay que buscar la amistad, coloca
la templanza en el cuadro de las cualidades que caracterizan a
un hombre socialmente estimable: siempre listo para prestarle
un servicio a un amigo, dispuesto a devolver los beneficios re-

73 *Ibid.*
74 Jenofonte, *Hierón,* VII.
75 Jenofonte, *Agesilao,* V.

cibidos, servicial en los tratos.[76] A su discípulo Aristipo, que
"llevaba el desarreglo hasta el exceso", Sócrates, siempre según
Jenofonte, le muestra las ventajas de la templanza planteándole
el siguiente problema: si hubiera de formar dos discípulos, uno
que hubiera de llevar una vida común y el otro destinado a
mandar, ¿a cuál de los dos enseñaría a ser "dueño de sus deseos
amorosos", para que no le impidieran hacer lo que debería hacer?[77] Preferimos, dicen entonces los *Recuerdos*, tener esclavos
que no sean intemperantes; con mayor razón, si queremos escoger un jefe, "¿escogeríamos aquel al que sabríamos esclavo de
su estómago, del vino, de los placeres del amor, de la molicie y
del sueño?"[78] Cierto que Platón quiere dar al Estado entero la
virtud de la templanza, pero no entiende por ello que todos serán por lo general temperantes; la *sōphrosynē* caracterizará al
Estado en el que quienes deben ser dirigidos obedecerán y
donde quienes deben mandar mandarán efectivamente: se encontrará pues una multitud "de deseos, de placeres y de penas"
por parte de los niños, de las mujeres, de los esclavos, al igual
que por parte de una masa de gente sin valor, "pero los deseos
simples y moderados que, sensibles al razonamiento, se dejan
guiar por la inteligencia y la justa opinión", sólo se los encontrará "en un pequeño número de gente, aquellos que adicio-
nan al natural más bueno la educación más bella". En el Estado
temperante, las pasiones de la multitud viciosa están dominadas
por "las pasiones y la inteligencia de una minoría virtuosa".[79]
Nos encontramos aquí muy lejos de una forma de austeridad
que buscaría sujetar a todos los individuos de la misma manera,
tanto los más orgullosos como los más humildes, bajo una ley
universal, en la que sólo la aplicación podría modularse por la
puesta en juego de una casuística. Al contrario, todo aquí es cues-

76 Jenofonte, *Recuerdos de Sócrates,* II, 6, 1-5.
77 *Ibid.,* II, 1, 1-4.
78 *Ibid.,* I, 5, 1.
79 Platón, *La República,* IV, 431c-d.

tión de ajuste, de circunstancias, de posición personal. Las pocas grandes leyes comunes —de la ciudad, de la religión o de la naturaleza— están presentes, pero como si dibujaran a lo lejos un círculo muy amplio, en cuyo interior el pensamiento práctico debe definir lo que hay que hacer. Y por ello, este pensamiento no tiene necesidad de algo así como un texto que fije una ley, sino de una *technē* o de una "práctica", de una habilidad que, tomando en cuenta los principios generales, guiará la acción en su momento, según su contexto y en función de sus fines. No es pues universalizando la regla de su acción como, en esta forma de moral, el individuo se constituye en sujeto ético; todo lo contrario, es mediante una actitud y una búsqueda que individualizan su acción, la modulan y pueden incluso darle un brillo singular por la estructura racional y pensada que le proporciona.

ENKRATEIA

Con frecuencia se opone la interioridad de la moral cristiana a la exterioridad de una moral pagana que no contempla los actos más que en su cumplimiento real, en su forma visible y manifiesta, en su adecuación a reglas y según el aspecto que puedan tomar en la opinión o el recuerdo que dejan tras de sí. Pero esta oposición tradicionalmente recibida corre el peligro de olvidar lo esencial. Lo que llamamos interioridad cristiana es un modo particular de relación con uno mismo, que implica formas precisas de atención, de recelo, de desciframiento, de verbalización, de confesión, de autoacusación, de lucha contra las tentaciones, de renuncia, de combate espiritual, etc. Y lo que se llama "exterioridad" de la moral antigua implica también el principio de un trabajo sobre uno mismo, pero de una forma muy distinta. La evolución que se producirá, por lo demás con mucha lentitud, entre paganismo y cristianismo no consistirá en una interiorización progresiva de la regla, del acto y de la falta; operará más bien una reestructuración de las formas de relación con uno mismo y una transformación de las prácticas y técnicas sobre las que esta relación se apoya.

En la lengua clásica se utiliza un término para designar esta forma de relación con uno mismo, esta "actitud" necesaria a la moral de los placeres y que se manifiesta en el buen uso que de ella se hace: *enkrateia*. De hecho, la palabra fue por largo tiempo vecina de *sōphrosynē*: con frecuencia encontramos que se las usa juntas o alternadas, con acepciones muy cercanas. Jenofonte, para nombrar a la templanza —que forma parte con la piedad, la sabiduría, el valor y la justicia de las cinco virtudes que por lo común reconoce—, emplea tanto la palabra *sōphrosynē* como la palabra *enkrateia*.[80] Platón se refiere a esta proximidad de las dos palabras cuando Sócrates, interrogado por Calicles sobre qué es "gobernarse a sí mismo (*auton heauton archein*)", responde: consiste en "ser prudente y dueño de sí mismo (*sōphrona onta kai enkratē auton heautou*), y dominar sus pasiones y deseos (*archein t ōn hēdonōn kai epithymiōn*)".[81] Y cuando en *La República* examina una a una las cuatro virtudes fundamentales —prudencia, valor, justicia y templanza (*sōphrosynē*)—, da de ésta una definición valiéndose de la *enkrateia*: "La templanza (*sōphrosynē*) es una especie de orden y señorío (*kosmos kai enkrateia*) en los placeres y pasiones".[82]

No obstante, puede observarse que si los significados de estas dos palabras son muy cercanos, no llegan a ser sinónimos exactos. Cada una se refiere a un tipo algo distinto de relación con uno mismo. La virtud de *sōphrosynē* es más bien lo que se describe como un estado muy general que asegura que nos conduzca-

80 Jenofonte, *Ciropedia*, VIII, I, 30. Sobre la noción de *sōphrosynē* y su evolución, cfr. H. North, *Sōphrosynē*; el autor subraya la proximidad de las palabras *sōphrosynē* y *enkrateia* en Jenofonte (pp. 123-132).

81 Platón, *Gorgias*, 491d.

82 Platón, *La República*, IV, 430e. Aristóteles en la *Ética nicomaquea* (VII, 1, 6, 1145b) recuerda la opinión según la cual el que es *sōphrōn* es *enkratēs* y *karterikos*.

mos "como es debido ante los dioses y ante los hombres", es decir que seamos no sólo temperantes sino piadosos y justos y también valerosos.[83] Al contrario, la *enkrateia* se caracteriza más bien por una forma activa de dominio de uno mismo, que permite resistir o luchar, y asegurar su dominio en el campo de los deseos y de los placeres. Según H. North, Aristóteles habría sido el primero en distinguir sistemáticamente entre la *sōphrosynē* y la *enkrateia*.[84] En la *Ética nicomaquea,* la primera se caracteriza por el hecho de que el sujeto elige deliberadamente entre los principios de acción acordes con la razón, que es capaz de aplicarlos y de seguirlos, y así mantiene, en su conducta, el "justo medio" entre la insensibilidad y los excesos (justo medio que no es una equidistancia, ya que de hecho la templanza está mucho más alejada de éstos que de aquélla), y que goza con la moderación de que da pruebas; a la *sōphrosynē* se opone la intemperancia *(akolasia),* en la cual se siguen voluntariamente, y por elección deliberada, los malos principios, abandonándose a los deseos más débiles y gozando con esta mala conducta: el intemperante no puede curarse ni se arrepiente. La *enkrateia,* con su opuesto la *akrasia,* se sitúa en el eje de la lucha, de la resistencia y del combate: es moderación, tensión, "continencia"; la *enkrateia* domina los placeres y los deseos, pero necesita luchar para vencerlos. A diferencia del hombre "temperante", el "continente" experimenta otros placeres distintos de los que son conformes a la razón; pero no se deja arrastrar por ellos y su mérito será tanto más grande cuanto más fuertes sean estos deseos. En comparación, la *akrasia* no es, como la intemperancia, una elección deliberada de malos principios; más bien hay que compararla con esas ciudades que tienen buenas leyes pero que no son capaces de aplicarlas; el incontinente se deja llevar a su pesar y a despecho de

---

83 Platón, *Gorgias,* 507a-b. Cfr. igualmente *Leyes,* III, 697b. Considérese "los primeros y más preciosos a los bienes del alma cuando la templanza reside en ella".

84 Cfr. H. North, *Sōphrosynē,* cit., pp. 202-203.

los principios razonables que le son propios, sea que no tenga la fuerza para ponerlos en práctica, sea que no haya reflexionado suficientemente acerca de ello: esto mismo es lo que hace que el incontinente pueda curarse y conseguir el dominio de sí.[85] En este sentido, la *enkrateia* es la condición de la *sōphrosynē,* la forma de trabajo y de control que el individuo debe ejercer sobre sí mismo para volverse temperante (*sōphrōn*).

En todo caso, el término *enkrateia* en el vocabulario clásico parece referirse en general a la dinámica de un dominio de uno mismo por sí mismo y al esfuerzo que requiere.

1. Este ejercicio del dominio implica en principio una relación agnóstica. El Ateniense, en las *Leyes,* se lo recuerda a Clinias: si es cierto que el hombre mejor dotado para el valor no será más que "la mitad de sí mismo" sin la "prueba y el entrenamiento" de los combates, puede pensarse que no podemos volvernos temperantes (*sōphrōn*) "sin haber sostenido la lucha contra tantos placeres y deseos (*pollais hēdonais kai epithymiais diamemachēmenos*) ni obtener la victoria gracias a la razón, al ejercicio, al arte (*logos, ergon, technē*) sea en los juegos, sea en la acción".[86] Son quizá las mismas palabras que empleó por su lado Antifón el Sofista:

> No es prudente (*sōphrōn*) aquel que no ha deseado (*epithymein*) lo feo y lo malo, quien no lo ha probado; pues entonces, no hay nada sobre lo que haya triunfado (*kratein*) y que le haya permitido afirmarse virtuoso (*kosmios*).[87]

---

85 Aristóteles, *Ética nicomaquea,* III, 11 y 12, 1118b-1119a y VII, 7, 849, 1150a-1152a.

86 Platón, *Leyes,* I, 647e.

87 Antifón, en Estobeo, *Antología,* V, 33. Es el fragmento núm. 16 en las *Œuvres* de Antifón (CUF).

No podemos comportarnos moralmente más que instaurando en relación con los placeres una actitud de combate. Las *aphrodisia*, ya lo vimos, se han vuelto no sólo posibles sino deseables mediante un juego de fuerzas cuyo origen y finalidad son naturales, pero las virtualidades, por el hecho de su energía propia, llevan a la revuelta y al exceso. Podemos hacer de estas fuerzas el uso moderado preciso sólo si somos capaces de oponernos a ellas, de resistirlas y de dominarlas. Es cierto que si hay que enfrentarse a ellas es porque se trata de apetitos inferiores que compartimos visiblemente —como el hambre y la sed— con los animales;[88] pero esta inferioridad de naturaleza no sería por sí misma una razón para combatirla, si no fuera por el peligro de que, venciendo a todo lo demás, extendieran su dominio por todo el individuo y lo redujeran finalmente a la esclavitud. En otros términos, no es su naturaleza intrínseca, su descalificación de principio la que reclama la actitud "polémica" consigo misma, sino su eventual influencia y su imperio. La conducta moral, en materia de placeres, se basa en una batalla por el poder. Esta percepción de las *hēdonai* y *epithymiai* como fuerza temible y enemiga, y la constitución correlativa de uno mismo como adversario vigilante que las enfrenta, lucha contra ellas y busca domeñarlas, se traduce en toda una serie de expresiones empleadas tradicionalmente para caracterizar la templanza y la intemperancia: oponerse a los placeres y a los deseos, no ceder ante ellos, resistir a sus asaltos y, al contrario, dejarse llevar por ellos,[89] vencerlos o ser vencido por ellos,[90] estar armado o equi-

---

88 Jenofonte, *Hierón*, VII. Aristóteles, *Ética nicomaquea*, III, 10, 8, 1117b.
89 Encontramos así toda una serie de palabras como *agein, ageisthai* (gobernar, ser gobernado); Platón, *Protágoras*, 355a; *La República*, IV, 431e; Aristóteles, *Ética nicomaquea*, VII, 7, 3, 1150a. *Kolazein* (contener): *Gorgias*, 491e; *La República*, VIII, 559b; IX, 571b. *Antiteinein* (oponerse): *Ética nicomaquea*, VII, 2, 4, 1146a; VII, 7, 5 y 6, 1150b. *Emphrassein* (poner obstáculos): Antifón, fragm. 15. *Antechein* (resistir): *Ética nicomaquea*, VII, 7, 4 y 6, 1150a y b.
90 *Nikan* (vencer): Platón, *Fedro*, 238c; *Leyes*, I, 634b; VIII, 634b; Aristóteles, *Ética nicomaquea*, VII, 7, 1150a; VII, 9, 1151a; Antifón, fragm. 15.

pado contra ellos.[91] Se traduce también por metáforas como aquella de la batalla contra adversarios armados,[92] o como la del alma-acrópolis, atacada por una tropa hostil y que debería defenderse gracias a una guarnición sólida,[93] o como la otra de los zánganos que, arremeten contra los deseos prudentes y moderados, los matan y los expulsan[94] si uno no consigue desembarazarse de ellos. Se expresa asimismo en temas como el de las fuerzas salvajes del deseo que invaden el alma durante el sueño si no ha sabido protegerse previamente mediante las precauciones necesarias.[95] La relación con los deseos y con los placeres aparece como una relación batalladora: al respecto, es necesario ponerse en la posición y el papel del adversario, sea según el modelo del soldado que combate, sea según el modelo del luchador en una competición. No olvidemos que el Ateniense de las *Leyes,* cuando habla de la necesidad de reprimir los tres apetitos fundamentales, evoca "el apoyo de las musas y de los dioses que presiden los juegos (*theoi agōnioi*)".[96] La larga tradición del combate espiritual, que había de adoptar tantas formas y tan distintas, se había articulado claramente ya en el pensamiento griego clásico.

2. Esta relación de combate con adversarios es también una relación agonística con uno mismo. La batalla a desarrollar, la vic-

---

Kratein (dominar): Platón, *Protágoras,* 353c; *Fedro,* 237e-238a; *La República,* IV, 431a-c; *Leyes,* 840c; Jenofonte, *Recuerdos de Sócrates,* I, 2, 24; Antifón, fragm. 15 y 16; Aristóteles, *Ética nicomaquea,* VII, 4c, 1148a; VII, 5, 1149a. *Hēttasthai* (ser vencido): *Protágoras,* 352e; *Fedro,* 233c; *Leyes,* VIII, 840c; *Carta VII,* 351a; *Ética nicomaquea,* VII, 6, 1, 1149b; VII, 7, 4, 1150a; VII, 7, 6, 1150b; Isócrates, *Nicocles,* 39.

91 Jenofonte, *Recuerdos de Sócrates,* I, 3, 14.
92 Jenofonte, *Económica,* I, 23.
93 Platón, *La República,* VIII, 560b.
94 *Ibid.,* IX, 572d-573b.
95 *Ibid,* IX, 571d.
96 Platón, *Leyes,* VI, 783a-b.

toria a alcanzar, la derrota que se arriesga a sufrir, son procesos y acontecimientos que tienen lugar entre uno y uno mismo. Los adversarios que el individuo debe combatir no sólo están en él o cuando mucho cerca de él. Son una parte de sí mismo. Seguramente, sería necesario dar cuenta de diversas elaboraciones teóricas que han sido propuestas de esta diferenciación entre la parte de uno mismo que debe combatir y aquella que debe ser combatida: ¿partes del alma que deberían respetar entre sí cierta relación jerárquica? ¿Cuerpo y alma entendidos como dos realidades de origen distinto y donde una debe buscar liberarse de la otra? ¿Fuerzas que buscan metas diferentes y se oponen una a la otra como los dos caballos de un tiro? Pero lo que de todos modos debe retenerse para definir el estilo general de esta "ascética" es que el adversario al que debe combatirse —por alejado que esté, por su naturaleza, de lo que pueda ser el alma, o la razón o la virtud— no representa otro poder, ontológicamente extraño. Uno de los rasgos esenciales de la ética cristiana de la carne será aquel vínculo de principio entre el movimiento de la concupiscencia, bajo sus formas más insidiosas y secretas, y la presencia del Otro, con sus mañas y su poder de ilusión. En la ética de las *aphrodisia,* la necesidad y la dificultad del combate dependen bien al contrario de lo que se despliega como una justa con uno mismo: luchar contra "los deseos y los placeres" es medirse con uno mismo.

En *La República,* Platón subraya cuán extraña, algo risible y trillada es una expresión familiar, a la que él mismo recurre tantas veces:[97] aquella que consiste en decir que uno es "más fuerte" o "más débil" que uno mismo (*kreittōn, hēttōn heautou*). Hay en efecto una paradoja al pretender que uno es más fuerte que uno mismo, ya que esto implica que, al mismo tiempo y por este solo hecho, uno sea más débil que uno mismo. Pero la expresión, según Platón, se apoya en el hecho de que supone la distin-

---

97 Platón, *Fedro,* 232a; *La República,* IV, 430c; *Leyes,* I, 626e, 633e; VIII, 840c; *Carta VI,* 337a.

ción entre dos partes del alma, una superior y la otra inferior, y que, al partir de la victoria o de la derrota de uno sobre uno mismo, nos colocamos en el punto de vista de la primera:

> Cuando lo superior por naturaleza tiene bajo su poder a lo inferior, se dice, y por cierto con alabanza, que tal sujeto es dueño de sí mismo. Cuando, por el contrario, a causa de la mala educación o malas compañías, lo superior, encontrándose debilitado, es dominado por lo inferior, censúrase esto como un oprobio, y del hombre que está en esta disposición se dice que es esclavo de sí mismo y que es intemperante.[98]

Y que este antagonismo de uno con uno mismo llegue a estructurar la actitud ética del individuo respecto de los deseos y de los placeres es lo que se afirma claramente al principio de las *Leyes:* la razón dada para que haya en cada Estado un gobierno y una legislación es que, aun en la paz, todos los Estados están en guerra unos con otros; de la misma manera, es preciso concebir que si "en la vida pública todo hombre es para todo hombre un enemigo", en la viva privada "cada uno, frente a sí mismo, lo es para sí mismo", y de todas las victorias que es posible conseguir, "la primera y la más gloriosa" es la que se obtiene "sobre uno mismo", mientras que "la más vergonzosa" de las derrotas, "la más ruin", "consiste en ser vencido por uno mismo".[99]

3. Tal actitud "polémica" con respecto a uno mismo lleva a un resultado que muy bien se expresa en términos de victoria —victoria mucho más bella, dicen las *Leyes,* que las de la palestra y las competiciones—.[100] Sucede que esta victoria está caracteri-

98 Platón, *La República,* IV, 431a.
99 Platón, *Leyes,* I, 626d-e.
100 Platón, *Leyes,* VIII, 840c.

zada por la extirpación total o la expulsión de los deseos.[101] Pero más frecuentemente se la define mediante la instauración de un estado sólido y estable de dominio de uno sobre sí mismo; la agudeza de los deseos y de los placeres no ha desaparecido, pero el sujeto temperante ejerce sobre ella un dominio bastante completo como para que nunca se vea llevado por la violencia. La famosa prueba de Sócrates, capaz de no dejarse seducir por Alcibiades, no lo muestra "purificado" de todo deseo respecto de los muchachos: pone a la vista su aptitud de resistir exactamente cuando quiere y como quiere. Este tipo de prueba será censurada por los cristianos, pues testifica la presencia sostenida, y para ellos inmoral, del deseo; pero mucho antes que ellos, Bión de Borístenes lo hacía objeto de burla, objetando que, si Sócrates sentía deseos hacia Alcibiades, tonto era de abstenerse, y que no tenía ningún mérito si al mismo tiempo no los sentía.[102] De la misma manera, en el análisis de Aristóteles, la *enkrateia,* definida como dominio y victoria, supone la presencia de los deseos y tiene tanto más valor cuanto más logra dominar aquellos que son violentos.[103] La propia *sōphrosynē,* que sin embargo Aristóteles define como un estado de virtud, no implica la supresión de los deseos sino su dominio: la coloca en posición intermedia entre un desarreglo *(akolasia)* en el que uno se abandona de buena gana a los placeres y una insensibilidad (*anaisthēsia),* por lo demás extremadamente rara, en la que no se experimenta ningún placer; el temperante no es aquel que carece de deseos, sino aquel que desea "con moderación y no más de lo debido ni cuando no se debe".[104]

La virtud, en el orden de los placeres, no se concibe como un estado de integridad, sino como una relación de dominación,

---

101 Platón, *La República,* IX, 571b. En la *Ética nicomaquea* se trata de "despedir al placer" como los ancianos de Troya querían hacer con Helena (II, 9, 1109b).
102 Diógenes Laercio, *Vida de los filósofos,* IV, 7, 49.
103 Aristóteles, *Ética nicomaquea,* VII, 2, 1146a.
104 *Ibid.,* III, 11, 1119a.

una relación de control: lo que muestran los términos utilizados —se trate de Platón, Jenofonte, Diógenes, Antifón o Aristóteles— para definir la templanza: "dominar los deseos y los placeres", "ejercer el poder sobre ellos", "mandar en ellos"
(*kratein, archein*). Refiramos, de Aristipo, que del placer tenía,
sin embargo, una teoría bien distinta de la de Sócrates, este aforismo que muestra una concepción general de la templanza:
"Lo mejor es dominar los placeres sin dejarse vencer por ellos;
lo que no quiere decir que no acudamos a ellos" (*to kratein kai
mē hēttasthai hēdonōn ariston, ou to mē chrēsthai*).[105] En otros términos, para constituirse como sujeto virtuoso y temperante en
el uso que hace de los placeres, el individuo debe instaurar una
relación consigo mismo que pertenece al tipo "dominación-
obediencia", "mando-sumisión", "señorío-docilidad" (y no, como será el caso en la espiritualidad cristiana, una relación del
tipo "elucidación-renuncia", "desciframiento-purificación"). Es
lo que podríamos llamar la estructura "heautocrática" del sujeto en la práctica moral de los placeres.

4. Esta forma heautocrática se desarrolló siguiendo varios modelos: así en Platón, el del tiro de caballos con su cochero, y en
Aristóteles, el del niño con el adulto (nuestra facultad de desear debe conformarse a las prescripciones de la razón "como el
niño debe vivir según las órdenes de su pedagogo").[106] Pero sobre todo se relaciona con otros dos grandes esquemas. Aquel
de la vida doméstica: tal como la casa sólo puede tener buen orden a condición de que la jerarquía y la autoridad del dueño
sean respetadas, igualmente el hombre será temperante en la
medida en que sabrá dominar sus deseos como ordena a sus
servidores. La intemperancia, a la inversa, puede leerse como

---

105 Diógenes Laercio, *Vida de los filósofos,* II, 8, 75.
106 Aristóteles, *Ética nicomaquea,* VII, 2, 1119b. Cfr. también Platón, *La
República,* IX, 590e.

un hogar mal administrado. Jenofonte, al principio de la *Económica* —donde precisamente se tratará el papel del dueño de casa y el arte de gobernar a su esposa, a su patrimonio y a sus servidores—, describe el alma desordenada; es a la vez un contraejemplo de lo que debe ser una casa bien administrada y un retrato de esos malos dueños que, incapaces de gobernarse a sí mismos, llevan su patrimonio a la ruina; en el alma del hombre intemperante, de los dueños "perversos", "intratables" —se trata de la glotonería, de la embriaguez, de la lubricidad, de la ambición—, reducen a la esclavitud a quien deberían dominar, y después de haberlo explotado en su juventud, le preparan una vejez miserable.[107] También se recurre, para definir la actitud de templanza, al modelo de la vida cívica. Es un tema conocido en Platón que asimila los deseos a un pueblo bajo que se agita y busca siempre rebelarse, si no se lo refrena;[108] pero la correlación estricta entre individuo y ciudad que apoya la reflexión de *La República* permite desarrollar en toda su extensión el modelo "cívico" de la templanza y de su contrario. La ética de los placeres tiene en ella el mismo orden que la estructura política: "Si el individuo es semejante a la ciudad, ¿no deberá por fuerza darse en él la misma condición?"; y el hombre será intemperante cuando falle la estructura del poder, la *archē*, que le permite vencer, dominar (*kratein*) las potencias inferiores; entonces "estará su alma henchida de esclavitud y vileza"; "las partes más nobles de ella" caerán en la esclavitud, "mientras que tiene el mando la parte más despreciable, la más depravada y la más loca".[109] Al final del penúltimo libro de *La República*, después de haber redactado el modelo de la ciudad, Platón reconoce que el filósofo no tendrá casi ocasión de encontrar en este mundo Estados tan perfectos y de ejercer en ellos su actividad; no obstante, añade,

107 Jenofonte, *Económica,* I, 22-23.
108 Platón, *Leyes,* III, 689a-b: "La parte que sufre y que goza es en el alma lo que el pueblo y la multitud son en la *polis*".
109 Platón, *La República,* IX, 577d.

el "paradigma" de la ciudad se encuentra en el cielo para quien quiera verlo, y el filósofo, al contemplarlo, "podrá regular su gobierno particular" (*heauton katoikizein*): "Poco importa que [esta polis] exista en algún sitio o que alguna vez haya de existir. En todo caso el filósofo seguirá sus leyes y tan solo éstas".[110] La virtud individual debe estructurarse como una ciudad.

5. Para una lucha de este tipo, es necesario entrenarse. La metáfora de la justa, de la lucha deportiva o de la batalla no sólo sirve para designar la naturaleza de la relación que tenemos con los deseos y con los placeres, con su fuerza siempre lista a la sedición y a la revuelta; se relaciona también con la preparación que permite sostener este enfrentamiento. Platón lo dijo: uno no puede oponerse a ellos, ni vencerlos, si uno es *agymnastos*.[111] El ejercicio no es menos indispensable en este orden de cosas que si se tratara de adquirir cualquier otra técnica; la *mathēsis* por sí sola no puede bastar si no se apoya en un entrenamiento, una *askēsis*. Ahí radica una de las grandes lecciones socráticas: no desmiente el principio de que no podemos cometer el mal voluntariamente y a sabiendas; da a este saber una forma que no se reduce al solo conocimiento del principio. Jenofonte, a propósito de las acusaciones lanzadas contra Sócrates, tiene cuidado en distinguir su enseñanza de aquella de los filósofos —o de los "pretendidos filósofos"— para que, una vez aprendido lo que es ser justo o temperante (*sōphrōn*), el hombre no pueda volverse injusto y licencioso. Como Sócrates, Jenofonte se opone a esta teoría: si no ejercitamos el cuerpo, no podemos llenar las funciones del cuerpo (*ta tou sōmatos erga*); igualmente, si no ejercitamos el alma, no podemos llenar las funciones del alma: entonces somos inca-

---

110 *Ibid.*, IX, 592b.
111 Platón, *Leyes*, I, 647d.

paces de "hacer lo debido y de abstenernos de lo que hay que evitar".[112] Por ello, Jenofonte no quiere que se tenga a Sócrates como responsable de la mala conducta de Alcibiades: éste no ha sido víctima de la enseñanza recibida, sino que, después de todos los éxitos entre hombres y mujeres, y de todo el pueblo que lo encumbró, hizo como tantos atletas: una vez obtenida la victoria, creyó que podía "descuidar el ejercicio (*amelein tēs askēseōs*)".[113]

Este principio socrático de la *askēsis* fue retomado con frecuencia por Platón. Evocará a Sócrates enseñando a Alcibiades o a Calicles que no podrían pretender ocuparse de la ciudad y de gobernar a los demás si primero no aprendían lo necesario y no se entrenaban para ello: "Cuando hayamos practicado juntos suficientemente este ejercicio *(askēsantes),* podremos, si nos parece, abordar ya la política".[114] Y asociará esta exigencia del ejercicio con la necesidad de ocuparse de uno mismo: la *epimeleia heautou,* el cuidado de sí, que es una condición previa para poder ocuparse de los demás y dirigirlos, no sólo implica la necesidad de conocer (de conocer lo que se ignora, de conocer que se es ignorante, de conocer lo que se es), sino de aplicarse efectivamente a uno mismo y de ejercitarse uno mismo y transformarse.[115] La doctrina y la práctica de los cínicos dan también una gran importancia a la *askēsis,* hasta el punto de que la vida cínica puede parecer por entero como una especie de ejercicio permanente. Diógenes quería que se entrenara a la vez el cuerpo y el alma: cada uno de estos dos ejercicios "es impotente sin el otro, no siendo menos útiles la salud y la fuerza que el resto, ya que lo que concierne al cuerpo concierne también al alma". Este doble entrenamiento busca a la vez poder

---

112 Jenofonte, *Recuerdos de Sócrates,* I, 2, 19.
113 *Ibid.,* I, 2, 24.
114 Platón, *Gorgias,* 527d.
115 Sobre el vínculo entre el ejercicio y la preocupación de uno mismo, cfr. *Alcibiades,* 123d.

enfrentar sin sufrimiento a las privaciones cuando se presenten y a doblegar permanentemente los placeres con la sola satisfacción elemental de las necesidades. El ejercicio es en conjunto reducción a la naturaleza, victoria sobre sí y economía natural de una vida de verdaderas satisfacciones:

> No puede hacerse nada en la vida, decía Diógenes, sin ejercicio y el ejercicio permite a los hombres vencerlo todo (*pan eknikēsai*) [...] Al dejar de lado las penas fútiles que nos damos y al ejercitarnos conforme a la naturaleza, podremos y deberemos vivir felices [...] El propio desprecio del placer nos daría, si nos ejercitamos, mucha satisfacción. Si quienes han tomado la costumbre de vivir en los placeres sufren cuando se les hace cambiar de vida, quienes se han ejercitado en soportar las cosas penosas desprecian sin pena los placeres (*hēdion autōn tōn hēdonōn kataphronousi*).[116]

La importancia del ejercicio nunca será olvidada en la tradición filosófica posterior. Incluso alcanzará una amplitud considerable: se multiplicarán los ejercicios, se definirán sus procedimientos, objetivos, posibles variantes; se discutirá su eficacia; la *askēsis,* en sus distintas formas (de entrenamiento, de meditación, de pruebas mentales, de examen de conciencia, de control de las representaciones), se volverá materia de enseñanza y constituirá uno de los instrumentos esenciales de la dirección del alma. Al contrario, en los textos de la época clásica, se encuentran muy pocos detalles sobre la forma concreta que puede tomar la *askēsis* moral. Sin duda la tradición pitagórica reconocía numerosos ejercicios: régimen alimenticio, examen de las faltas al final del día o incluso prácticas de meditación que han de preceder al sueño de modo que conjuren los malos sueños y favorezcan las visio-

---

116 Diógenes Laercio, *Vida de los filósofos,* VI, 2, 70.

nes que han de venir de los dioses: Platón hace, por lo demás, una referencia precisa a estos preparativos espirituales de la tarde en un pasaje de *La República* donde evoca el peligro de los deseos que están siempre prontos a invadir el alma.[117] Pero fuera de estas prácticas pitagóricas, casi no se encuentra —ya sea en Jenofonte, Platón, Diógenes o Aristóteles— especificación de la *askēsis* como ejercicio de continencia. Sin duda hay para ello dos razones. La primera es que el ejercicio se concibe como la práctica misma de aquello para lo que hay que entrenarse; no hay singularidad del ejercicio en relación con la meta deseada: uno se habitúa por el entrenamiento a la conducta que en adelante tendrá que mantener.[118] Así Jenofonte loa la educación espartana en la que se enseña a los niños a soportar el hambre racionando los alimentos, a soportar el frío dándoles un solo vestido, a soportar el sufrimiento exponiéndolos a los castigos físicos, tal como se aprende a practicar la continencia imponiéndoles la más estricta y modesta compostura (caminar por las calles en silencio, con los ojos bajos y las manos dentro del manto).[119] Igualmente, Platón contempla someter a los jóvenes a pruebas de valor que consistirían en exponerlos a peligros ficticios; sería éste un medio de acostumbrarlos, de perfeccionarlos y de medir al mismo tiempo su valor: "como a los potrillos que se lleva por en medio del ruido y del tumulto, para ver si son espantadizos", convendría "conducir así a nuestros jóvenes por en medio de objetos espantables unas veces, y otras lanzarlos a los placeres"; así se tendría un medio para probarlos "mucho más que el oro por el fuego, para ver si resisten a la seducción y muestran ser decentes en todas circunstancias, como buenos guardianes de sí mismos y de la música que apren-

---

117 Platón, *La República*, IX, 571c-572b.
118 Cfr. Platón, *Leyes*, I, 643b: "Quien quiera sobresalir un día en lo que sea, debe aplicarse (*melētan*) a ese objeto desde la infancia, encontrando a la vez su diversión y su ocupación en todo lo que se relacione con ello".
119 Jenofonte, *República de los lacedemonios*, 2 y 3.

dieron".[120] Incluso, en las *Leyes*, llegará a soñar con una droga
que aún no ha sido inventada: todo lo haría aparecer espantoso
a los ojos de quien la hubiera tomado y podría utilizársela para
ejercitarse en el valor: ya sea solo, si se piensa que "no hay que
dejarse ver antes de ir bien arreglado", sea en grupo y aun en
público "con numerosos convivios", para mostrar que se es capaz de dominar la "conmoción inevitable de la bebida";[121] sobre este modelo ficticio e ideal pueden los banquetes ser acep-
tados y organizados como especies de pruebas de templanza.
Lo dice Aristóteles en una sentencia que muestra la circulari-
dad del aprendizaje moral y de la virtud que se aprende:

> Al abstenernos de los placeres nos volvemos sobrios
> y, una vez que hemos llegado a serlo, entonces so-
> mos en máximo grado capaces de abstenernos de los
> placeres.[122]

En cuanto a la otra razón que puede explicar que no haya arte específico del ejercicio del alma, el hecho de que el dominio de sí y
el dominio de los demás están considerados bajo la misma forma,
puesto que uno debe gobernarse a sí mismo como se gobierna
una casa y como se desempeña una función en la ciudad, de ella
se sigue que la formación de las virtudes personales, y en especial
de la *enkrateia*, no es distinta por naturaleza de la formación que
permite superar a los demás ciudadanos y dirigirlos. El propio
aprendizaje debe hacer capaz de virtud y capaz de poder. Asegurar
la dirección de uno mismo, ejercer la gestión de la propia casa,
participar en el gobierno de la ciudad son tres prácticas del mismo tipo. La *Económica* de Jenofonte muestra entre estas tres "artes"
continuidad, isomorfismo al igual que sucesión cronológica de su
puesta en práctica en la existencia de un individuo. El joven Critó-

---

120 Platón, *La República*, III, 413d s.
121 Platón, *Leyes,* I, 647e-648c.
122 Aristóteles, *Ética nicomaquea*, II, 2, 1104a.

bulo afirma que en adelante está en condiciones de dominarse a sí mismo y de ya no dejarse llevar por sus deseos y sus placeres (y Sócrates le recuerda que éstos son como domésticos sobre los que hay que conservar la autoridad); ha llegado pues el momento para él de casarse y de asegurar con su esposa la dirección de la casa, y este gobierno doméstico —entendido como gestión de un hogar y explotación de un campo, mantenimiento o evolución del patrimonio—, Jenofonte pondera, una y otra vez, que constituye, si uno se consagra a él como es debido, un notable entrenamiento físico y moral para quien quiere ejercer sus deberes cívicos, asentar su autoridad pública y asumir las tareas de mando. De una manera general, todo lo que ha de servir a la educación política del hombre en cuanto ciudadano servirá también a su entrenamiento para la virtud, y a la inversa: ambas corren parejas. La *askēsis* moral forma parte de la *paideia* del hombre libre, que tiene un papel que desempeñar en la ciudad y en relación con los demás; no necesita utilizar procedimientos distintos; la gimnástica y las pruebas de resistencia, la música y el aprendizaje de los ritmos viriles y vigorosos, la práctica de la caza y de las armas, el cuidado de conducirse bien en público, la adquisición del *aidōs* que hace que uno se respete a sí mismo a través del respeto que se tiene a los demás —todo esto es a la vez formación del hombre que ha de ser útil a su ciudad y ejercicio moral del que quiere adquirir un dominio sobre sí mismo—. Al evocar las pruebas del miedo artificial que recomienda, Platón ve en ello un medio de localizar entre los jóvenes aquellos que serán más capaces de ser "útiles a sí mismos y al Estado"; son aquellos que serán reclutados para gobernar:

> Y a quien en la infancia, en la juventud y en la edad viril haya pasado por todas estas pruebas y salido de ellas intacto (*akēratos*), lo constituiremos en jefe y guardián de la ciudad.[123]

123 Platón, *La República*, III, 413e.

Y cuando, en las *Leyes,* el Ateniense quiere dar la definición de lo que entiende por *paideia,* la caracteriza como lo que forma "desde la infancia en la virtud" e inspira "el deseo apasionado de volverse un ciudadano cabal, que busca mandar y obedecer según la justicia".[124]

Puede decirse en una palabra que el tema de una *askēsis,* como entrenamiento práctico indispensable para que el individuo se constituya como sujeto moral, es importante —hay que insistir en ello— en el pensamiento griego clásico y por lo menos en la tradición surgida de Sócrates. No obstante, a esta "ascética" no se la organiza ni reflexiona como un corpus de prácticas singulares que constituiría una especie de arte específico del alma, con sus técnicas, sus procedimientos, sus recetas. Por una parte, no es distinta de la propia práctica de la virtud; es su repetición anticipadora. Por otra parte, se sirve de los mismos ejercicios que forman al ciudadano: el dueño de sí y de los otros se forma al mismo tiempo. Pronto esta ascética empezará a hacer suya su independencia, o por lo menos una autonomía parcial y relativa. Y ello de dos modos: habrá desvinculación entre los ejercicios que permiten gobernarse a uno mismo y el aprendizaje de lo que es necesario para gobernar a los demás; habrá desvinculación también entre los ejercicios en su forma propia y la virtud, la moderación, la templanza a las que sirven de entrenamiento: sus procedimientos (pruebas, exámenes, control de sí) tenderán a constituir una técnica particular, más compleja que la simple repetición de la conducta moral a la que tienden. Veremos entonces al arte de sí adoptar su figura propia en relación con la *paideia* que forma su contexto y en relación con la conducta moral que le sirve de meta. Pero para el pensamiento griego de la época clásica, la "ascética" que permite constituirse como sujeto moral forma parte íntegramente, hasta en su propia forma, del ejercicio de una vida virtuosa que es

124 Platón, *Leyes,* I, 643e.

también la vida del hombre "libre" en su sentido pleno, positivo y político del término.

LIBERTAD Y VERDAD

1.

> Dime, Eutidemo, ¿crees que la libertad sea un bien noble y magnífico, tanto si se trata de un particular como de un Estado? —Es el más bello que se pueda tener, respondió Eutidemo. —Pero aquel que se deja dominar por los placeres del cuerpo y que, por consiguiente, es impotente para practicar el bien, ¿es un hombre libre para ti? —De ninguna manera, dijo.[125]

La *sōphrosynē*, el estado al que tendemos, mediante el ejercicio del autocontrol y mediante la moderación en la práctica de los placeres, está caracterizada como una libertad. Si en este punto es importante gobernar deseos y placeres, si el uso que hacemos de ellos constituye una apuesta moral de semejante precio, no es para conservar o reencontrar una inocencia original; no es en general —salvo, claro está, en la tradición pitagórica— con el fin de preservar una pureza;[126] se trata de ser libre y de poder seguir siéndolo. Ahí podría verse, si aún fuera necesaria, la prueba de que, en el pen-

---

125 Jenofonte, *Recuerdos de Sócrates,* IV, 5, 2-3.
126 Evidentemente no se trata de decir que el tema de la pureza ha estado ausente de la moral griega de los placeres en la época clásica; ocupó un lugar considerable entre los pitagóricos, y fue muy importante para Platón. No obstante, parecería que de manera general, tratándose de los deseos y placeres físicos, la apuesta de la conducta moral era pensada sobre todo como una dominación. La preparación y el desarrollo de una ética de la pureza, con las prácticas de sí que le son correlativas, será un fenómeno histórico de largo alcance.

samiento griego, no se reflexiona simplemente sobre la libertad entendida como la independencia de la ciudad entera, en tanto que los ciudadanos serían en sí mismos sólo elementos sin individualidad ni interioridad. La libertad que es necesario instaurar y preservar es con toda seguridad aquella de los ciudadanos en su conjunto, pero también es, para cada uno, una determinada forma de relación del individuo consigo mismo. La constitución de la ciudad, el carácter de las leyes, las formas de la educación, la manera como se conducen los jefes son, evidentemente, factores importantes para el comportamiento de los ciudadanos; pero a su vez, la libertad de los individuos, entendida como el dominio que son capaces de ejercer sobre sí mismos, es indispensable para el Estado por entero. Escuchemos a Aristóteles, en la *Política*:

> Una ciudad es virtuosa cuando los ciudadanos que participan en su gobierno son ellos mismos virtuosos; ahora bien, en nuestro Estado todos los ciudadanos participan en el gobierno. Por consiguiente, la cuestión que hemos de considerar a continuación es de qué manera un hombre llega a ser virtuoso. Pues aun en el caso de que fuera posible que los ciudadanos fueran virtuosos colectivamente sin serlo individualmente, esto último es preferible, puesto que el que cada individuo sea virtuoso entraña como consecuencia la virtud colectiva de todos.[127]

La actitud del individuo respecto de sí mismo, la forma en que asegura su propia libertad respecto de sus deseos, la forma de soberanía que ejerce sobre sí son un elemento constitutivo de la felicidad y del buen orden de la ciudad.

Esta libertad individual, no obstante, no debe entenderse como la independencia de un libre albedrío. Su contrario, la po-

---

127 Aristóteles, *Política*, VII, 14, 1332a.

laridad a la que se opone, no es un determinismo natural ni la voluntad de una omnipotencia: es una esclavitud —y la esclavitud de uno por uno mismo—. Ser libre en relación con los placeres es no estar a su servicio, no ser su esclavo. Mucho más que la deshonra, el peligro que traen consigo las *aphrodisia* es la servidumbre. Diógenes decía que los servidores eran esclavos de sus dueños y que los inmorales lo eran de sus deseos (*tous de phaylous tais epithymiais douleyein*).[128] Contra esta servidumbre, Sócrates advertía a Critóbulo, al principio de la *Económica*,[129] al igual que a Eutidemo en un diálogo de los *Recuerdos*, que es un himno a la templanza considerada como libertad:

¿Llamas, pues, tal vez libertad al poder de hacer el bien, y servidumbre a la presencia de obstáculos que nos lo impidan hacer? —Exactamente. —Y exactamente por esta razón los intemperantes te parecerán esclavos [...] —Y ¿cuál será la peor de las esclavitudes? —Según mi opinión, la que nos someta a peores dueños. —¿Así que los intemperantes están sometidos a la peor de las esclavitudes? [...] —Me parece, Sócrates, que, según tu opinión, el hombre dominado por los placeres de los sentidos es enteramente incapaz de cualquier virtud. —Pero ¿qué diferencia hay, Eutidemo, entre el hombre intemperante —dijo Sócrates— y la más estúpida de las bestias?[130]

Pero esta libertad es algo más que una simple no esclavitud, más que una manumisión que hiciera al individuo independiente de toda constricción exterior o interior; en su forma ple-

---

128 Diógenes Laercio, *Vida de los filósofos*, VI, 2, 66. La esclavitud respecto de los placeres es una expresión muy frecuente. Jenofonte, *Económica*, I, 22; *Recuerdos de Sócrates*, IV, 5; Platón, *La República*, IX, 577d.
129 Jenofonte, *Económica*, I, 1, 17 s.
130 Jenofonte, *Recuerdos de Sócrates*, IV, 5, 2-11.

na y positiva, es un poder que ejercemos sobre nosotros mismos en el poder que ejercemos sobre los demás. Aquel, en efecto, que, por estatuto, se encuentra colocado bajo la autoridad de los demás no tiene que esperar de sí mismo el principio de su templanza; le bastará con obedecer las órdenes y prescripciones que se le den. Esto es lo que explica Platón a propósito del artesano: lo que tiene de degradante es que la mejor parte de su alma es "débil por naturaleza, al punto de no poder dominar a los cachorros que hay en su interior, antes por el contrario los halaga y no es capaz de aprender más que a adularlos"; ahora bien, ¿qué hay que hacer si se quiere que este hombre sea regido por un principio razonable, como aquel "que gobierna en el hombre superior"? El único medio es colocarlo bajo la autoridad y el poder de este hombre superior: "el que lleva en sí el principio rector divino".[131] Por el contrario, el que debe dirigir a los demás es aquel capaz de ejercer una autoridad perfecta sobre sí mismo: a la vez porque, en su posición y por el poder que ejerce, le sería fácil satisfacer todos sus deseos, y abandonarse a ellos, pero también porque los desórdenes de su conducta tienen efectos propios sobre todos y en la vida colectiva de la ciudad. Para no ser excesivo y no hacer violencia, para escapar a la pareja de la autoridad tiránica (sobre los demás) y del alma tiranizada (por sus deseos), el ejercicio del poder político llamará al poder sobre sí, como su propio principio de regulación interna. La templanza entendida como uno de los aspectos de la soberanía sobre sí es, no menos que la justicia, el valor o la prudencia, una virtud calificadora de quien ha de ejercer su señorío sobre los demás. El hombre de temple más real reina sobre sí mismo (*basilikos, basileyōn heaytou*).[132]

De ahí la importancia acordada en la moral de los placeres a dos elevadas figuras de la ejemplificación moral. Por un lado, el tirano malvado: es incapaz de dominar sus propias pasiones; se

---

131 Platón, *La República*, IX, 590c.
132 *Ibid.*, 580c.

encuentra de hecho siempre inclinado a abusar de su propio poder y de violentar (*hybrizein*) a sus súbditos; introduce el desorden en su Estado y ve a los ciudadanos rebelarse contra él; los abusos sexuales del déspota, cuando decide deshonrar a los hijos —muchachos o muchachas— de los ciudadanos, son con frecuencia invocados como motivo inicial de un complot para derribar tiranías y restablecer la libertad: así sucedió con los Pisistrátidas en Atenas, con Periandrio en Ambracia y con otros más que Aristóteles menciona en el libro v de la *Política*.[133] Frente a éste, se dibuja la imagen positiva del jefe que es capaz de ejercer un poder estricto sobre sí mismo en la autoridad que ejerce sobre los demás; su dominio de sí modera su dominio sobre los demás. Es testigo de ello Ciro de Jenofonte, quien más que nadie habría podido abusar de su poder y que, sin embargo, en medio de su corte, puso de manifiesto el dominio de sus sentimientos:

> Igualmente tal comportamiento creó entre los inferiores, en la corte, un sentimiento exacto de su rango, que les hacía ceder ante sus superiores y, entre sí, un exacto sentimiento de respeto y de cortesía.[134]

Igualmente, cuando el Nicocles de Isócrates hace el elogio de su templanza y de su fidelidad conyugal, se refiere a las exigencias de su posición política: ¿cómo podría pretender la obediencia de los demás si no pudiera asegurar la sumisión de sus propios deseos?[135] Hablando en términos de prudencia será como Aristóteles recomendará al soberano absoluto que no se abandone a cualquier intemperancia; en efecto, debe considerar el apego de los hombres de bien por su honor; por esta razón, sería imprudente si los expusiera a la humillación de los

133 Aristóteles, *Política*, v, 10.
134 Jenofonte, *Ciropedia*, VIII, 1, 30-34.
135 Isócrates, *Nicocles*, 37-39.

castigos corporales; por la misma razón, habrá de guardarse "de las ofensas al pudor de los jóvenes".

> Por otra parte, sus relaciones íntimas con los jóvenes deben basarse en razones de orden sentimental y no en la idea de que todo le está permitido y, en general, debe compensar todo lo que parezca deshonra con honores más grandes.[136]

Y así podemos recordar que tal era el reto del debate entre Sócrates y Calicles: los que gobiernan a los demás, ¿hay que concebirlos en relación consigo mismos como "gobernantes o gobernados" (*archontas ē archomenous*), definiéndose ese gobierno de sí mismos por el hecho de ser *sōphrōn* y *enkratēs,* es decir de "dominar en sí mismos a los placeres y a los deseos"?[137]

Un día llegará en que el paradigma más frecuentemente utilizado para ilustrar la virtud sexual será el de la mujer, o de la joven, que se defiende contra los asaltos de quien tiene poder sobre ella; la salvaguardia de la pureza y de la virginidad, la fidelidad a los compromisos y a los votos constituirán entonces la prueba prototípica de la virtud. Es cierto que esta figura no es desconocida en la Antigüedad; pero parecería que el hombre, el jefe, el dueño capaz de dominar su propio apetito en el momento en que su poder sobre otro le da la posibilidad de usarlo a su capricho, representa mejor, para el pensamiento griego, un modelo de lo que es, en su naturaleza propia, la virtud de la templanza.

2. A través de esta concepción del dominio como libertad activa, lo que se afirma es el carácter "viril" de la templanza. Así como, en la casa, es el hombre el que manda; así como, en la ciu-

---

136 Aristóteles, *Política*, v, 11, 1315a.
137 Platón, *Gorgias,* 491d.

dad, no está ni en los esclavos ni en los niños ni en las mujeres ejercer el poder, sino en los hombres y sólo en ellos, igualmente cada quien debe hacer valer sobre sí mismo sus cualidades de hombre. El dominio sobre uno mismo es una manera de ser hombre en relación consigo mismo, es decir, de mandar sobre lo que debe ser mandado, de obligar a la obediencia a quien no es capaz de dirigirse a sí mismo, de imponer los principios de la razón a quien carece de ellos; es una forma, en resumen, de ser activo, en relación con quien por naturaleza es pasivo y debe seguir siéndolo. En esta moral de hombres hecha para los hombres, la elaboración de sí como sujeto moral consiste en instaurar de sí a sí mismo una estructura de virilidad; sólo siendo hombre frente a sí mismo podrá controlar y dominar la actividad de hombre que ejerce frente a los demás en la práctica sexual. Aquello a lo que debe tenderse en la justa agonística consigo mismo y en la lucha por dominar los deseos es el punto en que la relación de sí se volverá isomorfa la relación de dominación, de jerarquía y de autoridad que, a título de hombre y de hombre libre, se pretende establecer sobre los inferiores, y con tal condición de "virilidad ética" es como se podrá, según un modelo de "virilidad social", dar la medida que conviene al ejercicio de la "virilidad sexual". En el uso de sus placeres de varón, es necesario ser viril respecto de uno mismo, como se es masculino en el papel social. La templanza es en su pleno sentido una virtud de hombre.

Evidentemente, esto no quiere decir que las mujeres no deban ser temperantes ni que no sean capaces de *enkrateia,* o que ignoren la virtud de *sōphrosynē.* Pero, en ellas, esta virtud se refiere siempre en cierto modo a la virilidad. Referencia institucional, ya que lo que la templanza les impone es su situación de dependencia respecto de su familia y de su marido, y su función procreadora que permite la permanencia del nombre, la transmisión de los bienes, la supervivencia de la ciudad. Pero también referencia estructural, ya que una mujer, para poder ser temperante, debe establecer respecto a sí misma una rela-

ción de superioridad y de dominación que en sí misma es de tipo viril. Es significativo que Sócrates, en la *Económica* de Jenofonte, después de escuchar a Iscómaco ensalzar los méritos de
la esposa que él mismo ha formado, declara (no sin haber invocado a la diosa de la conyugalidad austera): "Por Hera, hete
aquí que revelas en tu mujer un alma muy viril (*andrikē dia-
noia*)". A lo que Iscómaco, para introducir la lección de talante
sin coquetería que había dado a su esposa, añade esta réplica
en la que se leen los dos elementos esenciales de esta virilidad
virtuosa de la mujer, fuerza de alma personal y dependencia
respecto del hombre:

> Quiero citarte aún otros rasgos de su fuerza de alma
> (*megalophrōn*) y hacerte ver con qué prontitud me
> obedece ella, después de haber escuchado mis con-
> sejos.[138]

Sabemos que Aristóteles se opuso explícitamente a la tesis socrática de una unidad esencial de la virtud y, por consiguiente, de
una identidad de ésta entre hombres y mujeres. Sin embargo,
no describe virtudes femeninas que sean estrictamente femeninas; las que reconoce en las mujeres se definen refiriéndolas a
una virtud esencial que encuentra su forma plena y acabada en
el hombre. Y la razón de ello descansa en el hecho de que, entre el hombre y la mujer, la relación es "política": es la relación
de un gobernante y de un gobernado. Para el buen orden de
la relación, es necesario que ambos participen de las mismas
virtudes; aunque cada uno a su manera. El que manda —el
hombre, pues— "posee la virtud ética en plenitud", mientras
que en el caso de los gobernados —y de la mujer— es suficiente tener "la suma de virtud apropiada para cada uno". La templanza y el valor son pues en el hombre virtud plena y completa

---

138 Jenofonte, *Económica*, X, 1.

"de mando"; en cuanto a la templanza o al valor de la mujer, se trata de virtudes de "subordinación", es decir que tienen en el hombre a la vez su modelo cabal y acabado y el principio de su puesta en práctica.[139]

Que la templanza sea de estructura esencialmente viril tiene otra consecuencia, simétrica e inversa de la precedente: y es que la intemperancia implica una pasividad que la emparienta con la feminidad. En efecto, ser intemperante es, en relación con la fuerza de los placeres, estar en un estado de no resistencia y en posición de debilidad y de sumisión; es ser incapaz de virilidad respecto de sí mismo que permite ser más fuerte que sí mismo. En este sentido, el hombre de placeres y de deseos, el hombre de la falta de dominio (*akrasia*) o de la intemperancia (*akolasia*) es un hombre al que se podría llamar femenino, más ante sí mismo que ante los demás. En una experiencia de la sexualidad como la nuestra, en la que una separación fundamental opone lo masculino y lo femenino, la feminidad del hombre se percibe en la transgresión efectiva o virtual de su papel sexual. Nadie estaría tentado a decir de un hombre al que el amor de las mujeres lleva a excesos que es afeminado, salvo si se efectúa sobre su deseo todo un trabajo de desciframiento y se hace salir la "homosexualidad latente" que vive en secreto su relación inestable y múltiple con las mujeres. Al contrario, para los griegos, es la oposición entre actividad y pasividad la que es esencial y la que señala el dominio de los comportamientos sexuales como aquel de las actitudes morales; entonces observamos claramente por qué un hombre puede preferir los amores masculinos sin que nadie se atreva a hacerlo sospechoso de feminidad, desde el momento en que es activo en la relación sexual y activo en el dominio moral sobre sí mismo; al contrario, un hombre que no domina suficientemente sus placeres —sea cual fuere la elección de objeto que haya hecho— está conside-

---

139 Aristóteles, *Política*, I, 13, 1260a.

rado como "femenino". La línea divisoria entre un hombre viril y un hombre afeminado no coincide con nuestra oposición entre hetero y homosexualidad; tampoco se reduce a la oposición entre homosexualidad activa y pasiva. Marca la diferencia de actitud respecto de los placeres, y los signos tradicionales de esta feminidad —pereza, indolencia, rechazo de las actividades un poco rudas del deporte, gusto por los perfumes y los adornos, molicie... (*malakia*)— no afectarán forzosamente a lo que en el siglo XIX se llamará "invertido", sino sólo a aquel que se deja llevar por los placeres que lo atraen: está sometido a sus propios apetitos al igual que a los de los demás. Ante un muchacho demasiado afectado, Diógenes se molesta; pero considera que esta compostura femenina puede traicionar tanto su gusto por las mujeres como por los hombres.[140] Lo que, a los ojos de los griegos, constituye la negatividad ética por excelencia no es evidentemente amar a los dos sexos; tampoco es preferir su propio sexo al otro; es ser pasivo respecto de los placeres.

3. Esta libertad-poder que caracteriza el modo de ser del hombre temperante no puede concebirse sin una relación con la verdad. Dominar sus placeres y someterlos al *logos* no forman más que una sola y la misma cosa: el temperante, dice Aristóteles, sólo desea "lo que prescribe la recta razón" (*orthos logos*).[141] Conocemos el largo debate que a partir de la tradición socrática se desarrolló a propósito del papel del conocimiento, en la virtud en general y en la templanza en particular. Jenofonte, en los *Recuerdos,* recuerda la tesis de Sócrates según la cual no podemos separar ciencia y templanza: a quienes invocan la posibilidad de saber lo que se debe hacer, y de actuar no obstante en sentido contrario, Sócrates responde que los intemperantes siempre son al mismo tiempo unos ignorantes, pues de todas

140 Diógenes Laercio, *Vida de los filósofos,* VI, 2, 54.
141 Aristóteles, *Ética nicomaquea,* III, 12, 1119b.

maneras los hombres "escogen entre las acciones aquellas que juzgan más ventajosas".[142] Estos principios han sido ampliamente discutidos por Aristóteles, sin que su crítica haya cerrado un debate que se proseguirá todavía en el estoicismo y alrededor de él. Pero que se admita o no la posibilidad de hacer el mal a sabiendas, y sea cual fuere el modo de saber que se supone en quienes actúan en contra de los principios que conocen, se trata de un punto que no se pone en duda: el de que no se puede practicar la templanza sin una cierta forma de saber que, por lo menos, es una de sus condiciones esenciales. No podemos constituirnos en sujetos morales en el uso de los placeres sin constituirnos al mismo tiempo como sujetos de conocimiento.

La relación con el *logos* en la práctica de los placeres ha sido descrita por la filosofía griega del siglo IV de tres formas principales. Una forma estructural: la templanza implica que el *logos* sea colocado en posición de soberanía en el ser humano, y que pueda someter los deseos, y que esté en situación de regular el comportamiento. Mientras que en el intemperante la potencia que desea usurpa el primer lugar y ejerce la tiranía, en quien es *sōphrōn* es la razón la que manda y prescribe, conforme a la estructura del ser humano: "¿No pertenece, pregunta Sócrates, a la razón el mandar puesto que es prudente y está encargada de velar por el alma entera?". Y a partir de aquí define al *sōphrōn* como aquella realidad en quien las diferentes partes del alma son amigas y en armonía cuando la que manda y las que obedecen están de acuerdo en reconocer que es parte de la razón el mandar y que de ninguna manera le disputan la autoridad.[143] Y a pesar de todas las diferencias que oponen la triple partición platónica del alma y la concepción aristotélica en la época de la *Ética nicomaquea*, es en términos de superioridad de la razón sobre el deseo que encontramos caracterizada a la *sōphrosynē* en

142 Jenofonte, *Recuerdos de Sócrates,* III, 9, 4.
143 Platón, *La República,* IV, 431e-432b.

este último texto: "el deseo del placer es insaciable y todo lo excita en el ser desprovisto de razón"; el deseo se acrecentará pues de manera excesiva "si no se es dócil y sumiso a la autoridad" y esta autoridad es la del *logos* a la que debe conformarse "la facultad apetitiva" (*to epithymētikon*).[144]

Pero el ejercicio del *logos*, en la templanza, se describe también bajo una forma instrumental. En efecto, puesto que el dominio de los placeres asegura un uso que sabe adaptarse a las necesidades, a los momentos, a las circunstancias, se necesita una razón práctica que pueda determinar, según la expresión de Aristóteles, "lo que hay que desear, de la manera que hay que desearlo y en las circunstancias convenientes".[145] Platón subrayó la importancia que tiene tanto para el individuo como para la ciudad no utilizar los placeres "fuera de circunstancias oportunas (*ektos tōn kairōn*) y sin saber (*anepiste ēmonōs*)".[146] Y con un espíritu bastante afín, Jenofonte mostraba que el hombre de templanza era también el hombre de la dialéctica —capaz de mandar y de discutir, capaz de ser el mejor—, ya que, como lo explica Sócrates en los *Recuerdos*,

[...] sólo los hombres temperantes son capaces de considerar entre las cosas aquellas que son las mejores, clasificarlas por géneros en la teoría y en la práctica, escoger las buenas y abstenerse de las malas.[147]

Finalmente, en Platón, el ejercicio del *logos* en la templanza aparecía bajo una tercera forma: la del reconocimiento ontológico de uno por sí mismo. Era tema socrático el de la necesidad de conocerse a uno mismo para practicar la virtud y dominar los deseos. Pero un texto como el gran discurso del *Fedro*, don-

---

144 Aristóteles, *Ética nicomaquea*, III, 12, 1119b.
145 *Ibid.*
146 Platón, *Leyes*, I, 636d-e.
147 Jenofonte, *Recuerdos de Sócrates*, IV, 5, 11.

de se cuentan el viaje de las almas y el nacimiento del amor, aporta precisiones acerca de la forma que debe tomar este conocimiento de uno mismo. Ahí tenemos, sin duda, en la literatura antigua, la primera descripción de lo que a continuación se volverá "el combate espiritual". Ahí encontramos —muy lejos de la impasibilidad y de las hazañas de resistencia o de abstinencia de las que Sócrates sabía dar pruebas según el Alcibiades del *Banquete*— toda una dramaturgia del alma luchando consigo misma y contra la violencia de sus deseos; estos diferentes elementos tendrán un amplio destino en la historia de la espiritualidad: la turbación que se apodera del alma y de la que ésta ignora hasta el nombre, la inquietud que la mantiene despierta, la efervescencia misteriosa, el sufrimiento y el placer que se alternan y mezclan, el movimiento que arrebata al ser, la lucha entre los poderes opuestos, las caídas, las heridas, los sufrimientos, la recompensa y el sosiego final. Ahora bien, a lo largo de este relato que se da como la manifestación de lo que es, en su verdad, la naturaleza del alma tan humana como divina, la relación con la verdad desempeña un papel fundamental. En efecto, el alma, por haber contemplado "las realidades que están fuera del cielo" y haber percibido el reflejo en una belleza terrena, es atrapada por el delirio amoroso, puesta fuera de sí misma y ya no se domina; pero también porque sus recuerdos la llevan "hacia la realidad de la belleza", porque "vuelve a verla, acompañada por la prudencia y erguida en su pedestal sagrado", es por lo que se retiene, intenta contener el deseo físico y busca liberarse de todo lo que podría entorpecerla e impedirle reencontrar la verdad que ha contemplado.[148] La relación del alma con la verdad es a la vez lo que fundamenta el Eros en su movimiento, su fuerza y su intensidad, y lo que, ayudándola a desembarazarse de todo goce físico, le permite convertirse en el verdadero amor.

---

148 Platón, *Fedro*, 254b.

Como se puede ver, ya sea bajo la forma de una estructura jerárquica del ser humano, bajo la forma de una práctica de prudencia o de un reconocimiento por el alma de su ser propio, la
relación con lo verdadero constituye un elemento esencial de la
templanza. Es necesario para el uso moderado de los placeres,
necesario para la dominación de su violencia. Pero es preciso
observar que esta relación con lo verdadero nunca adopta la
forma de un desciframiento de uno por sí mismo y de una hermenéutica del deseo. Forma parte del modo de ser del sujeto
temperante; no equivale a una obligación del sujeto en cuanto
a decir verdad sobre sí mismo; nunca abre el alma como un dominio de conocimiento posible en el que las huellas difícilmente perceptibles del deseo deberían leerse e interpretarse. La relación con la verdad es una condición estructural, instrumental
y ontológica de la instauración del individuo como sujeto atemperado y que lleva una vida de templanza; no es una condición
epistemológica para que el individuo se reconozca en su singularidad de sujeto deseante, y para que pueda purificarse del deseo así puesto al día.

4. Ahora bien, si esta relación con la verdad, constitutiva del sujeto atemperado, no conduce a una hermenéutica del deseo,
como será el caso en la espiritualidad cristiana, abre en cambio
el camino a una estética de la existencia. Y por estética de la
existencia hay que entender una manera de vivir cuyo valor moral no obedece ni a su conformidad con un código de comportamiento ni a un trabajo de purificación, sino a ciertas formas o
más bien a ciertos principios formales generales en el uso de
los placeres, en la distribución que se hace de ellos, en los límites que se observan, en la jerarquía que se respeta. Por el *logos,*
por la razón y la relación con lo verdadero que la gobierna, una
vida así se inscribe en el mantenimiento o la reproducción de
un orden ontológico; recibe por otra parte el resplandor de
una belleza manifiesta a los ojos de quienes pueden contem-

plarla o conservar su recuerdo. Acerca de esta existencia moderada, cuya moderación, fundada en la verdad, es a la vez respeto de una estructura ontológica y perfil de una belleza visible, Jenofonte, Platón y Aristóteles han dado juicios con frecuencia. He aquí por ejemplo en el *Gorgias* la forma en que Sócrates la describe, dando él mismo a sus propias preguntas las respuestas de un Calicles silencioso:

> La cualidad propia de cada cosa, mueble, cuerpo, alma, animal cualquiera, no le viene por azar: resulta de cierto orden, de cierta precisión, de cierto arte (*taxis, orthotēs, technē*) adaptados a la naturaleza de esa cosa. ¿Es esto cierto? Por mi parte, lo afirmo. —Así, pues, ¿la virtud de cada cosa consiste en una ordenación y una disposición feliz que resulta del orden? Así lo sostengo. —Por consiguiente, ¿una cierta belleza de orden (*kosmos tis*) propia de la naturaleza de cada cosa es lo que, con su presencia, hace que esta cosa sea buena? Así lo creo. —Y por consiguiente, también, ¿un alma en la que se encuentra el orden que conviene al alma vale más que aquella a la que le falta este orden? Necesariamente. —¿O bien un alma que posee el orden es un alma bien ordenada? Sin duda. —¿Y un alma bien ordenada es atemperada y sabia? Absolutamente. —De ahí que un alma atemperada sea buena [...] He aquí, por lo que a mí respecta, lo que afirmo y tengo por cierto. Si esto es verdad, me parece por tanto que cada uno de nosotros, para ser felices, debe buscar la templanza y ejercitarla (*diõkteon kai askēteon*).[149]

Como eco a este texto que vincula la templanza con la belleza de un alma cuyo orden corresponde a su naturaleza propia, *La*

---

149 Platón, *Gorgias*, 506d-507d.

República mostrará inversamente hasta qué punto son incompatibles el resplandor de un alma y de un cuerpo con el exceso y la violencia de los placeres:

> El hombre en quien concurran bellos hábitos (*kala ēthē*) que estén en su alma, y en su exterior los rasgos correspondientes y concertantes, por participar del mismo modelo, ¿no sería el más hermoso espectáculo para quien pueda contemplarlo? —El más bello de todos. —Pero lo más bello, ¿no es también lo más amable (*erasmiōtaton*)? —Sin duda... —Pero dime, ¿hay alguna afinidad entre la templanza y el placer en exceso? —¿Cómo podía haberla, cuando esto último pone a uno fuera de sí, no menos que el dolor? —¿Y con la virtud en general? —De ninguna manera. —¿Y con la violencia y el desenfreno (*hybris, akolasia*)? —Más que con ninguna otra cosa. —¿Podrías citar un placer mayor y más agudo que el del amor sensual? —No puedo, ni de mayor locura. —El amor recto *(ho orthos erōs),* por el contrario, consiste en amar, con cordura y armonía, el orden y la belleza. —Muy cierto. —Al amor recto, por tanto, no puede tener acceso la locura ni lo que esté emparentado con la incontinencia.[150]

También puede recordarse la descripción ideal que Jenofonte proponía de la corte de Ciro, que se daba a sí misma el espectáculo de la belleza, por el perfecto dominio que cada uno ejercía sobre sí; el soberano manifestaba ostensiblemente un dominio y una moderación que alcanzaba a distribuir entre todos, según los rangos, una conducta mesurada, el respeto de sí y de los demás, el control cuidadoso del alma y del cuerpo, la economía de gestos, de tal modo que ningún movimiento involun-

150 Platón, *La República,* iii, 402d-403b.

tario y violento venía a perturbar un orden de belleza que parecía presente en el espíritu de todos:

> Nunca se podría haber oído a alguien vociferar en su cólera o reír a carcajadas por su goce, más bien se habría dicho que tenían a la belleza por modelo.[151]

El individuo se realiza como sujeto moral en la plástica de una conducta mesurada con toda exactitud, bien a la vista de todos y digna de una larga memoria.

He presentado un boceto, con fines preliminares; algunos rasgos generales que caracterizan la forma en que se reflexionó, en el pensamiento griego clásico, la práctica sexual y cómo se la constituyó como ámbito moral. Los elementos de este ámbito —la "sustancia ética"— estaban formados por las *aphrodisia*, es decir, actos deseados por la naturaleza, asociados por ésta a un placer intenso y a los que conduce por medio de una fuerza simple susceptible de exceso y de sublevación. El principio según el cual debemos regular esta actividad, el "modo de sujeción", no estaba definido por una legislación universal, que determinara los actos permitidos y prohibidos, sino más bien por una habilidad, un arte que prescribía las modalidades de un uso en función de variables diversas (necesidades, momento, estatuto). El trabajo que el individuo debía ejercitar sobre sí mismo, la ascesis necesaria, adoptaba la forma de un combate a librar, de una victoria a obtener mediante el establecimiento de un dominio de uno sobre sí mismo, según el modelo de un poder doméstico o político. Finalmente, el modo de ser al que se accedía por este dominio de sí se caracterizaba como una libertad activa, indisociable de una relación estructural, instrumental y ontológica con la verdad.

151 Jenofonte, *Ciropedia*, VIII, 1, 13.

Ahora lo veremos: esta reflexión moral desarrolló a propósito del cuerpo, a propósito del matrimonio, a propósito del amor a los muchachos, temas de austeridad que no carecen de semejanza con los preceptos y prohibiciones que podremos encontrar en adelante. Pero bajo esta continuidad aparente, hay que tener en mente que el sujeto moral no se constituirá de la misma manera. En la moral cristiana del comportamiento sexual, la sustancia ética será definida no por las *aphrodisia,* sino por un dominio de los deseos que se ocultan en los arcanos del corazón, y por un conjunto de actos cuidadosamentc dcfinidos en su forma y sus condiciones; la sujeción tomará la forma no de una habilidad sino de un reconocimiento de la ley y de una obediencia a la autoridad pastoral; no se trata pues del dominio perfecto de uno sobre uno mismo en el ejercicio de una actividad de tipo viril que caracterizará al sujeto moral, sino más bien de la renuncia de uno mismo, y una pureza cuyo modelo es preciso buscarlo del lado de la virginidad. A partir de ahí, puede comprenderse la importancia en la moral cristiana de esas dos prácticas, a la vez opuestas y complementarias: una codificación de los actos sexuales que se hará cada vez más precisa y el desarrollo de una hermenéutica del deseo y de los procedimientos de desciframiento de sí.

Podríamos decir esquemáticamente que la reflexión moral de la Antigüedad a propósito de los placeres no se orienta ni hacia una codificación de los actos ni hacia una hermenéutica del sujeto, sino hacia una estilización de la actitud y una estética de la existencia. Estilización, porque la rarefacción de la actividad sexual se presenta como una especie de exigencia abierta: podremos comprobarlo fácilmente: ni los médicos que aconsejan régimen, ni los moralistas que piden a los maridos respetar a la esposa, ni aquellos que dan consejo sobre la buena conducta a observar en el amor de los muchachos dirán con toda exactitud lo que es debido hacer o no en el orden de los actos o de las prácticas sexuales. Y la razón no radica sin duda en el pudor o la reserva de los autores, sino en el hecho de que el problema no está ahí: la templanza sexual es un ejercicio de la libertad que toma forma en el dominio de uno mismo, y éste se manifiesta en la forma en que el sujeto se mantiene y se contiene en el ejercicio de su actividad viril, la forma en que se relaciona consigo mismo en la relación que mantiene con los demás. Esta actitud, mucho más que los actos que se cometen o los deseos que se ocultan, dan asidero a los juicios de valor. Valor moral que es también un valor estético y valor de verdad, ya que al contemplar la satisfacción de las verdaderas necesidades, al respetar la verdadera jerarquía del ser humano y al no olvidar jamás lo que en verdad se es, se podrá dar a la propia conducta la forma que asegura el renombre y honra la memoria.

Pasamos ahora a ver cómo algunos de los grandes temas de la austeridad sexual, que tendrían un destino histórico mucho más allá de la cultura griega, se formaron y desarrollaron en el pensamiento del siglo IV. No partiré de teorías generales del placer o de la virtud; me apoyaré en las prácticas existentes y reconocidas según las cuales los hombres buscaban dar forma a su conducta: práctica del régimen, práctica del gobierno doméstico, práctica del cortejo en el comportamiento amoroso; intentaré mostrar cómo estas tres prácticas han sido motivo de reflexión en la medicina o la filosofía y cómo estas reflexiones propusieron diversas maneras, no precisamente de codificar la conducta sexual, sino más bien de "estilizarla"; estilizaciones en la Dietética, como arte de la relación cotidiana del individuo con su cuerpo; en la Económica, como arte de la conducta del hombre en tanto jefe de familia; en la Erótica, como arte de la conducta recíproca del hombre y del muchacho en la relación de amor.[152]

---

[152] La obra de Henri Joly, *Le renversement platonicien*, da un ejemplo de la forma en que podemos analizar, en el pensamiento griego, las relaciones entre el dominio de las prácticas y la reflexión filosófica.

2. Dietética

La reflexión moral de los griegos sobre el comportamiento sexual no buscó justificar las interdicciones, sino estilizar una libertad: aquella que ejerce, en su actividad, el hombre "libre". De ahí lo que puede parecer, a primer golpe de vista, una paradoja: los griegos practicaron, aceptaron y valoraron las relaciones entre hombres y muchachos, y no obstante sus filósofos concibieron y edificaron a este respecto una moral de la abstención. Desde luego admitieron que un hombre casado pudiera ir a buscar placeres sexuales fuera del matrimonio, y sin embargo sus moralistas concibieron el principio de una vida matrimonial en la que el marido sólo tendría relaciones con su propia esposa. Nunca concibieron que el placer sexual fuera un mal en sí mismo o que pudiera formar parte de los estigmas naturales de una falta, y sin embargo sus médicos se sintieron inquietos ante las relaciones de la actividad sexual con la salud y desarrollaron toda una reflexión sobre los peligros de su práctica.

Empecemos por este último punto. De inmediato es preciso observar que su reflexión no se refería en lo esencial al análisis de los diferentes efectos patológicos de la actividad sexual; tampoco buscaba organizar ese comportamiento como un dominio en el que pudieran distinguirse conductas normales y prácticas anormales y patológicas. Sin duda, tales temas no estaban del todo ausentes, pero no era ése el que constituía el tema general de la interrogante sobre las relaciones entre las *aphrodisia*, la salud, la vida y la muerte. La preocupación principal de esta reflexión era definir el uso de los placeres —sus condiciones favorables, su práctica útil, su disminución necesaria— en función de una determinada manera de ocuparse del cuerpo propio. La preocupación era mucho más "dietética" que "terapéutica": asunto de régimen que buscaba reglamentar una actividad reconocida como importante para la salud. La problematización médica del comportamiento sexual se llevó a cabo menos a partir de la preocupación por eliminar sus formas patológicas que a partir de la voluntad de integrarlo lo mejor posible a la gestión de la salud y a la vida del cuerpo.

DEL RÉGIMEN EN GENERAL

Para aclarar la importancia que los griegos daban al régimen, el sentido general que otorgaban a la "dietética" y la forma en que ligaban su práctica a la medicina, podemos referirnos a dos relatos del origen: uno se encuentra en la colección hipocrática y el otro en Platón.

El autor del trabajo sobre *La antigua medicina*, lejos de concebir el régimen como una práctica adyacente al arte médico —una de sus aplicaciones o una de sus prolongaciones—, hace por el contrario que la medicina nazca de la preocupación primera y esencial del régimen.[1] Según él, la humanidad se habría separado de la vida animal por una especie de ruptura de dieta; en el origen, en efecto, los hombres habrían utilizado una alimentación parecida a la de los animales: carne, vegetales crudos y sin preparación. Semejante manera de nutrirse, que podía curtir a los más vigorosos, era severa para los más frágiles: en suma, se moría joven o viejo. Así, los hombres habrían buscado un régimen mejor adaptado "a su naturaleza": ese régi-

---

1 Hipócrates, *La antigua medicina*, III.

men que caracteriza todavía a la actual forma de vivir. Pero gracias a esta dieta más suave las enfermedades se habrían vuelto menos inmediatamente mortales, con lo cual se advertía entonces que los alimentos de los sanos no podían convenir a los enfermos: éstos necesitaban otro tipo de alimentos. La medicina se habría formado entonces como "dieta", propia de los enfermos y a partir de una interrogante sobre el régimen específico que les convenía. En este relato de origen, la dietética surge como inicio; da lugar a la medicina como una de sus aplicaciones particulares.

Platón —bastante desconfiado frente a la práctica dietética, o por lo menos de los excesos que de ella resultan, por las razones políticas y morales que veremos— piensa por el contrario que la preocupación del régimen nació de una modificación de las prácticas médicas:[2] en el origen, el dios Asclepio [Esculapio] habría enseñado a los hombres cómo curar enfermedades y heridas mediante remedios drásticos y operaciones eficaces. De esta práctica de las medicaciones simples trae el testimonio Homero, según Platón, en el relato que hace de las curaciones de Menelao y de Eurípilo, bajo los muros de Troya: se chupaba la sangre de los heridos, se vertía sobre las llagas ciertos emolientes y se les daba a beber vino espolvoreado de harina y de queso rallado.[3] Fue más tarde, cuando los hombres se alejaron de la vida ruda y sana de los antiguos tiempos, cuando se buscó seguir las enfermedades "paso a paso" y sostener mediante un largo régimen a quienes tenían mala salud y que la padecían justo porque, al no vivir como era debido, eran víctimas de males duraderos. Según esta génesis, la dietética aparece como una especie de medicina para los tiempos de molicie; estaba destinada a las existencias mal llevadas y que buscaban prolongarse. Como bien se ve, si para Platón la dietética no es un arte originario, no es porque el régimen, la *diaitē,* carezca de impor-

---

2 Platón, *La República,* III, 405e-408d.
3 De hecho las indicaciones dadas por Platón no son exactamente aquellas que encontramos en la *Ilíada* (XI, 624 y 833).

tancia; la razón por la cual, en la época de Esculapio o de sus primeros sucesores, nadie se preocupaba por la dietética era que el "régimen" que realmente seguían los hombres, la forma en que se nutrían y hacían ejercicio, era conforme a la naturaleza.[4] Ante esta perspectiva, la dietética fue claramente una inflexión de la medicina, pero sólo se convirtió en esa prolongación del arte de curar el día en que el régimen como forma de vida se separó de la naturaleza, y si constituye siempre el necesario acompañamiento de la medicina, lo es en la medida en que no se podría cuidar a nadie sin rectificar el género de vida que efectivamente lo ha puesto enfermo.[5]

En todo caso, sea que se haga del saber dietético un arte primitivo o que se vea en él una derivación ulterior, está claro que la propia "dieta", el régimen, es una categoría fundamental a través de la cual puede pensarse la conducta humana; caracteriza la forma en que se maneja la existencia y permite fijar un conjunto de reglas para la conducta: un modo de problematización del comportamiento, que se hace en función de una naturaleza que hay que preservar y a la que conviene conformarse. El régimen es todo un arte de vivir.

1. El dominio que un régimen convenientemente meditado debe cubrir se define por una lista que con el tiempo ha adquirido un valor casi canónico. Es la que se encuentra en el libro VI de las *Epidemias;* comprende: "los ejercicios (*ponoi*), los alimentos (*sitia*), las bebidas (*pota*), los sueños (*hypnoi*), las relaciones sexuales (*aphrodisia*)", todas cosas que deben ser "medidas".[6] La meditación dietética desarrolló esta enumeración. Entre los

---

4 Platón, *La República*, III, 407c.
5 Sobre la necesidad del régimen para la cura de las enfermedades, véase también el *Timeo*, 89d.
6 Hipócrates, *Epidemias*, VI, 6, 1. Sobre diferentes interpretaciones de este texto en la Antigüedad, cf. Hipócrates, *Œuvres*, trad. Littré, t. V, pp. 323-324.

ejercicios, se distinguen aquellos que son naturales (caminar, pasear) y los que son violentos (la carrera, la lucha), y se decide cuáles son los que conviene practicar y con qué intensidad, en función de la hora del día, del momento del año, de la edad del sujeto, del alimento que ha tomado. Pueden añadirse baños más o menos calientes a los ejercicios, y también ellos dependen de la estación, de la edad, de las actividades y de las comidas ya hechas o por hacer. El régimen de alimentación —comida y bebida— debe dar cuenta de la naturaleza y de la cantidad de lo que se absorbe, del estado general del cuerpo, del clima, de las actividades a las que uno se entrega. Las evacuaciones —purgas y vómitos— habrán de corregir la práctica alimenticia y sus excesos. También el sueño implica distintos aspectos que el régimen puede hacer variar: el tiempo que se le consagra, las horas que se escogen, la calidad de la cama, su dureza, su calor. Así, pues, el régimen debe tener en cuenta numerosos elementos de la vida física de un hombre, o por lo menos de un hombre libre, y ello a lo largo de todos los días, desde el levantarse hasta el acostarse. El régimen, cuando se lo detalla, adopta el aspecto de un verdadero empleo del tiempo: así es como el régimen propuesto por Diocles sigue, momento a momento, el hilo de un día común desde el despertar hasta la comida de la tarde y el dormir pasando por los primeros ejercicios, las abluciones y las fricciones del cuerpo y de la cabeza, los paseos, las actividades privadas y el gimnasio, el desayuno, la siesta, y de nuevo el paseo y el gimnasio, las unciones y las fricciones, el almuerzo. A lo largo del tiempo, y a propósito de cada una de las actividades del hombre, el régimen problematiza la relación con el cuerpo y desarrolla una manera de vivir en la que las formas, las elecciones, las variables están determinadas por el cuidado del cuerpo. Pero esto no sólo afecta al cuerpo.

2. En los diferentes ámbitos en los que el cuerpo está en juego, el régimen ha de establecer una medida: "un cerdo se daría

cuenta", como dice uno de los interlocutores del diálogo plató-
nico de los *Rivales*:[7] "por lo que respecta al cuerpo", lo que es
útil es "lo que está dentro de la justa medida" y no lo que es un
exceso o un defecto. Ahora bien, esta medida debe comprender
tanto el orden corporal como el orden moral. Los pitagóricos,
que sin duda desempeñaron un papel importante en el desarrollo de la dietética, señalaron fuertemente la correlación entre
los cuidados necesarios al cuerpo y la preocupación de guardar
al alma su pureza y su armonía. Si es cierto que piden a la medicina la purga del cuerpo y a la música la del alma, atribuyen
también al canto y a los instrumentos efectos benéficos sobre el
equilibrio del organismo.[8] Las numerosas prohibiciones alimentarias que se fijaron tenían significaciones de culto y religiosas, y la crítica que hacían a todo abuso en el orden de la
alimentación, de la bebida, de los ejercicios y de las actividades
sexuales tenían a la vez valor de precepto moral y de consejo efi-
caz para la salud.[9]

Igualmente, aparte del contexto estrictamente pitagórico, el
régimen se definía desde luego bajo este doble registro: el de la
buena salud y el del buen mantenimiento del alma. Y esto porque se inducían la una al otro, pero también porque la resolución de seguir un régimen medido y razonado, así como la aplicación que se le dedica, por sí mismas revelan una indispensable
firmeza moral. El Sócrates de Jenofonte destaca bien esta correlación cuando recomienda a los jóvenes ejercitar regularmente

---

7 Seudo-Platón, *Rivales,* 134a-d.
8 Cfr. R. Joly, "Notice" en Hipócrates, *Du régime* (CUF), p. xi.
9 "Había... para las enfermedades corporales cantos curativos por
   cuyo medio los enfermos se levantaban. Otros hacían olvidar las
   penas, calmaban las cóleras, echaban los deseos desordenados. Su
   régimen era: miel para el desayuno, para el almuerzo galleta,
   legumbres, rara vez carne... Así, su cuerpo conservaba el mismo
   estado, como trazado con cordel, sin estar tan pronto sano como
   enfermo, sin tampoco engordar o adelgazar, y su alma mostraba
   siempre por su aspecto el mismo carácter (*to homoion ēthos*)."
   Porfirio, *Vida de Pitágoras,* 34. También Pitágoras habría dado
   consejos de régimen a los atletas (*ibid.,* 15).

su cuerpo mediante la práctica de la gimnasia. Ve en ella la garantía de que uno podrá defenderse mejor en la guerra, evitar, como soldado, la reputación de cobardía, servir mejor a la patria, obtener elevadas recompensas (y dejar así a los descendientes fortuna y posición); de ello espera una protección contra las enfermedades y los achaques del cuerpo. Pero subraya igualmente los buenos efectos de esta gimnasia, dice, donde menos se lo espera: en el pensamiento, ya que un cuerpo con mala salud tiene como consecuencia el desvarío, el desaliento, el mal humor, la locura, hasta el punto de que los conocimientos adquiridos acaban por ser expulsados del alma.[10]

Pero de igual modo, el rigor de un régimen físico, con la resolución que se precisa para seguirlo, requiere una indispensable firmeza moral y permite ejercitarla. Ahí radica, a los ojos de Platón, la verdadera razón que debe dárseles a las prácticas por las que se intenta adquirir la fuerza, la belleza y la salud del cuerpo: no sólo, dice Sócrates en el libro IX de *La República,* el hombre sensible "no se entregará al placer bestial e irracional"; no sólo no pondrá "de ese lado las preocupaciones", sino que hará más: "ni siquiera mirará a su salud ni considerará como un privilegio la fuerza, la salud y la belleza, si de todo esto no ha de venirle la salud del espíritu". El régimen físico debe encomendarse al principio de una estética general de la existencia en la que el equilibrio corporal será una de las condiciones de la justa jerarquía del alma: "establecerá la armonía en su cuerpo con el fin de lograr el equilibrio en su alma", lo que permitirá que se conduzca como un verdadero músico (*mousikos*).[11] El régimen físico, pues, no debe ser cultivado con exceso por sí mismo.

De buena gana reconocemos la posibilidad de un peligro en la práctica misma de la "dieta". Pues si el régimen tiene por objeto evitar los excesos, puede haber exageración en la importancia que le acordemos y en la autonomía que se le deje. En

10 Jenofonte, *Recuerdos de Sócrates,* III, 12.
11 Platón, *La República,* IX, 591c-d.

general, este riesgo se percibe de dos formas: hay el peligro de lo que podríamos llamar el exceso "atlético", el cual se debe a adiestramientos repetidos, que desarrollan exageradamente el cuerpo y acaban por adormecer el alma hundida en una musculatura demasiado poderosa: muchas veces censura Platón estos excesos de los atletas y declara que no los desea para los jóvenes de su ciudad.[12] Pero también existe el peligro de lo que podríamos llamar el exceso "valetudinario": se trata de la vigilancia de todos los instantes que uno dedique al cuerpo, a la salud, al menor de sus males. De este exceso, según Platón, el mejor ejemplo está en aquel que pasa por uno de los fundadores de la dietética, el maestro de gimnasia Heródico; muy ocupado en no apartarse para nada de la más pequeña regla del régimen que se había impuesto, "empleó" su ciencia durante años en una vida mortecina. Ante esta actitud, Platón plantea dos reproches: es actitud de hombres ociosos que no son útiles a la ciudad; pueden comparárseles ventajosamente a esos artesanos circunspectos que, bajo el pretexto de migrañas, no quieren envolverse con lienzos la cabeza, ya que no pueden perder tiempo con los pequeños cuidados que requiere la salud. Pero también es actitud de quienes, ante el miedo de perder la vida, buscan cómo retrasar el término fijado por la naturaleza. La práctica del régimen trae consigo ese peligro —moral pero también político— de prestar un cuidado excesivo al cuerpo (*perittē epimeleia tou sōmatos*).[13] Asclepio, que sólo curaba a golpe de pociones y amputaciones, era un sabio político: sabía que, en un Estado bien gobernado, nadie dispone del ocio suficiente para pasar su vida enfermo y haciéndose cuidar.[14]

12 *Ibid.*, III, 404a. Aristóteles también critica los excesos del régimen atlético y de ciertos adiestramientos en la *Política*, VIII, 16, 1335b, y VIII, 4, 1338b-1339a.
13 Platón, *La República*, III, 406a-407b.
14 *Ibid.*, 407c-e. En el *Timeo*, Platón pondera que la duración de la vida de cada ser viviente está librada a la suerte (89b-c).

3. La desconfianza respecto de los regímenes excesivos muestra que la dieta no tiene por finalidad llevar la vida tan lejos en el tiempo como sea posible ni con logros tan altos como sea posible, sino más bien hacerla útil y feliz dentro de los límites que se le han fijado. Tampoco debe proponerse fijar de una vez por todas las condiciones de una existencia. No es bueno el régimen que sólo permite vivir en un solo lugar, con un solo tipo de alimento y sin que podamos exponernos a ningún cambio. La utilidad del régimen radica precisamente en la posibilidad que proporciona a los individuos de enfrentarse a situaciones diferentes. Así es como Platón opone el régimen de los atletas, tan estricto que no pueden apartarse de él sin "graves y violentas dolencias", a aquel que querría ver adoptado por sus guerreros: éstos deben ser como perros siempre vigilantes; cuando están en campaña, deben poder "mudar a menudo de agua y alimento", "pasar del ardor del sol al frío del invierno" y "no decaer en su salud".[15] Sin duda los soldados de Platón tenían responsabilidades particulares. Pero regímenes más generales obedecen también a este principio. El autor del *Régimen* de la colección hipocrática tiene cuidado en subrayar que dirige sus consejos al mayor número de personas y no a algunos privilegiados inactivos; es decir, se dirige a "quienes trabajan, quienes viajan, navegan, se exponen al sol y al frío".[16] Se ha llegado a interpretar este pasaje como la señal de un interés particular por las formas de la vida activa y profesional. Sobre todo hay que reconocer en él la preocupación —común por lo demás a la moral y a la medicina— de armar al individuo frente a la multiplicidad de las circunstancias posibles. No podemos ni debemos pedir al régimen que esquive la fatalidad o desvíe la naturaleza. Lo que se espera de él es que permita reaccionar, y no a ciegas, ante los acontecimientos imprevistos tal como se presenten. La dietética

---

15 Platón, *La República*, III, 404a-b.
16 Hipócrates, *Del régimen*, III, 69, 1; cf. la nota de R. Joly, en la edición de la CUF, p. 71.

es un arte estratégico, en el sentido de que debe permitir responder, de una manera razonable y por lo tanto útil, a las circunstancias.

En la vigilancia que ejerce respecto del cuerpo y de sus actividades, requiere, por parte del individuo, dos formas muy particulares de atención. Exige lo que podríamos llamar una atención "serial", una atención secuencial: las actividades, en sí mismas, no son ni buenas ni malas; su valor está determinado, por una parte, por aquellas que les preceden y por aquellas que les siguen, y una misma cosa (determinado alimento, cierto tipo de ejercicio, un baño caliente o frío) será recomendada o desaconsejada según que debamos desempeñar o desempeñemos tal o cual actividad (las prácticas que se siguen deben compensarse en sus efectos, pero el contraste entre ellas no debe ser demasiado vivo). La práctica del régimen implica también una vigilancia "circunstancial", una atención a la vez muy aguda y muy amplia que es necesario dirigir hacia el mundo exterior, sus elementos, sus sensaciones: el clima desde luego, las estaciones, las horas del día, el grado de humedad y de sequedad, de calor o de frío, los vientos, las características propias de una región, el establecimiento de una ciudad. Y las indicaciones relativamente detalladas que nos da el régimen hipocrático deben servirle, a quien está familiarizado con ellas, para modular su forma de vida en función de todas estas variables. No hay que considerar al régimen como un cuerpo de reglas universales y uniformes; más bien se trata de una especie de manual para actuar en situaciones diversas en las que podemos encontrarnos; de un tratado para ajustar el comportamiento según las circunstancias.

4. Técnica de existencia, la dietética lo es finalmente en el sentido de que no se contenta con transmitir los consejos de un médico a un individuo que habrá de aplicarlos pasivamente. Sin entrar aquí en la historia del debate en el que se opusieron medicina y gimnasia acerca de su competencia respectiva para

la determinación del régimen, es necesario tener en mente que no se concebía a la dieta como una obediencia ciega al saber de otro; debía ser, por parte del individuo, una práctica ponderada de sí mismo y de su cuerpo. Cierto que, para seguir el régimen que conviene, es necesario escuchar a los que saben; pero esta relación debe tomar la forma de la persuasión. La dieta del cuerpo, para ser razonable, para ajustarse como es debido a las circunstancias y al momento, también debe ser motivo de pensamiento, de reflexión y de prudencia. Mientras que los medicamentos o las operaciones actúan sobre el cuerpo que los sufre, el régimen se dirige al alma y le inculca principios. Así, en las *Leyes*,[17] Platón distingue dos tipos de médicos: los que son buenos para los esclavos (con gran frecuencia son ellos mismos de condición servil) y que se limitan a prescribir sin dar explicaciones, y aquellos nacidos libres que se dirigen a los hombres libres; éstos no se contentan con escribir recetas, sino que conversan, dan sus razones tanto al enfermo como a los amigos; lo educan, lo exhortan, lo persuaden mediante argumentos que, una vez convencido, serán de tal naturaleza que lo impulsen a llevar la vida que le conviene. Del médico sabio, el hombre libre debe recibir, más allá de los medios que permiten la cura propiamente dicha, una armadura racional para el conjunto de su existencia.[18] Un breve pasaje de los *Recuerdos de Sócrates* nos muestra el régimen bajo el aspecto de una práctica concreta y activa de la relación con uno mismo. Vemos a Sócrates aplicándose con el fin de lograr que sus discípulos "puedan bastarse a sí mismos" en la posición que les sea propia. Para este fin, les ordena aprender (sea a través de él, sea a través de otro maestro) lo que un hombre de bien debe saber dentro de los límites circunscritos de lo que le es útil, y nada más: aprender lo nece-

---

17 Platón, *Leyes*, IV, 720b-e.
18 Cfr. Platón, *Timeo*, 89d, que resume así lo que acaba de decir acerca del régimen: "Con lo dicho basta acerca de todo el ser vivo, de su parte corporal, de cómo gobernarla o dejarse gobernar por ella".

sario en el orden de la geometría, de la astronomía, de la aritmética. Pero también los exhorta "a mirar por su salud". Y este "cuidado", que en efecto debe apoyarse en el saber recibido, debe también desarrollarse a través de una atención vigilante de sí mismo: observación de sí que, además, lo que no carece de importancia, representa también un trabajo de escritura y anotación:

> Que cada quien se observe a sí mismo y anote qué alimento, qué bebida, qué ejercicio le convienen y cómo debe usar de ellos para conservar la salud más perfecta.

La buena administración del cuerpo, para volverse un arte de vida, debe pasar por una puesta por escrito realizada por el sujeto acerca de sí mismo; mediante ésta podrá adquirir su autonomía y escoger con plena conciencia entre lo que es bueno y lo que es malo para él:

> Si nos observamos así, dijo Sócrates a sus discípulos, difícilmente encontraremos un médico que discierna mejor lo que es favorable a nuestra salud.[19]

En resumen, la práctica del régimen como arte de vivir es bien distinta de un simple conjunto de precauciones destinadas a evitar las enfermedades o a acabar de curarlas. Es toda una forma de constituirse como un sujeto que tiene el cuidado justo, necesario y suficiente de su cuerpo. Cuidado que recorre la vida cotidiana; que hace de las actividades principales o corrientes de la existencia una postura a la vez de salud y de moral; que define entre el cuerpo y los elementos que lo rodean una estrategia circunstancial, y que busca finalmente armar al individuo mismo con una conducta racional. ¿Qué lu-

<hr/>

19 Jenofonte, *Recuerdos de Sócrates,* IV, 7.

gar se le acordó a las *aphrodisia* en esta gestión razonable y natural de la vida?

LA DIETA DE LOS PLACERES

Dos tratados de Dietética que forman parte de la colección hipocrática han llegado hasta nosotros. Uno, el más antiguo, es también el más breve: es el *Peri diaitēs hygiainēs,* el *Régimen saludable;* por mucho tiempo se consideró que formaba la última parte del tratado *De la naturaleza del hombre;*[20] el segundo, el *Peri diaitēs,* es también el más desarrollado. Además, Oribasio recogió en su *Colección médica*[21] un texto de Diocles, consagrado a la higiene, que da, con gran meticulosidad, una regla para la vida cotidiana; finalmente, a este mismo Diocles —que vivió a fines del siglo IV— se le atribuyó un texto muy breve, que fue recogido en las obras de Pablo de Egina:[22] el autor da en él indicaciones sobre la manera de reconocer en uno mismo los primeros signos de enfermedad, así como algunas reglas generales de régimen estacional.

Mientras que el *Régimen saludable* no dice nada de la cuestión de las *aphrodisia,* el *Peri diaitēs* comporta sobre este punto una serie de recomendaciones y prescripciones. La primera parte de la obra se presenta como una reflexión sobre los principios generales que deben presidir la organización del régimen. En efecto, el autor ratifica que algunos de sus numerosos predecesores pudieron dar buenos consejos sobre este o aquel punto en particular, pero nadie pudo presentar una exposición com-

20 Cfr. W. H. S. Jones, "Introduction" al tomo IV de las *Obras* de Hipócrates (Loeb Classical Library).
21 Oribasio, *Collection médicale,* t. III, pp. 168-182.
22 Pablo de Egina, *Cirugía,* trad. R. Briau. Sobre la dietética en la época clásica, cfr. W. D. Smith, "The development of classical dietetic theory", *Hippocratica* (1980), pp. 439-448.

pleta de la materia que él pretendía tratar, pues es necesario, para "escribir correctamente acerca de la dieta humana", ser capaz de "conocer y reconocer" la naturaleza del hombre en general, así como su constitución de origen (*hē ex archēs systasis*) y el principio que debe imperar en el cuerpo (*to epicrateon en tōi somati*).[23] El autor considera, como dos elementos fundamentales del régimen, la alimentación y los ejercicios; éstos ocasionan gastos que la alimentación y la bebida tienen la función de compensar.

La segunda parte del texto desarrolla la práctica de la dietética, al tomar como punto de vista las propiedades y efectos de los elementos que entran en el régimen. Después de las consideraciones sobre las regiones —altas o bajas, secas o húmedas, expuestas a uno u otro viento—, pasa revista a los alimentos (la cebada o el trigo, contemplados según la finura de la molienda, el momento en que se amasó la harina, la cantidad de agua necesaria para la mezcla; las carnes, distinguidas según sus diversas proveniencias; las frutas y las legumbres, consideradas según las especies), después los baños (calientes, fríos, antes o después de los alimentos), los vómitos, el sueño, los ejercicios (naturales, como los de la vista, el oído, la voz, el pensamiento o el paseo; violentos a la manera de las carreras de velocidad o de fondo, movimientos de los brazos, la lucha en el suelo, con pelota, a mano limpia; practicados en el polvo o con el cuerpo aceitado). En esta enumeración de los elementos del régimen, la actividad sexual (*lagneiē*) está justamente señalada entre los baños y las unciones, por una parte, y los vómitos, por la otra, y se la menciona sólo por sus tres efectos. Dos de ellos son cualitativos: calentamiento debido a la violencia del ejercicio (*ponos*) y a la eliminación de un elemento húmedo; humidificación en cambio porque el ejercicio hace consumirse las carnes. Un tercer efecto es cuantitativo: la evacuación provoca el adelgazamiento.

---

23 Hipócrates, *Del régimen*, I, 2, 1.

El coito adelgaza, humedece y acalora; acalora a causa
del ejercicio y de la secreción de humedad; adelgaza
por la evacuación y humedece por lo que queda en el
cuerpo de la consumición [de las carnes] producida
por el ejercicio.[24]

En cambio, en la tercera parte de este *Régimen*, encontramos un
cierto número de prescripciones acerca de las *aphrodisia*. Esta
tercera parte se presenta en sus primeras páginas como una especie de gran calendario de la salud, un almanaque permanente de las estaciones y de los regímenes que convienen a cada
una. Pero el autor subraya la imposibilidad de dar una fórmula
general que fije el justo equilibrio entre ejercicios y alimentos;
marca la necesidad de tener en mente las diferencias entre las
cosas, los individuos, las regiones, los momentos;[25] así pues, el
calendario no debe leerse como un conjunto de recetas imperati-
vas sino como principios estratégicos que hay que saber adaptar a
las circunstancias. En suma, mientras que la segunda parte del
texto contempla más bien los elementos del régimen en sí según
sus cualidades y por sus propiedades intrínsecas (y ahí apenas se
evoca a las *aphrodisia*), la tercera parte, al principio, está consagrada sobre todo a las variables de situación.

Desde luego, el año está dividido en cuatro estaciones. Pero
éstas, a su vez, están subdivididas en periodos más cortos, de
algunas semanas o incluso de algunos días. Pues los caracteres
propios de cada estación evolucionan con frecuencia de manera progresiva, y, además, siempre existe el peligro de modificar bruscamente el régimen: como los excesos, los cambios
súbitos tienen efectos nocivos; "ir poco a poco (*to kata mikron*)
es una regla acertada, sobre todo en el caso de cambiar de
una cosa a otra". Esto tiene por consecuencia que "en cada estación habrá que modificar poco a poco (*kata mikron*) cada

24 *Ibid.*, II, 58, 2.
25 *Ibid.*, III, 67, 1-2.

elemento del régimen".[26] Así el régimen de invierno debe estar subdividido como lo quiere la propia estación, en un periodo de cuarenta y cuatro días que va desde el ocaso de las Pléyades hasta el solsticio, más un periodo exactamente equivalente que sigue a una atemperación de quince días. La primavera comienza por un lapso de treinta y dos días, desde la salida de Arturo, y la llegada de las golondrinas, hasta el equinoccio; a partir de ahí, la estación debe dividirse en seis periodos de ocho días. Viene entonces el verano, que implica dos fases: desde la salida de las Pléyades al solsticio, y de ahí al equinoccio. Desde ese momento hasta el ocaso de las Pléyades, uno debe, a lo largo de cuarenta y ocho días, prepararse para el "régimen invernal".

El autor no proporciona, para cada una de estas pequeñas subdivisiones, un régimen completo. Más bien define, con más o menos detalles, una estrategia de conjunto en función de las cualidades propias de cada uno de los momentos del año. Esta estrategia obedece a un principio de oposición, de resistencia, o por lo menos de compensación: el frío de una estación debe equilibrarse de nuevo mediante un régimen de recalentamiento ante el temor de que el cuerpo se enfríe demasiado; en cambio, un calor fuerte pide un régimen emoliente y refrescante. Pero también debe obedecer a un principio de imitación y de conformidad: para una estación suave y que evoluciona gradualmente, un régimen suave y progresivo; en la época en la que las plantas preparan su vegetación, los humanos deben hacer lo mismo y preparar el desarrollo de su cuerpo; de la misma manera, durante la rudeza del invierno, los árboles se curten y adquieren robustez; también los hombres adquieren vigor si no huyen del frío y se exponen a él "valientemente".[27]

---

26 *Ibid.,* III, 68, 10. En el mismo sentido, cf. Hipócrates, *De la naturaleza del hombre,* 9, y *Aforismos,* 51. El mismo tema reaparece en seudo-Aristóteles, *Problemas,* XXVIII, 1, y en el *Régimen* de Diocles, en Oribasio, III, p. 181.
27 Hipócrates, *Del régimen,* III, 68, 6 y 9.

Es dentro de este contexto general que el uso de las *aphrodisia* está reglamentado teniendo en cuenta los efectos que pueden producir sobre el juego del calor y el frío, de lo seco y de lo húmedo, según la fórmula general que encontramos en la segunda parte del texto. Las recomendaciones que les conciernen se sitúan en general entre las prescripciones alimentarias y los consejos acerca de los ejercicios o de las evacuaciones. El invierno, desde el ocaso de las Pléyades hasta el equinoccio de primavera, es una estación en la que el régimen debe ser seco y cálido en la medida en que la estación sea fría y húmeda: así, pues, carnes asadas más que cocidas, pan de trigo candeal, legumbres secas y en pequeña cantidad, vino algo diluido, pero en poca cantidad; numerosos ejercicios y de todas clases (carreras, luchas, paseos); baños que deben ser fríos después de los entrenamientos —siempre demasiado calurosos— de la carrera, y calientes después de todos los demás ejercicios; relaciones sexuales más frecuentes, sobre todo para los hombres de más edad para quienes el cuerpo tiende a enfriarse; vomitivos tres veces por mes para los temperamentos húmedos, y dos veces para aquellos que son secos.[28] Durante el periodo de primavera en el que el aire es más cálido y más seco, y cuando es necesario prepararse para el crecimiento del cuerpo, deben comerse tanto carnes cocidas como asadas, absorber legumbres húmedas, tomar baños, disminuir la cantidad de relaciones sexuales y de vomitivos; vomitar sólo dos veces al mes o más rara vez incluso, de modo que el cuerpo conserve "una carne pura". Después de la salida de las Pléyades, cuando llega el verano, el régimen debe luchar especialmente contra la sequedad; deben beberse vinos ligeros, blancos y diluidos; pasteles de cebada, legumbres hervidas o crudas, si no se exponen a aumentar el calor; abstenerse de vomitivos y reducir en lo posible los actos sexuales (*toisi de aphrodisioisin hōs hēkista*); disminuir los ejercicios, evitar las carreras que secan el cuerpo, así como caminar bajo el sol, y preferir

28 *Ibid.*, III, 68, 5.

la lucha en el polvo.[29] A medida que nos acercamos a la salida de Arturo y al equinoccio de otoño, hay que hacer más suave y húmedo el régimen; nada se dice de particular sobre el régimen sexual.

El *Régimen* de Diocles está mucho menos desarrollado que el de Hipócrates, pero tiene más detalle en el empleo del tiempo cotidiano, que ocupa una gran parte del texto: desde las fricciones que deben seguir de inmediato al levantarse con el fin de reducir la rigidez del cuerpo hasta las posiciones que conviene adoptar en la cama, cuando llega el momento de acostarse ("ni muy extendido ni fuertemente flexionado" y sobre todo nunca sobre la espalda), cada uno de los principales momentos del día son examinados, con los baños, las fricciones, las unciones, las evacuaciones, los paseos, los alimentos que convienen.[30] Sólo cuando se trata de las variaciones estacionales se contempla la cuestión de los placeres sexuales y de su modulación, y después de evocar algunos principios generales de equilibrio: "Es un punto muy importante para la salud que la potencia de nuestro cuerpo no sea deprimida por otra potencia". Pero el autor se limita a breves consideraciones generales: primero, que nadie debe "hacer uso frecuente y continuo del coito"; que conviene más "a la gente fría, húmeda, atrabiliaria y flatulenta" y menos a quienes son magros; que existen periodos de la vida en que son más nocivos, como entre la gente de edad o entre quienes están en "el período que va de la niñez a la adolescencia".[31] En cuanto al texto, sin duda más tardío, conocido como una carta de Diocles al rey Antígono, la economía que propone de los placeres sexuales, en sus líneas generales, está extremadamente cerca de la de Hipócrates: en el solsticio de invierno, que es la época en que más predispuesto está uno al catarro, la práctica sexual no debe restringirse. Durante la época de ascen-

29 *Ibid.*, III, 68, 11.
30 Oribasio, *Collection médicale*, III, pp. 168-178.
31 *Ibid.*, p. 181.

sión de las Pléyades, tiempo durante el cual domina la bilis amarga en el cuerpo, hay que recurrir al acto sexual con mucha mesura. Incluso habría que renunciar a él por entero en el momento del solsticio de verano, cuando la bilis negra se desborda en el organismo, y hay que abstenerse de él, al igual que de todo vómito, hasta el equinoccio de otoño.[32]

En este régimen de los placeres hay muchos rasgos que merecen subrayarse. Y, en primer lugar, el lugar restringido que se da al problema de las relaciones sexuales cuando se lo compara con el que se concede a los ejercicios y sobre todo a la alimentación. La cuestión de los alimentos en función de sus cualidades propias y de las circunstancias en las que se los toma (se trate de las estaciones del año o el estado particular del organismo) es, para la reflexión dietética, considerablemente más importante que la actividad sexual. Por otra parte, es preciso observar que la inquietud del régimen nunca concierne a la forma misma de los actos: no se dice nada sobre el tipo de relación sexual, nada sobre la posición "natural" o las prácticas indebidas, nada sobre la masturbación, nada tampoco sobre aquellos problemas que habrán de ser tan importantes posteriormente, el coito interrumpido y los procedimientos anticonceptivos.[33] Se considera a las *aphrodisia* en bloque, como una actividad en la que lo que importa no está determinado por las diversas formas que puede tomar; sólo habrá que preguntarse si debe tener lugar, con qué frecuencia y en qué contexto. La problematización se presenta esencialmente en términos de cantidad y de circunstancias.

Incluso esta cantidad no se contempla bajo la forma de una determinación numérica precisa. Siempre queda en el orden de una estimación global: usar de los placeres "más ampliamen-

<hr/>

32 En Pablo de Egina, *Cirugía*. Este ritmo estacional del régimen sexual fue admitido durante mucho tiempo. Lo reencontraremos en la época imperial con Celso.

33 Obsérvese no obstante en Diocles (Oribasio, III, p. 177) las notaciones sobre la posición dorsal que en el sueño induce a la polución nocturna.

te" (*pleon*) o en más pequeña cantidad (*elasson*) o también lo menos posible (*hōs hēkista*). Lo que quiere decir no que es inútil prestarle una atención precisa, sino que no es posible determinar por adelantado y para todos el ritmo de una actividad que conjuga cualidades —lo seco, lo caliente, lo húmedo y lo frío— entre el cuerpo y el medio en el que se encuentra. Si en efecto los actos sexuales dependen del régimen y exigen "moderación", esto es así en la medida en que producen —por los movimientos del cuerpo y la expulsión del semen— efectos de acaloramiento, de enfriamiento, de sequedad y de humidificación. Abaten o elevan el nivel de cada uno de los elementos que conforman el equilibrio del cuerpo; modifican también la relación entre este equilibrio y el juego de tales elementos en el mundo exterior: sequedad o calentamiento, que pueden ser buenos para un cuerpo húmedo y frío, lo serán menos si la estación y el clima son en sí mismos cálidos y secos. El régimen no debe fijar las cantidades ni determinar los ritmos: debe tratar, en las relaciones en las que no puede definirse más que los caracteres de conjunto, las modificaciones cualitativas y los reajustes que se han hecho necesarios. De pasada puede observarse que el seudo-Aristóteles en los *Problemas* parece ser el único en sacar, de uno de los principios más conocidos de esta fisiología cualitativa (a saber que las mujeres en general son frías y húmedas mientras que el hombre es cálido y seco), la conclusión de que la mejor estación para las relaciones sexuales no es la misma para ambos sexos: es el verano la estación en la que las mujeres se sienten llevadas al acto venéreo, mientras que los hombres se inclinan a él sobre todo en el invierno.[34]

Así, la dietética problematiza la práctica sexual, no como un conjunto de actos diferenciables según sus formas y el valor de cada uno, sino como una "actividad" a la que debe darse libre curso en conjunto o ponerle freno según referencias cronoló-

---

34 Seudo-Aristóteles, *Problemas*, IV, 26 y 29 (cfr. Hipócrates, *Del régimen*, I, 24, 1).

gicas. En este sentido podemos hacer la comparación de este régimen con ciertas regulaciones que encontraremos más tarde en la pastoral cristiana. También aquí, en efecto, para delimitar la actividad sexual, algunos de los criterios utilizados serán de orden temporal. Pero tales criterios no serán simplemente más precisos; entrarán en el juego de un modo totalmente diferente: determinarán momentos en los que la práctica está permitida y otros en los que está prohibida, y este reparto riguroso será fijado según diferentes variables: año litúrgico, ciclos menstruales, periodo de embarazo o época que sigue al parto.[35] En los regímenes médicos antiguos, en cambio, las variaciones son progresivas, y más que organizarse según la forma binaria de lo permitido y lo prohibido, sugieren una oscilación permanente entre el más y el menos. El acto sexual no aparece considerado como una práctica lícita o ilícita según los límites temporales en cuyo interior se inscribe: está contemplado como una actividad que, en el punto de intersección entre el individuo y el mundo, el temperamento y el clima, las cualidades del cuerpo y las de la estación, puede llevar a consecuencias más o menos nefastas y, por lo tanto, debe obedecer a una economía más o menos restrictiva. Se trata de una práctica que pide reflexión y prudencia. No es pues cuestión de fijar, uniformemente y para todos, los "días laborales" del placer sexual, sino de calcular bien los momentos oportunos y las frecuencias que convienen.

---

35 Sobre este punto, es preciso remitir al libro de J.-L. Flandrin, *Un temps pour embrasser* (1983) el cual, a partir de fuentes del siglo VII, muestra la importancia de la división entre momentos permitidos y momentos prohibidos y las múltiples formas que esta ritmicidad toma. Ahí podemos ver cómo difiere esta distribución del tiempo de las estrategias circunstanciales de la dietética griega.

RIESGOS Y PELIGROS

El régimen de las *aphrodisia*, con la necesidad de moderar su práctica, no descansa en el postulado de que los actos sexuales serían, en sí mismos y por naturaleza, malos. No son objeto de ninguna descalificación de principio. La cuestión que se plantea con respecto a ellas tiene que ver con un uso, un uso que hay que modular según el estado del cuerpo y las circunstancias externas. Sin embargo, la necesidad de recurrir a un régimen cuidadoso y de prestar a la práctica sexual una atención vigilante se justifica por dos series de razones en las que se manifiesta, en cuanto a los efectos de esta actividad, una cierta inquietud.

1. La primera serie de razones concierne a las consecuencias del acto sexual sobre el cuerpo del individuo. Sin duda se admitirá que hay temperamentos para los que la actividad sexual es más favorable: es el caso de quienes sufren de una abundancia de pituita, ya que permite la evacuación de los líquidos que, al corromperse, dan nacimiento a este humor, o también de quienes digieren mal, cuyo cuerpo se consume y tienen el vientre frío y seco;[36] en cambio, para otros —cuyo cuerpo y cuya cabeza son obstruidos por los humores— sus efectos son más bien nocivos.[37]

Pero, a pesar de esta neutralidad de principio y de esta ambivalencia contextual, la actividad sexual es objeto de una sospecha constante. Diógenes Laercio relata una sentencia de Pitágoras según la cual la regla general de un régimen estacional está directamente asociada con una exigencia de rarefacción permanente y con una afirmación de nocividad intrínseca:

---

36 Hipócrates, *Del régimen,* III, 80, 2.
37 *Ibid.,* III, 73 y 2.

Hay que entregarse a las *aphrodisia* en invierno y no en verano, y con gran moderación en primavera y otoño: de todos modos, en toda estación es penosa y mala para la salud.

Y Diógenes cita además esta respuesta de Pitágoras a quien le preguntaba por el momento preferido para el amor: "Cuando uno quiere debilitarse".[38] Pero los pitagóricos no son los únicos, ni mucho menos, en manifestar una desconfianza semejante; la regla de "con la menor frecuencia", la búsqueda del "mal menor" son invocadas también en textos que sólo tienen miras médicas o higiénicas: la *Dieta* de Diocles se propone establecer las condiciones por las cuales el uso de los placeres provocará "el mal menor" (*hēkista enochlei*);[39] y los *Problemas* del seudo-Aristóteles, al comparar los efectos del acto sexual con el acto de arrancar una planta, que siempre pierde las raíces, aconsejan tener sólo relaciones en los casos de necesidad apremiante.[40] En una dietética que debe determinar cuándo es útil y cuándo nocivo practicar los placeres, vemos dibujarse una tendencia general hacia una economía restrictiva.

Esta desconfianza se manifiesta en la idea de que muchos órganos, y entre ellos los más importantes, se ven afectados por la actividad sexual y pueden sufrir con su abuso. Aristóteles subraya que el cerebro es el primer órgano que ha de resentirse por las consecuencias del acto sexual, ya que, de todo el cuerpo, es el "elemento más frío"; al sustraer del organismo un "calor puro y natural", la emisión de semen induce un efecto general de enfriamiento.[41] Diocles, en el rango de los órganos particularmente expuestos a los efectos de los excesos de placer, incluye a la vejiga, los riñones, los pulmones, los ojos, la médula espinal.[42]

38 Diógenes Laercio, *Vida de los filósofos,* VIII, 1, 9.
39 Oribasio, *Collection médicale,* III, p. 181.
40 Seudo-Aristóteles, *Problemas,* IV, 9, 877b.
41 Aristóteles, *La generación de los animales,* V, 3, 783b.
42 Oribasio, *Collection médicale,* III, p. 181.

Según los *Problemas,* son los ojos y la espalda los que son alcanzados de manera destacada ya sea porque contribuyen al acto más que los demás órganos o porque el exceso de calor produce en ellos una licuefacción.[43]

Estas correlaciones orgánicas múltiples explican los efectos patológicos diversos que se atribuyen a la actividad sexual cuando no obedece a las reglas de una indispensable economía. Hay que observar que casi no encontramos mención —por lo menos en cuanto a los hombres—[44] de los problemas que podrían provocarse con una abstinencia total. Las enfermedades nacidas de la mala distribución de la actividad sexual son con mucha mayor frecuencia enfermedades del exceso. Así, aquella "tisis dorsal" definida por Hipócrates en el tratado *De las enfermedades,* y cuya descripción encontraremos mucho después con la misma etiología en la medicina occidental; se trata de una enfermedad que "ataca sobre todo a los recién casados" y a "la gente entregada a las relaciones sexuales" (*philolagnoi*). Tiene como punto de origen la médula (que, como veremos, está considerada la parte del cuerpo en la que se encuentra el esperma); da la sensación de un hormigueo que desciende a lo largo de la columna vertebral; el esperma se derrama espontáneamente durante el sueño, con las orinas y evacuaciones; el sujeto se vuelve estéril. Cuando el mal va acompañado de dificultades respiratorias y de dolores de cabeza, puede llevar a la muerte. Un régimen de alimentación blanda y de evacuación puede obtener la cura, pero después de un año entero de abstención sostenida de vino, ejercicios y *aphrodisia.*[45] Las *Epidemias* citan igualmente a los sujetos que padecen enfermedades graves debidas a un abuso de los placeres: en un habitante de Ab-

---

43 Seudo-Aristóteles, *Problemas,* IV, 2, 876a-b.
44 Veremos más adelante que la unión sexual, en cambio, se considera como factor de salud entre las mujeres. El autor de los *Problemas* observa, no obstante, que los hombres vigorosos y bien alimentados sufren ataques de bilis si no tienen actividad sexual (IV, 30).
45 Hipócrates, *De las enfermedades,* II, 51.

dera, las relaciones sexuales y las bebidas provocaron fiebre, acompañada en el inicio por náuseas, una cardialgia, sensación de sed, orina negra, lengua cargada; la curación se dio a los veinticuatro días, después de muchas atenuaciones y accesos de fiebre;[46] en cambio, un joven de Melibea murió en plena locura después de una enfermedad de veinticuatro días que comenzó con problemas intestinales y respiratorios, después de un largo abuso de bebida y de placeres sexuales.[47]

Por el contrario, el régimen de los atletas, al que con frecuencia se le reprochan exageraciones, se cita como ejemplo de los efectos benéficos que puede producir la abstinencia sexual. Platón lo recuerda en las *Leyes*, a propósito de Isos de Tarento, un vencedor de Olimpia: aunque era ambicioso, "dominaba en su alma, así como también poseía la técnica y la fuerza de la templanza", de modo que se consagró a su adiestramiento y "nunca se acercó, por lo que se dice, ni a mujer ni a muchacho". La misma tradición corría de boca en boca acerca de Crisón, Astilos y Diopompo.[48] En el principio de esta práctica se entrecruzaban, sin duda, diversos temas: el de una abstención ritual que, tanto en las competiciones como en las batallas, constituía una de las condiciones del éxito; el de una victoria moral que había de obtener el atleta sobre sí mismo, si quería ser capaz y digno de asegurar su superioridad sobre los demás, pero igualmente el de una economía necesaria para el cuerpo a fin de conservar toda la fuerza que el acto sexual derrocharía. Mientras que las mujeres necesitan del acto sexual para que el derrame necesario a su organismo pueda producirse regularmente, los hombres pueden retener todo su semen, por lo menos en ciertos casos; la abstinencia rigurosa, lejos de perjudicarles, conserva en ellos la integridad de sus fuerzas, la acumula, la concentra y la conduce finalmente a un punto no igualado.

46 Hipócrates, *Epidemias*, III, 17, caso 10.
47 *Ibid.*, III, 18, caso 16.
48 Platón, *Leyes*, VIII, 840a.

Reside, pues, una paradoja en esta preocupación por un régimen en el que se busca a la vez el equitativo reparto de una actividad que no puede ser considerada por sí misma como un mal y una economía restrictiva en la que "lo menos" parece casi siempre tener más valor que "lo más". Si es natural que el cuerpo fomente una sustancia vigorosa que tiene la capacidad de procrear, el acto mismo que la arranca al organismo y la echa afuera corre el riesgo de ser tan peligroso en sus efectos como lo es conforme a la naturaleza en su principio: todo el cuerpo por entero, incluyendo sus órganos más importantes o más frágiles, arriesga pagar un precio elevado por este desperdicio que, sin embargo, la naturaleza ha deseado, y retener esta sustancia, que por su propio impulso busca escapar, podría ser un medio para proporcionar al cuerpo su energía más intensa.

2. La inquietud por la progenie motiva también la vigilancia de la que se debe dar prueba en el uso de los placeres, pues si se admite que la naturaleza organizó la unión de los sexos para asegurar la descendencia de los individuos y la supervivencia de la especie; si se admite igualmente que, por esta misma razón, asoció un placer tan vivo a la relación sexual, se reconocerá que esa descendencia es frágil, por lo menos en su calidad o en su valor. Es peligroso para el individuo darse placer al azar, pero si es por azar, y sin importar cómo, que procrea, el porvenir de su familia está en peligro. Platón, en las *Leyes*, destaca solemnemente la importancia de las precauciones que hay que tomar para este fin en el que están interesados tanto los padres como la ciudad entera. Hay toda una serie de cuidados necesarios a raíz del primer acto sexual entre los cónyuges, en el momento del matrimonio: todos los valores y todos los peligros tradicionalmente reconocidos en los actos inaugurales se reúnen aquí: este día, esta noche, es preciso abstenerse de toda falta a ese respecto, "pues el origen es un dios que, al establecerse entre

los hombres, lo preserva todo, si cada uno de sus devotos le rinde los honores convenientes". Pero hay que ser precavido también todos los días y a lo largo de toda la vida matrimonial: nadie desde luego sabe "en qué día o en qué noche" el dios prestará su ayuda para la fecundación; también es preciso serlo, "durante todo el año y en la vida entera", y sobre todo en el tiempo en que se es apto para la procreación, "velar porque no se haga nada malsano voluntariamente, nada que lleve a la desmesura y a la injusticia, pues esto penetra y se graba en el alma y el cuerpo del niño"; existe el peligro de que "se dé vida a seres a todas luces miserables".[49]

Los peligros que se prevén y, por lo tanto, las precauciones que se recomiendan conducen a tres grandes problemas. Primero, la edad de los padres. Aquella en la que el hombre se supone capaz de producir la más bella descendencia es relativamente tardía: de los treinta a los treinta y cinco años según Platón, mientras que para las mujeres fija la posibilidad del matrimonio entre los dieciséis y los veinte años.[50] Un desfase cronológico semejante le parece indispensable a Aristóteles: lo estima necesario para el vigor de la progenie; calcula que, con esta separación, los dos esposos llegarán juntos a la edad en que la fecundidad declina y en la que es por lo demás poco deseable que tenga lugar la procreación; además, los niños concebidos en este período de la vida tendrán la ventaja de llegar justo a la edad de tomar el relevo de sus padres cuando éstos alcancen su declive:

[...] por lo tanto, es adecuado que las mujeres se casen sobre la edad de dieciocho años y los hombres hacia los treinta y siete o un poco antes; dentro de los lími-

49 *Ibid.*, VI, 775e.
50 Platón, *Leyes*, IV, 721a-b y VI, 785b. En *La República*, V, 460e, el período de fecundidad "legal" de los hombres se fija entre los veinticinco y los cincuenta años y el de las mujeres entre los veinte y los cuarenta años.

tes de esta época, cuando el vigor corporal está aún en su plenitud, ha de tener lugar la unión de los sexos.[51]

Otra cuestión importante, la "dieta" de los padres: evitar los excesos, desde luego; cuidar de no procrear en estado de embriaguez, pero también practicar un régimen general y permanente. Jenofonte ensalza la legislación de Licurgo y las medidas que se tomaban para asegurar, a través del vigor de los padres, el buen estado de su progenie: las muchachas destinadas a ser madres no debían beber vino o sólo mezclado con agua; el pan y la carne debían medírseles con toda exactitud; al igual que los hombres, debían practicar ejercicios físicos. Licurgo había instituido también "carreras y pruebas de fuerza entre las mujeres y entre los hombres, persuadido de que si los dos sexos eran vigorosos tendrían vástagos más robustos".[52] Por su lado, Aristóteles no quería un régimen atlético y demasiado forzado: prefería el que convenía a un ciudadano y aseguraba la disposición necesaria a su actividad (*eyexia politikē*):

> El temperamento debe ser formado para el cansancio pero no por medio de ejercicios violentos, ni tampoco por una sola forma de trabajo, como el hábito corporal del atleta, sino dirigido a los fines de los hombres libres.

Para las mujeres, desearía un régimen que les diera el mismo género de cualidades.[53]

En cuanto al momento del año o de la estación más favorable para obtener una bella descendencia, se lo consideraba como

51 Aristóteles, *Política*, VII, 16, 1335a. Sobre las edades del matrimonio en Atenas, cf. W. K. Lacey, *The family in classical Greece*, 1968, pp. 106-107.

52 Jenofonte, *República de los lacedemonios*, I, 4. En las *Leyes*, Platón insiste en los efectos nocivos de la embriaguez de los padres en el momento de la concepción (VI, 775c-d).

53 Aristóteles, *Política*, VII, 16, 1335b. Según Jenofonte, para tener una descendencia vigorosa, los recién casados en Esparta no debían

función de todo un conjunto de elementos complejos; sin duda a precauciones de este tipo, entre otras cosas, deberían prestar atención las inspectoras que en Platón velan por la buena conducta de las parejas durante los diez años en los que se les requiere y permite procrear.[54] Aristóteles evoca a vuela pluma el saber que los médicos de su época y los conocedores de la naturaleza pueden enseñar sobre el tema. Según él, los esposos deberán familiarizarse con todas esas lecciones: "las circunstancias y oportunidades adecuadas de los cuerpos [para la procreación] las tratan también suficientemente los médicos" (sería el invierno, según la práctica general); en cuanto a los "físicos", "dicen que los vientos del norte son más favorables que los del sur".[55]

Por todos estos cuidados indispensables vemos que la práctica procreadora, si se quiere conjurar todos los peligros que la amenazan y asegurarle el éxito que se espera de ella, demanda una gran atención o, mejor dicho, toda una actitud moral. Platón insiste en el hecho de que uno y otro de los esposos deben conservar en el espíritu (*dianoeisthai*) que han de dar a la ciudad "los niños más bellos y mejores posibles". Deben concentrarse en esta tarea, en función del principio de que los hombres logran lo que emprenden "cuando reflexionan y aplican su espíritu a lo que hacen", mientras que fracasan "si no aplican su espíritu o carecen de él". En consecuencia, "que el esposo preste atención (*prosechetō ton noun*) a la esposa y a la procreación; lo mismo hará la esposa, sobre todo durante el tiempo que precede al primer parto".[56] A este respecto puede recordarse la observación que se encuentra en los *Problemas* del seudo-Aristóteles: si sucede con frecuencia que los hijos de los

unirse con demasiada frecuencia: "En estas condiciones, los esposos se desean más y los niños, al nacer, son más vigorosos que si aquéllos se hartan uno del otro" (*República de los lacedemonios*, I, 5).

54 Platón, *Leyes*, VI, 784a-b.
55 Aristóteles, *Política*, VII, 16, 1335a.
56 Platón, *Leyes*, VI, 783e.

hombres no se parecen a sus padres es porque éstos —en el momento del acto sexual— tienen el alma agitada de muchos modos en vez de no pensar más que en lo que se hace en ese momento.[57] Más tarde, en el mundo de la carne, sostener una particular intención, la de la procreación, será una regla necesaria para la justificación del acto sexual. Aquí no se precisa una intención semejante para que la relación de los sexos no sea necesariamente una falta mortal. No obstante, para que pueda alcanzar su fin y permitir al individuo sobrevivir en sus hijos y contribuir a la salud de la ciudad, es necesario todo un esfuerzo del alma: la inquietud permanente de desechar los peligros que rodean el uso de los placeres y amenazan al fin que la naturaleza les dio.[58]

EL ACTO, EL GASTO, LA MUERTE

No obstante, si el uso de los placeres constituye un problema en la relación del individuo con su propio cuerpo y en cuanto a la definición de su régimen físico, la razón no radica simplemente en el hecho de que se sospeche que este uso pueda originar ciertas enfermedades o que se teman las consecuencias sobre la prole. Desde luego, los griegos no ven en el acto sexual un mal; para ellos, no es el objeto de una descalificación ética. Pero los textos dan testimonio de una inquietud que alcanza a esa misma actividad, inquietud que gira alrededor de tres focos: la forma misma del acto, el coste que entraña y la muerte a la que está ligada. Nos equivocaríamos si no viéramos en el pensamiento griego más que una valoración positiva del acto sexual.

57 Seudo-Aristóteles, *Problemas,* x, 10.
58 Platón, en las *Leyes,* quiere que para ayudar a la formación moral del niño la mujer encinta lleve una vida que esté al abrigo de placeres y de penas demasiado intensas (VII, 792d-e).

La reflexión médica y filosófica lo describe como amenazador, por su violencia, ante el control y el dominio que conviene ejercer sobre uno mismo; como destructivo, por el agotamiento que provoca en la fuerza que el individuo debe conservar y mantener, y como marca de la mortalidad del individuo aun asegurando la supervivencia de la especie. Si el régimen de los placeres es tan importante, no es simplemente porque un exceso pueda producir una enfermedad, sino porque, en la actividad sexual en general, se reúnen el dominio, la fuerza y la vida del hombre. Dar a esta actividad la forma rarificada y estilizada de un régimen es preservarse contra los males futuros; también es formarse, ejercerse, experimentarse como un individuo capaz de controlar su violencia y dejarla jugar dentro de límites convenientes, retener en sí el principio de su energía y aceptar la muerte al prever el nacimiento de sus descendientes. El régimen físico de las *aphrodisia* es una precaución de salud; al mismo tiempo es un ejercicio —una *askēsis*— de existencia.

1. LA VIOLENCIA DEL ACTO

Al pensar en las *aphrodisia,* Platón describe en el *Filebo* los efectos del placer cuando, en buena proporción, se mezcla con el sufrimiento: el placer "contrae todo el cuerpo, lo crispa a veces hasta el sobresalto y, haciéndolo pasar por todos los colores, todas las gesticulaciones, todos los jadeos posibles, produce una sobreexcitación general con gritos extraviados... Y el paciente acaba por decir así de sí mismo, o los demás de él, que goza de todos los placeres hasta la muerte; igualmente, los persigue sin cesar, tanto más intensamente cuanto que tiene menos pudor y menos templanza" (*akolastoteros, aphronesteros*).[59]

59 Platón, *Filebo,* 47b.

Se atribuye a Hipócrates la afirmación de que el goce sexual tendría la forma de una pequeña epilepsia. Por lo menos esto es lo que informa Aulo Gelio:

> He aquí cuál era, sobre la relación sexual (*coitus vene-reus*), la opinión del divino Hipócrates. La consideraba como una parte de la terrible enfermedad que noso-tros llamamos epilepsia. Se dice que afirmó: 'La unión del sexo es una epilepsia menor' (*tēn synousian einai mikran epilepsian*).[60]

La fórmula, de hecho, es de Demócrito. El tratado hipocráti-co *De la generación*, que en sus primeras páginas da una des-cripción detallada del acto sexual, se inscribe más bien en otra tradición distinta, la de Diógenes de Apolonia; el modelo al que se refiere esta tradición (atestiguada todavía por Cle-mente de Alejandría) no es aquella, patológica, del mal de la epilepsia, sino aquella otra, mecánica, de un líquido bullente y espumeante:

> Algunos —refiere *El pedagogo*— suponen que el semen del ser vivo es la espuma de la sangre, en cuanto a la sustancia. La sangre, fuertemente agitada con motivo de los abrazos, calentada por el calor natural del va-rón, forma espuma y se derrama por las venas esper-máticas. Según Diógenes de Apolonia, este fenómeno explicaría el nombre de *aphrodisia*.[61]

Sobre este tema general del líquido, de la agitación, del calor y de la espuma derramada, el *De la generación* de la colección hi-pocrática da una descripción que está del todo organizada alre-dedor de lo que podríamos llamar el "esquema de la eyacula-

60 Aulo Gelio, *Noches áticas*, XIX, 2.
61 Clemente de Alejandría, *El pedagogo*, I, 6, 48. Cfr. R. Joly, "Notice" en Hipócrates, *Œuvres*, t. XI, CUF.

ción"; este esquema es el que se transpone tal cual del hombre a la mujer, es el que sirve para descifrar las relaciones entre papel masculino y papel femenino en términos de enfrentamiento y de justa, pero también de dominación y de control del uno por el otro.

Desde su origen, se analiza el acto sexual como una mecánica violenta que lleva a la emisión del esperma.[62] Primero, el frotamiento del sexo y el movimiento dado al cuerpo entero tienen por efecto producir un calentamiento general; éste, conjugado con la agitación, tiene como consecuencia dar al humor, extendido por todo el cuerpo, una mayor fluidez hasta el punto de que acabe por "espumear" (*aphrein*), "como espumean todos los fluidos agitados". En ese momento se produce un fenómeno de "separación" (*apokrisis*); de este humor espumeante, la parte más vigorosa, "la más fuerte y la más grasa" (*to ischyrotaton kai piotaton*), se ve llevada al cerebro y a la médula espinal, de la que desciende a todo lo largo hasta la cintura. Allí la espuma caliente pasa a los riñones y de ahí, por los testículos, hasta la verga de donde es expulsada por un movimiento violento (*trachē*). Este proceso, que es voluntario en su punto de partida hasta que hay unión sexual y "frotamiento del sexo", puede así desarrollarse de modo enteramente involuntario. Esto es lo que sucede en el caso de la polución nocturna a la que se refiere el autor de *De la generación:* cuando el trabajo u otra acción provocaron antes del sueño el calentamiento del cuerpo, el humor espumea espontáneamente: "se comporta como en el coito" y la eyaculación se produce, al verse acompañada por las imágenes del sueño, sin duda siguiendo el principio con frecuencia invocado de que los sueños, o por lo menos algunos de ellos, son la traducción del estado actual del cuerpo.[63]

Entre el acto sexual del hombre y el de la mujer, la descripción hipocrática establece un isomorfismo de conjunto. El pro-

---

62 Hipócrates, *De la generación,* I, 1-3.
63 *Ibid.,* I, 3.

ceso es el mismo, con excepción de que el punto de partida del calentamiento es en el caso de la mujer la matriz estimulada por el sexo masculino en el transcurso del coito:

> En las mujeres, al ser frotado el sexo en el coito y estar la matriz en movimiento, digo que esta última se ve embargada por una especie de prurito que aporta placer y calor al resto del cuerpo. La mujer también eyacula desde su cuerpo, a veces dentro de la matriz, otras hacia afuera.[64]

Un mismo tipo de sustancia y una misma formación (un esperma nacido de la sangre por calentamiento y separación); un mismo mecanismo y un mismo acto terminal de eyaculación. No obstante, el autor pondera ciertas diferencias, que no atañen a la naturaleza del acto sino a la propia violencia, así como a la intensidad y a la duración del placer que lo acompaña. En el propio acto, el placer de la mujer es mucho menos intenso que el del hombre, ya que en éste la excreción del humor se hace de manera brusca y mucho más violenta. En cambio, en la mujer el placer comienza desde el principio del acto y dura tanto como el propio acto. Su placer, a todo lo largo de la relación, depende del hombre; no cesa hasta que "el hombre libera a la mujer" y, si sucede que consigue el orgasmo antes que él, el placer no desaparece por ello: sólo que lo experimenta de otro modo.[65]

Entre estos dos actos isomorfos del hombre y la mujer, el texto hipocrático plantea una relación que a la vez es de causalidad y de rivalidad: una justa, en cierto modo, en la que el macho tiene la función incitadora y debe vigilar la victoria final. Para explicar los efectos del placer del hombre sobre el de la mujer, el texto recurre —como otros pasajes, sin duda antiguos,

---

64 *Ibid.*, IV, 1.
65 *Ibid.*

de la compilación hipocrática— a los dos elementos del agua y
del fuego y a los efectos recíprocos de lo caliente y lo frío; el li-
cor masculino desempeña tan pronto el papel estimulante como el enfriador; mientras que el elemento femenino, siempre
caliente, a veces está representado por la llama y a veces por el
líquido. Si el placer de la mujer se intensifica "en el momento
en que el esperma cae en la matriz", sucede a la manera de la
llama que de pronto se aviva cuando se le echa vino; si en cambio la eyaculación del hombre entraña el fin del placer de la
mujer, sucede a la manera de un líquido frío que se vertiera sobre el agua muy caliente: en seguida cesa la ebullición.[66] Así
dos actos semejantes, que hacen jugar sustancias análogas, pero
dotadas de cualidades opuestas, se enfrentan en la unión sexual: fuerza contra fuerza, agua fría contra ebullición, alcohol
sobre la llama. Pero de todos modos es el acto masculino el que
determina, regula, atiza, domina. Él es el que instaura el principio y el fin del placer. Es él también el que cuida la salud de los
órganos femeninos al asegurar su buen funcionamiento:

> Si las mujeres tienen relaciones con los hombres, son
> más saludables; si no, no tanto. Es que, por una parte,
> la matriz en el coito se humedece y pierde su seque-
> dad; ahora bien, cuando está seca se contrae violenta
> mente y más de lo que conviene; al contraerse violen-
> tamente, hace sufrir al cuerpo. Por otro lado, el coito,
> al calentar y humedecer la sangre, vuelve más fácil el
> camino de las reglas; ahora bien, cuando la regla no
> fluye, el cuerpo de las mujeres enferma.[67]

La penetración por el hombre y la absorción del esperma son
para el cuerpo de la mujer el principio del equilibrio de sus
cualidades y la clave para el necesario derrame de sus humores.

66 *Ibid.*, IV, 2.
67 *Ibid.*, IV, 3.

Este "esquema de la eyaculación", a través del cual se percibe toda la actividad sexual —y en los dos sexos—, muestra evidentemente la dominación casi exclusiva del modelo viril. El acto femenino no es exactamente el complementario; más bien es su doble, pero bajo la forma de una versión debilitada, y de él depende tanto para la salud como para el placer. Al enfocar toda la atención en ese momento de la emisión —del arranque espumoso, considerado como lo esencial del acto—, se coloca en el corazón de la actividad sexual un proceso que se caracteriza por su violencia, por una mecánica casi irreprimible y una fuerza cuyo dominio escapa; pero se plantea también, como un problema importante en el uso de los placeres, una cuestión de economía y de gasto.

2. EL GASTO

El acto sexual arranca al cuerpo una sustancia que es capaz de transmitir la vida, pero que no lo hace más que porque ella misma está ligada a la existencia del individuo y porque es portadora de una parte suya. Al expulsar su simiente, el ser vivo no se contenta con evacuar un humor excedente: se priva de elementos que son de un gran valor para su propia existencia.

De este carácter precioso del esperma no todos los autores dan la misma explicación. El *De la generación* parece referirse a dos concepciones del origen del esperma. Según una de ellas, vendría de la cabeza: formado en el cerebro, descendería por la médula hasta las partes inferiores del cuerpo. Tal era, según Diógenes Laercio, el principio general de la concepción pitagórica: el esperma era considerado en ella como "una gota de cerebro que contiene en sí un vapor cálido": de este fragmento de materia cerebral se formaría a continuación el conjunto del cuerpo con "los nervios, las carnes, los huesos, los cabellos"; del soplo cálido que contiene nacerían el alma del embrión y la sensación.[68] El texto de Hipócrates se hace eco de esta prerrogativa de la cabeza en la formación del semen, al recordar que los hombres a los que se les hace una incisión tras la oreja —si todavía conservan la facultad de tener relaciones sexuales y de eyacular— tienen un semen poco abundante, débil y estéril:

> Ya que la mayor parte del esperma viene de la cabeza, a lo largo de las orejas, hacia la médula, y este camino, después de la incisión convertida en cicatriz, se endurece.[69]

Pero esta importancia dada a la cabeza no excluye en el tratado *De la generación* el principio general de que el semen surge del cuerpo en su conjunto: el esperma del hombre "proviene de todo el humor que se encuentra en el cuerpo" y ello gracias a "las venas y nervios que van de todo el cuerpo al sexo";[70] se forma "a partir de todo el cuerpo, de sus partes sólidas, de sus partes muelles y de todo el humor" en sus cuatro especies;[71] también la mujer "eyacula a partir de todo el cuerpo";[72] si los muchachos y las muchachas, antes de la pubertad, no pueden emitir semen es porque, a esa edad, las venas son tan finas y estrechas que "impiden al semen caminar".[73] En todo caso, ya sea que emane del conjunto del cuerpo o que venga, en su mayor parte, de la cabeza, el semen está considerado como el resultado de un proceso que separa, aísla, concentra, la parte "más fuerte" del humor: *to ischyrotaton*.[74] Esta fuerza se manifiesta en la naturaleza grasa y espumosa del semen y en la violencia con que se derrama; se traduce también en la debilidad que siem-

---

68 Diógenes Laercio, *Vida de los filósofos*, VIII, 1, 28.
69 Hipócrates, *De la generación*, II, 2.
70 *Ibid.*, I, 1.
71 *Ibid.*, III, 1.
72 *Ibid.*, IV, 1.
73 *Ibid.*, II, 3.
74 *Ibid.*, I, 1 y 2.

pre se experimenta despúes del coito, por pequeña que sea la cantidad excretada.[75]

De hecho, el origen del semen siguió siendo un tema de discusión en la literatura médica y filosófica. No obstante, sean cuales fueren las explicaciones propuestas, éstas debían dar cuenta de aquello que permitía al semen transmitir la vida y dar nacimiento a otro ser vivo, y así ¿de dónde podría haber extraído su poder la sustancia seminal, sino de los principios de la vida que pueden encontrarse en el individuo de la que proviene? La existencia que da es preciso que la obtenga y la desprenda del ser vivo del que se origina. En toda emisión espermática hay algo que surge de los elementos más preciosos del individuo y que le ha sido sustraído. La demiurgia del *Timeo* arraigó así la simiente en lo que constituye, para los humanos, el engarce del cuerpo y del alma, de la muerte y de la inmortalidad. Esta bisagra es la médula (que en su parte craneana y redonda abriga la sede del alma inmortal y en su parte alargada y dorsal la del alma mortal): "Los lazos de la vida por donde el alma se encadena al cuerpo vienen a atarse a la médula para enraizar la especie mortal".[76] De ahí deriva, por las dos grandes venas dorsales, la humedad de la que el cuerpo necesita y que queda encerrada en él; de ahí deriva también el semen que escapa por el sexo para dar nacimiento a otro individuo. El ser vivo y su descendencia tienen un solo y mismo principio de vida.

El análisis de Aristóteles difiere bastante tanto del de Platón como del de Hipócrates. Difiere en las localizaciones y difiere en los mecanismos. Y, sin embargo, volvemos a encontrar en él el mismo principio de la sustracción preciosa. En *La generación de los animales,* el esperma se explica como el producto residual (*perittōma*) de la nutrición: producto final, concentrado en muy pequeñas cantidades y tan útil como lo son los principios de crecimiento que el organismo saca de la nutrición. En efecto,

75 *Ibid.,* I, 1.
76 Platón, *Timeo*, 73b.

para Aristóteles la elaboración terminal de lo que la alimentación aporta al cuerpo proporciona una materia, de la que una porción es llevada a todas las partes del cuerpo para hacerlas crecer imperceptiblemente todos los días y la otra espera la expulsión que le permitirá, una vez dentro de la matriz de la mujer, dar lugar a la formación del embrión.[77] El desarrollo del individuo y su reproducción descansan, pues, en los mismos componentes y tienen su principio en una misma sustancia; los elementos del crecimiento y el líquido espermático son duplicados que resultan de una elaboración alimentaria que sustenta la vida del individuo y permite el nacimiento de otro. En estas condiciones, se comprende que la evacuación de este semen constituya para el cuerpo un acontecimiento importante: le arranca una sustancia que es preciosa porque es el último resultado de un largo trabajo del organismo y porque concentra elementos que pueden, por su naturaleza, "ir a todas las partes del cuerpo" y por lo tanto serán susceptibles de hacerlo crecer si no le son escamoteados. Igualmente se comprende por qué esta evacuación —que es enteramente posible a una edad en la que el hombre sólo necesita ya renovar su organismo sin tener que desarrollarlo— no tiene lugar durante la juventud en la que todos los recursos de la alimentación los requiere para el desarrollo; a esa edad, "todo se gasta de antemano", dice Aristóteles; se comprende también que en la vejez la producción de esperma amaina: "El organismo ya no realiza una cocción suficiente".[78] A lo largo de la vida del individuo —desde la juventud que necesita crecer hasta la vejez que con tantas penas se sostiene— se marca esta relación de complementariedad entre el poder de procrear y la capacidad de desarrollarse o subsistir.

Que el semen se extraiga de todo el organismo, que tenga su origen ahí donde el cuerpo y el alma se articulan uno con el otro o que se forme al término de la larga elaboración interna

---

77 Aristóteles, *La generación de los animales,* 724a-725b.
78 *Ibid.,* 725b.

de los alimentos, el acto sexual que lo expulsa constituye para el ser vivo un gasto costoso. Puede ir acompañado de placer, como lo ha querido la naturaleza, con el fin de que los hombres piensen en darse una descendencia. No por ello es menos una dura sacudida para el ser mismo, el abandono de una parte entera de lo que el ser mismo contiene. Así es como Aristóteles explica el abatimiento "patente" que sigue a la relación sexual[79] y como el autor de los *Problemas* explica la repugnancia de los jóvenes hacia la primera mujer con la que han tenido relaciones sexuales;[80] bajo un volumen tan débil —pero proporcionalmente mayor en los hombres que en los demás animales—, el ser vivo se priva de una parte entera de los elementos esenciales a su propia existencia.[81] Así se comprende cómo el abuso en el uso de los placeres sexuales puede conducir, en ciertos casos, como el descrito por Hipócrates de la tisis dorsal, hasta a la muerte.

3. LA MUERTE Y LA INMORTALIDAD

La reflexión médica y filosófica no asocia la actividad sexual y la muerte simplemente al miedo del gasto excesivo. Las vincula también al principio mismo de la reproducción, en tanto que plantea como finalidad de la procreación paliar la desaparición de los seres vivos y dar a la especie, en conjunto, la eternidad que no puede otorgársele a cada individuo. Si los animales se unen en la relación sexual y si esta relación les da descendencia es porque la especie —como se dice en las *Leyes*— acompaña sin fin la marcha del tiempo; ése es su modo propio de escapar a la muerte: al dejar a "los hijos de los hijos", ella misma permanece y "participa, mediante la generación, en la inmortali-

79 *Ibid.*, 725b. Cfr. también seudo-Aristóteles, *Problemas*, IV, 22, 879a.
80 Seudo-Aristóteles, *Problemas*, IV, 11, 877b.
81 *Ibid.*, IV, 4 y 22.

dad".[82] Para Aristóteles, al igual que para Platón, el acto sexual está en el punto de cruce de una vida individual que se encamina a la muerte —y a la que por lo demás sustrae una parte de sus fuerzas más preciadas— y de una inmortalidad que adopta la forma concreta de la supervivencia de la especie. Entre estas dos vidas, para unirlas y para que a su manera la primera participe de la segunda, la relación sexual constituye, como dice también Platón, un artificio (*mēchan ē*) que asegura al individuo un "brote" de sí mismo (*apoblastēma*).

Ese lazo a la vez natural y artificial está sostenido en Platón por el deseo propio de toda naturaleza perecedera por perpetuarse y ser inmortal.[83] Un deseo semejante —señala Diotima en el *Banquete*— existe entre los animales que, movidos por la necesidad de procrear, "caen enfermos por sus disposiciones amorosas" y están prestos "incluso a sacrificar su propia vida por salvar a su descendencia".[84] Existe también en el ser humano, que no quiere ser, una vez que ha dejado de vivir, un muerto sin gloria y "sin nombre";[85] por ello, dicen las *Leyes*, debe casarse y darse una descendencia en las mejores condiciones posibles. Pero este mismo deseo es el que suscitará en algunos de los que aman a los muchachos el ardor no de sembrar la simiente en el cuerpo sino de engendrar en el alma y de dar nacimiento a lo que es bello por sí mismo.[86] En Aristóteles, en algunos textos tempranos, como el tratado *Del alma*,[87] el lazo de la actividad sexual con la muerte y la inmortalidad se expresa todavía bajo la forma un poco "platonizante" de un deseo de participación en lo que es eterno; en los textos más tardíos, como el tratado *De la generación y la corrupción*,[88] o el de *La generación de los animales*, se refleja bajo la forma de una diferenciación y de una distribución

82 Platón, *Leyes*, IV, 721c.
83 Platón, *Banquete*, 206e.
84 *Ibid.*, 207a-b.
85 Platón, *Leyes*, IV, 721b-c.
86 Platón, *Banquete*, 209b.
87 Aristóteles, *Del alma*, II, 4, 415a-b.
88 Aristóteles, *De la generación y la corrupción*, 336b.

de los seres en el orden natural, en función de un conjunto de principios ontológicos que conciernen al ser, al no-ser y a lo mejor. Proponiéndose explicar, según las causas finales, por qué se engendran los animales y por qué existen dos sexos distintos, el segundo libro de *La generación de los animales* invoca ciertos principios fundamentales que rigen las relaciones de la multiplicidad de los seres con el ser: a saber, que ciertas cosas son eternas y divinas, mientras que otras pueden ser o no ser; que lo bello y lo divino son siempre lo mejor y que lo que no es eterno puede participar de lo mejor y de lo peor; que es mejor ser que no ser, vivir que no vivir, ser animado que inanimado. Y, recordando que los seres sumisos al porvenir no sabrían ser eternos más que en lo que pueden, concluye de ello que hay generación de los animales y que éstos, excluidos de la eternidad como individuos, pueden ser eternos como especie: "numéricamente", el animal

> [...] no puede ser inmortal, ya que la realidad de los seres reside en lo particular; de otro modo, sería eterno. Pero puede serlo específicamente.[89]

La actividad sexual se inscribe pues en el horizonte amplio de la vida y de la muerte, del tiempo, del porvenir y de la eternidad. Se hace necesaria porque el individuo está predestinado a morir y porque en cierto modo escapa a la muerte. Desde luego, estas especulaciones filosóficas no están directamente presentes en la reflexión sobre el uso de los placeres y sobre su régimen. Pero puede observarse la solemnidad con la que Platón se refiere a ello en la legislación "persuasiva" que propone a propósito del matrimonio —esa legislación que debe ser la primera de todas pues está en el "principio de los nacimientos en las ciudades"—:

> Se casarán entre los treinta y los treinta y cinco años, considerando que el género humano conserva como

---

89 Aristóteles, *La generación de los animales*, II, 1, 731b-732a.

don natural una determinada parte de inmortalidad,
por lo que es innato en todo hombre el deseo de ésta
bajo todas las relaciones. Pues la ilusión de distinción
y de no quedar sin nombre después de la muerte recae en ese deseo. Ahora bien, la raza humana tiene
una afinidad natural con el conjunto del tiempo, al
que acompaña y acompañará a través de la permanencia; así es como se hace inmortal, al dejar a los hijos de
los hijos, y así, gracias a la permanencia de su unidad
siempre idéntica, participa mediante la generación en
la inmortalidad.[90]

Estas largas consideraciones, lo saben bien los interlocutores de
las *Leyes,* no son usuales entre los legisladores. Pero el Ateniense observa que, en este orden de cosas, sucede como en la medicina; ésta, cuando se dirige a hombres dotados de razón y libres, no puede contentarse con formular preceptos: debe
explicar, dar razones y persuadir al enfermo de que regule su
modo de vida. Dar semejantes explicaciones sobre el individuo
y la especie, el tiempo y la eternidad, la vida y la muerte, es hacer que los ciudadanos acepten, "con simpatía y, gracias a esta
simpatía, con mayor docilidad", las prescripciones que deben
reglamentar su actividad sexual y su matrimonio: el régimen razonado de su vida atemperada.[91]

La medicina y la filosofía griegas se preguntaron acerca de las
aphrodisia y del uso que debe hacerse de ellas, si se quiere tener el debido cuidado del cuerpo. Esta problematización no
llevó a distinguir en estos actos, en sus formas y variedades
posibles, aquellos que eran aceptables y aquellos que eran
nocivos o "anormales". Pero al considerarlos masiva y global-

90 Platón, *Leyes,* IV, 721b-c.
91 *Ibid.,* 723a.

mente como manifestación de una actividad, se estableció como objetivo fijar los principios que permitirían al individuo, en función de las circunstancias, asegurar su intensidad útil y su justa distribución. Pero las tendencias netamente restrictivas de una economía semejante testimonian cierta inquietud respecto de esta actividad sexual. Inquietud que se refiere a los efectos eventuales de los abusos; inquietud que se refiere también y sobre todo al acto mismo, percibido siempre según un esquema masculino, eyaculador, "paroxístico", que caracterizaría por sí solo a toda la actividad sexual. Vemos entonces que la importancia atribuida al acto sexual y a las formas de su rarefacción consideran no sólo sus efectos negativos sobre el cuerpo, sino aquello que es en sí y por naturaleza: violencia que escapa a la voluntad, gasto que extenúa las fuerzas, procreación ligada a la futura muerte del individuo. El acto sexual no inquieta porque dé realce al mal sino porque perturba y amenaza la relación del individuo consigo mismo y su constitución como sujeto moral: conlleva, si no se lo mide y distribuye como se debe, el desencadenamiento de las fuerzas involuntarias, el debilitamiento de la energía y la muerte sin descendencia honorable.

Puede observarse que esos tres grandes temas de preocupación no son particulares de la cultura antigua: con frecuencia, y por todas partes, encontraremos la manifestación de esta inquietud, la cual, al identificar el acto sexual con la forma "viril" del semen arrojado, lo asocia con la violencia, con la extenuación y con la muerte. Los documentos reunidos por Van Gulik a propósito de la cultura china antigua parecen mostrar claramente la presencia de esta misma temática: miedo al acto irreprimible y costoso, temor a sus efectos nocivos para el cuerpo y la salud, representación de la relación con la mujer bajo la forma de una justa, preocupación por encontrar una descendencia de calidad gracias a una actividad sexual bien regulada.[92] Pero los antiguos tratados chinos de "alcoba" res-

---

92 R. van Gulik, *La vie sexuelle dans la Chine ancienne*.

ponden a esta inquietud de un modo totalmente distinto al que podemos encontrar en la Grecia clásica; el temor ante la violencia del acto y el miedo a la pérdida de semen atraen procedimientos de retención voluntaria; el enfrentamiento con el otro sexo se percibe como una forma de entrar en contacto con el principio vital que éste contiene y, al absorberlo, de interiorizarse para poder beneficiarse de él: de manera que una actividad sexual bien llevada no sólo excluye todo peligro, sino que puede tener el efecto de un refuerzo de existencia y de un proceso de rejuvenecimiento. En este caso, la elaboración y el ejercicio llevan al acto mismo, su desenvolvimiento, el juego de fuerzas que lo sostiene y finalmente el placer al que está asociado; la elisión o el transporte indefinido de su término permite darle de golpe su más alto grado en el orden del placer y su efecto más intenso en el orden de la vida. El tiempo —que consuma el acto, envejece el cuerpo y trae la muerte— se ve conjurado a través de un "arte erótico" que, con sus objetivos éticos bien marcados, busca intensificar al máximo los efectos positivos de una actividad sexual dominada, pensada, multiplicada y prolongada.

En la doctrina cristiana de la carne volvemos a encontrarnos fácilmente con temas de inquietud semejantes: la violencia involuntaria del acto, su parentesco con el mal y su lugar en el juego de la vida y de la muerte. Pero en la fuerza irreprimible del deseo y el acto sexual, san Agustín verá uno de los principales estigmas de la caída (este movimiento involuntario reproduce en el cuerpo humano la revuelta del hombre contra Dios); la pastoral fijará, en un calendario preciso y en función de una morfología detallada de los actos, las reglas de economía a las que conviene someterlos; finalmente, la doctrina del matrimonio dará a la finalidad procreadora la doble función de asegurar la supervivencia o incluso la proliferación del pueblo de Dios y la posibilidad para los individuos de no entregar, mediante esta actividad, su alma a la muerte eterna. Ahí tenemos una codificación jurídico-moral de los actos, de los momentos y de las intenciones que hacen legítima una actividad portadora por sí misma de valores negativos, y la inscribe en el doble registro de la institución eclesiástica y de la institución matrimonial. El tiempo de los ritos y el de la procreación legítima pueden absolverla.

Entre los griegos, los mismos temas de inquietud (violencia, gasto y muerte) tomaron forma en una reflexión que no apunta ni a una codificación de los actos ni a la constitución de un arte erótico, sino a la instauración de una técnica de vida. Esta técnica no postula que se les quite a los actos su naturalidad de origen; no se propone tampoco mejorar sus efectos placenteros: busca distribuirlos de la forma más adecuada a la naturaleza. Lo que busca elaborar no es, como en un arte erótico, el desenvolvimiento del acto; tampoco son éstas las condiciones de su legitimación institucional como será el caso en el cristianismo; es más bien la relación de uno mismo con esta actividad "tomada en conjunto", la capacidad de dominarla, de limitarla y de repartirla como es debido; se trata en esta *technē* de la posibilidad de constituirse como sujeto dueño de la propia conducta, es decir de hacerse —como el médico frente a la enfermedad, el timonel ante los escollos o el político en la ciudad—[93] un hábil y prudente guía de sí mismo, apto para conjeturar como es debido la medida y el momento. Se puede también comprender por qué la necesidad de un régimen para las *aphrodisia* se subraya con tanta insistencia, mientras que se dan tan pocos detalles sobre las perturbaciones que puede entrañar un abuso y muy pocas precisiones sobre lo que se debe o no se debe hacer. Puesto que es el más violento de los placeres, puesto que es más costoso que la mayor parte de las actividades físicas, puesto que

---

[93] Estas tres "artes de gobernar" con gran frecuencia son relacionadas entre sí, como artes que exigen a la vez saber y prudencia circunstanciales; se emparentan también porque son saberes asociados a una capacidad de mando. Con frecuencia se hace referencia a ellas cuando se trata de buscar los principios o la autoridad que ayudarán al individuo a "comportarse".

pone en obra el juego de la vida y la muerte, constituye un dominio privilegiado para la formación ética del sujeto: de un sujeto que debe caracterizarse por su capacidad de dominar las fuerzas que se desencadenan en él, de conservar la libre disposición de su energía y de hacer de su vida una obra que sobrevivirá más allá de su existencia pasajera. El régimen físico de los placeres, y la economía que éste impone, forman parte de todo un arte de sí mismo.

3. Económica

¿Cómo, en qué forma y a partir de qué "representaron un problema", en el pensamiento griego, las relaciones sexuales entre marido y mujer? ¿Qué razón había para preocuparse? ¿Y, sobre todo, para cuestionar el comportamiento del marido, reflexionar sobre su necesaria templanza y hacer de ello, en esa sociedad tan profundamente marcada por la dominación de los "hombres libres", un tema de preocupación moral? En apariencia, ninguna o, en todo caso, muy poca. Al final del alegato *Contra Neera,* atribuido a Demóstenes, el autor formula una especie de aforismo que se hizo célebre:

> Las cortesanas existen para el placer; las concubinas, para los cuidados cotidianos; las esposas, para tener una descendencia legítima y una fiel guardiana del hogar.[1]

Con una fórmula como ésta, y lo que podría pasar por una estricta distribución de los papeles, estamos muy lejos de las artes del placer conyugal como las que podemos encontrar, según Van Gulik, en la China antigua: aquí encontramos estrechamente asociadas las prescripciones que conciernen a la obediencia de la mujer, su respeto, su dedicación, los consejos de

---

1 Demóstenes, *Contra Neera,* 122.

comportamiento erótico destinados a incrementar en lo posible el placer de la pareja o en todo caso el del hombre, así como opiniones acerca de las condiciones para obtener una mejor descendencia.[2] Porque, en esa sociedad poligámica, la esposa se encontraba en una situación competitiva en la que su estatuto y su aptitud para proporcionar placer estaban directamente ligados; la pregunta acerca del comportamiento sexual y las formas de su perfeccionamiento posible formaban parte de la reflexión sobre la existencia doméstica; práctica hábil de los placeres y equilibrio de la vida conyugal eran parte del mismo conjunto. La fórmula de *Contra Neera,* igualmente, está muy lejos de lo que podríamos encontrar en la doctrina y en la pastoral cristianas, pero por razones del todo distintas; en esta situación estrictamente monogámica, el hombre se encontrará impedido de ir a buscar cualquier otra forma de placer que no sea la que debe adquirir con la esposa legítima, y este placer planteará incluso un número considerable de problemas, ya que la meta de las relaciones sexuales no debe ser la voluptuosidad sino la procreación: alrededor de esta temática central se planteará un interrogante muy riguroso acerca de los placeres en la relación conyugal. En tal caso, la problematización no surge de la estructura poligámica sino de la obligación monogámica, y no busca vincular la calidad de la relación conyugal con la intensidad del placer y con la diversidad de compañeros, sino bien al contrario disociar, hasta donde se pueda, la constancia de la relación conyugal única de la búsqueda del placer.[3]

2 R. van Gulik, *La vie sexuelle dans la Chine ancienne,* pp. 144-154.
3 Es necesario guardarse de esquematizar y remitir la doctrina cristiana de las relaciones conyugales a la finalidad procreadora con exclusión del placer. De hecho, la doctrina será compleja, sujeta a discusión y contemplará numerosas variantes. Pero lo que hay que recordar aquí es que la cuestión del placer en la relación conyugal, el lugar que deba dársele, las precauciones que se deban tomar contra él, al igual que las concesiones que deban consentirse (teniendo en cuenta la debilidad del otro y su concupiscencia), constituyen un foco activo de reflexión.

La fórmula de *Contra Neera* parece descansar en un sistema muy distinto. Por un lado, este sistema pone en juego el principio de una sola esposa legítima, pero, por el otro, sitúa con toda claridad el dominio de los placeres fuera de la relación conyugal. El matrimonio sólo conocerá la relación sexual en su función reproductora, mientras que la relación sexual no planteará la cuestión del placer más que fuera del matrimonio. Y, en consecuencia, no se ve por qué las relaciones sexuales representaban un problema en la vida conyugal, salvo si se trataba de procurar al marido una descendencia legítima y feliz. Así es como encontraremos lógicamente en el pensamiento griego interrogantes técnicos y médicos sobre la esterilidad y sus razones,[4] consideraciones de dietética y de higiene sobre las formas de tener hijos sanos[5] y varones antes que mujeres, reflexiones políticas y sociales sobre la mejor combinación posible de los cónyuges,[6] en fin, debates jurídicos sobre las condiciones en las que los descendientes pueden ser considerados como legítimos y beneficiarse del estatuto de ciudadanos (que al fin y al cabo era lo que se ventilaba en *Contra Neera*).

Por lo demás, no se ve por qué la problematización de las relaciones sexuales entre esposos adoptaría otras formas o se remitiría a otras preguntas, dando por supuesto lo que era en la Atenas clásica el estatuto de los esposos y las obligaciones por las que uno y otro se encontraban ligados. La definición de lo permitido, prohibido o impuesto a los esposos por la institución del matrimonio, en materia de práctica sexual, era tan simple y disimétrica como para que no parezca necesario un complemento de reglamentación moral. En efecto, por un lado, las mujeres, en tanto esposas, están ligadas por su estatuto jurídico y social; toda su actividad sexual debe situarse den-

---

4   Véase el tratado *Sobre la esterilidad* atribuido a Aristóteles y que por mucho tiempo fue considerado como el libro x de la *Historia de los animales*.
5   Cfr. *supra*, cap. II.
6   Así Jenofonte, *Económica*, VII, 11; Platón, *Leyes*, 772d-773e.

tro de la relación conyugal y el marido debe ser su compañero exclusivo. Se encuentran bajo su poder; deben darle los hijos que serán sus herederos y ciudadanos. En caso de adulterio, las sanciones son de orden privado, pero también de orden público (una mujer confesa de adulterio ya no tiene derecho a aparecer en las ceremonias de culto público); como dice Demóstenes: la ley "quiere que las mujeres experimenten un temor agudo para que sigan siendo honestas (*sōphronein*), para que no cometan ninguna falta (*mēden hamartanein*), para que sean las fieles guardianas del hogar"; les advierte que, "si faltan a semejante deber, quedarán excluidas al mismo tiempo de la casa del marido y del culto de la ciudad".[7] El estatuto familiar y cívico de la mujer casada le impone reglas de una conducta que es la de una práctica sexual estrictamente conyugal. No es que la virtud sea inútil para las mujeres, lejos de ello; pero su *sōphrosynē* tiene como función garantizar que sabrán respetar, por propia voluntad y razón, las reglas que se les han impuesto.

En cuanto al marido, tiene, respecto de su mujer, cierto número de obligaciones (una ley de Solón exigía del marido que tuviera por lo menos tres veces al mes relaciones sexuales con su mujer si ésta era "heredera").[8] Pero no tener relaciones sexuales más que con la esposa legítima de ninguna manera forma parte de sus obligaciones. Cierto que todo hombre, sea el que fuere, casado o no, debe respetar a la mujer casada (o a la joven que esté bajo la autoridad paterna), pero sólo porque depende de la autoridad de otro; no es su propio estatuto el que lo impide, sino el de la joven o mujer a la que se aborda; su falta recae esencialmente contra el hombre que tiene autoridad sobre la mujer; por ello, será castigado con menos fuerza, sien-

---

7 Demóstenes, *Contra Neera,* 122.
8 Plutarco, *Vida de Solón,* xx. Se encuentra también testimonio de una obligación de deberes conyugales en la enseñanza pitagórica; esto es lo que informa Diógenes Laercio: "Jerónimo añade que Pitágoras descendió a los infiernos... y que vio los tormentos de quienes habían olvidado cumplir con sus deberes conyugales" (*tous mē thelontas syneinai tais heautōn gynaixi*), *Vida de los filósofos,* viii, 1, 21.

do ateniense, si viola, llevado momentáneamente por la avidez de su deseo, que si seduce por una voluntad deliberada y astuta; como dice Lisias en *Contra Eratóstenes*, los seductores

> [...] corrompen las almas, hasta el punto de que las mujeres de los otros les pertenecen más íntimamente que a los maridos; se vuelven los dueños de la casa y ya no se sabe a quién pertenecen los hijos.[9]

El violador no se apodera más que del cuerpo de la mujer; el seductor, de la autoridad del marido. Por lo demás, el hombre, en tanto hombre casado, sólo tiene prohibido contraer otro matrimonio; ninguna relación sexual se le prohíbe por el solo hecho del vínculo matrimonial que contrajo; puede tener una aventura, puede frecuentar a las prostitutas, puede ser el amante de un muchacho —sin contar los esclavos, hombres o mujeres, de que dispone en su casa—. El matrimonio de un hombre no lo liga sexualmente.

Dentro del orden jurídico, esto tiene como consecuencia que el adulterio no sea una ruptura del lazo del matrimonio por parte de alguno de los dos cónyuges; no está considerado como infracción más que en el caso de que una mujer casada tenga relaciones con un hombre que no es su marido; es el estatuto matrimonial de la mujer, nunca el del hombre, el que permite definir una relación como adulterio. Y, en el orden moral, se comprende que no haya existido para los griegos esta categoría de la "fidelidad recíproca" que más tarde habría de introducir en la vida del matrimonio una especie de "derecho sexual" con valor moral, efecto jurídico y componente religioso. El principio de un doble monopolio sexual, que hace de los dos esposos compañeros exclusivos, no se requiere en la relación matrimonial. Pues si la mujer pertenece realmente al marido, el marido

---

9 Lisias, *Sobre la muerte de Eratóstenes*, 33. Cfr. S. Pomeroy, *Goddesses, whores, wives and slaves: women in classical Antiquity*, pp. 86-92.

sólo se pertenece a sí mismo. La doble fidelidad sexual, como deber, compromiso y sentimiento compartido por igual, no constituye la garantía necesaria ni la expresión más elevada de la vida matrimonial. De ahí podría concluirse que si los placeres sexuales plantean sus problemas, si la vida de matrimonio plantea los suyos, ambas problematizaciones no se encuentran entre sí. En todo caso, el matrimonio, por las razones que acabamos de ver, no debería plantear cuestiones en cuanto a la ética de los placeres sexuales: en el caso de uno de los cónyuges —la mujer— las restricciones están definidas por el estatuto, la ley y las costumbres y están garantizadas por los castigos o sanciones; en el caso del otro —el marido— el estatuto conyugal no le impone reglas precisas, salvo para designarle aquella por la que debe considerar a sus herederos legítimos.

No obstante, no podemos quedarnos aquí. Es cierto que en esa época, por lo menos, el matrimonio, y, en el matrimonio, las relaciones sexuales entre los cónyuges, no constituía un foco de interrogación muy intenso; es cierto que la preocupación por reflexionar sobre la conducta sexual parece menos importante en la relación que pueda tenerse con la esposa que en la relación que pueda tenerse con el propio cuerpo, o, como veremos, en la relación con los muchachos. Pero sería inexacto pensar que las cosas eran tan sencillas hasta el punto de que la conducta de la mujer —en tanto que esposa— estaba imperiosamente fijada como para que se tenga necesidad de reflexionar sobre ella, y que la del hombre —en cuanto esposo— era demasiado libre para que haya que interrogarse sobre ella. Para empezar hay muchos testimonios sobre los sentimientos de celos sexuales; las esposas reprochan comúnmente a sus maridos los placeres que van a obtener a otra parte y la mujer veleidosa de Eufiletos le objeta sus intimidades con una pequeña esclava.[10] De una manera más general, la opinión esperaba, de

10 *Ibid.*, 12; cf. también en el *Banquete* de Jenofonte (IV, 8) la alusión a los ardides que un marido puede utilizar para ocultar los placeres sexuales que busca en otra parte.

un hombre que se casaba, un cierto cambio de su conducta sexual; se entendía que, durante el celibato de la juventud (con frecuencia sucedía que los hombres no se casaran antes de los treinta), de buen grado se toleraba una intensidad y una variedad de placeres que era necesario restringir después de un matrimonio que, sin embargo, no imponía explícitamente ninguna limitación precisa. Pero fuera de estos comportamientos y de estas actitudes comunes, existía también una temática pensada de la austeridad marital. Los moralistas —algunos moralistas, por lo menos— dan a entender de manera clara el principio de que un hombre casado no podría, en buena moral, sentirse libre de practicar los placeres como si no lo estuviera. Nicocles, en el discurso que le atribuye Isócrates, se enaltece de que no sólo gobierna con justicia a sus súbditos, sino que, después de su matrimonio, ya no tuvo relaciones sexuales más que con su propia mujer. Y Aristóteles prescribirá en la *Política* considerar como "una acción deshonrosa" las relaciones "del marido con otra mujer o de la esposa con otro hombre". ¿Fenómeno aislado y sin importancia? ¿Nacimiento ya de una nueva ética? Pero por poco numerosos que sean estos textos y por alejados que hayan estado sobre todo de la verdadera práctica social y del comportamiento real de los individuos, conviene plantearse una pregunta: ¿por qué en la reflexión moral había preocupación por el comportamiento sexual de los hombres casados?, ¿por qué esa preocupación, su principio y sus formas?

A este respecto, es preciso evitar dos interpretaciones que no parecen adecuadas.

Una consistiría en creer que la relación entre los esposos no tenía para los griegos de la época clásica ninguna función más que el solo cálculo que aliaba a dos familias, dos estrategias, dos fortunas y que no tenía más objetivo que producir una descendencia. El aforismo de *Contra Neera*, que parece distinguir tan claramente los papeles que en la vida de un hombre deben desempeñar la cortesana, la concubina y la esposa, fue leído a veces como una tripartición que implicaría funciones exclusivas: placer sexual por un lado, vida cotidiana por el otro y, finalmente, para la esposa tan sólo el mantenimiento de la estirpe. Pero hay que tener en cuenta el contexto en el que esta sentencia, aparentemente brutal, fue formulada. Se trataba de que un litigante invalidara el matrimonio aparentemente legítimo de uno de sus enemigos, así como el reconocimiento de los hijos nacidos de ese matrimonio en tanto ciudadanos: los argumentos dados para ello señalaban el origen de la mujer, su pasado de prostituta y su estatuto actual, que no podía ser otro que el de concubina. El punto no era pues mostrar que el placer fuera a buscarse al margen de la esposa legítima, sino que una descendencia legítima no podía obtenerse más que con la propia esposa. Por ello, Lacey observa, a propósito de este texto, que no hay que buscar en él la definición de las tres funciones distintas, sino más bien una enumeración acumulativa, que debe leerse así: el placer es lo único que puede proporcionar una cortesana; la concubina es capaz de aportar además las satisfacciones de la existencia cotidiana, pero sólo la esposa puede ejercer una cierta función que proviene de su estatuto propio: dar hijos legítimos y asegurar la continuidad de la institución familiar.[11] Es necesario comprender que, en Atenas, el matrimonio no era el único modo de unión aceptado; formaba en realidad una unión particular y privilegiada, única, que podía dar lugar, con los efectos y derechos consiguientes, a una cohabitación matrimonial y a una descendencia legítima. Por lo demás, existen bastantes testimonios que muestran el valor que se asigna a la belleza de la esposa, la importancia de las relaciones sexuales que podían tenerse con ella o a la existencia de un amor recíproco (como ese juego del Eros y el Anteros que une a Niqueratos con su mujer en el *Banquete* de Jenofonte).[12] La separación radical entre el matrimonio y el juego de los placeres y de las pasiones no es sin duda una fór-

---

11 W. K. Lacey, *The family in classical Greece*, p. 113.
12 Jenofonte, *Banquete*, VIII, 3.

mula que pueda caracterizar como es debido la existencia matrimonial en la Antigüedad.

Si queremos separar el matrimonio griego de las implicaciones afectivas y personales que, en efecto, adquirirán mucha más importancia posteriormente, si queremos distinguirlo de las formas posteriores de la conyugalidad, nos vemos llevados por un movimiento a la inversa a conciliar demasiado la moral austera de los filósofos y ciertos principios de la moral cristiana. Con frecuencia, en esos textos en los que la buena conducta del marido se piensa, valora y regula bajo la forma de la "fidelidad sexual", estamos tentados a reconocer el bosquejo de un código moral aún inexistente: el que impondrá simétricamente a los dos esposos la misma obligación de sólo practicar las relaciones sexuales dentro de la unión conyugal y el mismo deber de darles la procreación como fin privilegiado si no exclusivo. Se tiene la tendencia a ver en los pasajes que Jenofonte o Isócrates consagraron a los deberes del marido textos "excepcionales si consideramos las costumbres de la época".[13] Excepcionales lo son en la medida en que son raros. Pero, ¿es razón suficiente para ver en ellos la anticipación de una moral futura o el signo anunciador de una nueva sensibilidad? Que estos textos hayan podido ser reconocidos retrospectivamente en su similitud con formulaciones posteriores, es un hecho. ¿Es suficiente para colocar esta reflexión moral y esta exigencia de austeridad en ruptura con los comportamientos y las actitudes de los contemporáneos? ¿Es razón suficiente para ver ahí la vanguardia aislada de una moral futura?

Si queremos considerar en estos textos, no el elemento de código que formulan, sino la manera en que la conducta sexual del hombre se problematiza, fácilmente nos apercibimos de que es problemática a partir del vínculo conyugal mismo y de una obligación directa, simétrica y recíproca que pudiera derivarse de él. Desde luego, en tanto que casado, el hombre debe

13 G. Mathieu, "Note" a Isócrates, *Nicocles*, CUF, p. 130.

restringir sus placeres o por lo menos el número de sus compañeras; pero ser casado significa aquí ante todo ser jefe de familia, tener una autoridad, ejercer un poder que tiene en la "casa" su lugar de aplicación y sostener las obligaciones respectivas que inciden sobre su reputación de ciudadano. Por ello, la reflexión sobre el matrimonio y la buena conducta del marido se asocia comúnmente con una reflexión sobre el *oikos* (casa y hogar).

Podemos ver entonces que el principio que liga al hombre con la obligación de no tener compañera fuera de la pareja que integra es de naturaleza distinta al que vincula a una mujer con una obligación análoga. En el caso de ésta, tal obligación se le impone por estar bajo el poder de su marido. En el caso de éste, debe restringir sus elecciones sexuales precisamente porque ejerce dicho poder y porque debe dar pruebas de dominio sobre sí mismo en la práctica de ese poder. No tener relaciones más que con su marido es para la mujer una consecuencia directa del hecho de que esté bajo su poder. No tener relaciones más que con su esposa es para el marido la mejor manera de ejercer su poder sobre ella. Mucho más que de la prefiguración de una simetría que encontraremos en la moral posterior, se trata aquí de la estilización de una disimetría real. Una restricción, análoga en lo que permite o prohíbe, no representa para los dos esposos la misma forma de "conducirse". Podemos verlo a través del ejemplo de un texto consagrado a la manera de gobernar su casa y de conducirse como dueño de una casa.

EL HOGAR DE ISCÓMACO

La *Económica* de Jenofonte contiene el tratado de vida matrimonial más evolucionado que nos legó la Grecia clásica. El texto se presenta como un conjunto de preceptos que conciernen a la forma de administrar su patrimonio. Junto con los consejos para administrar el dominio, dirigir a los obreros, proceder a las diversas maneras del cultivo, aplicar en el momento preciso las técnicas adecuadas, vender o comprar como y cuando es debido, Jenofonte desarrolla diversas reflexiones generales: una reflexión sobre la necesidad, en estas materias, de recurrir a prácticas racionales a las que nombra tan pronto por el término de saber (*epistēmē*), tan pronto por el de arte o técnica (*technē*); una reflexión sobre la meta que se propone (conservar y desarrollar el patrimonio); finalmente, una reflexión sobre los medios de alcanzar este objetivo, es decir sobre el arte de mandar, y este último tema es el que resurge con más frecuencia a lo largo de todo el texto.

El panorama en que se inscribe este análisis es social y políticamente muy marcado. Se trata del pequeño mundo de los propietarios de tierras que deben mantener, acrecentar y transmitir a quienes llevan su nombre los bienes de la familia. Jenofonte lo opone muy explícitamente al mundo de los artesanos, cuya vida no es benéfica ni para su propia salud (por su modo de vida), ni para sus amigos (a los que no pueden acudir en su ayuda), ni para la ciudad (ya que no tienen el tiempo libre para ocuparse de sus asuntos).[14] En cambio, la actividad de los propietarios de tierras se despliega tanto por la plaza pública, por el ágora, en la que pueden cumplir sus deberes de amigos y ciudadanos, como por el *oikos*. Pero el *oikos* no está constituido simplemente por la casa propiamente dicha; comporta también los campos y bienes donde quiera que se encuentren (aun fuera de los límites de la ciudad): "la casa de un hombre es todo lo que llega a poseer";[15] define toda una esfera de actividades. Y a esta actividad está ligado un estilo de vida y un orden ético. La existencia del propietario, si se ocupa como es debido de su dominio, es en principio buena por sí misma; constituye en todo caso un ejercicio de resistencia, un adiestra-

14 Jenofonte, *Económica*, IV, 2-3.
15 *Ibid.*, I, 2.

miento físico que es valioso para el cuerpo, su salud y su vigor; alienta también a la piedad al permitir hacer espléndidos sacrificios a los dioses; favorece las relaciones de amistad al dar ocasión de mostrarse generoso, de cumplir con largueza los deberes de la hospitalidad y de prestar buenos servicios a sus conciudadanos. Además, esta actividad es útil a la ciudad por entero, ya que contribuye a su riqueza y sobre todo porque le proporciona buenos defensores: el propietario de tierras, habituado a los trabajos rudos, es un soldado vigoroso y los bienes que posee lo llevan a defender valerosamente el suelo de la patria.[16]

Todas estas ventajas personales y cívicas de la vida de propietario confluirán en lo que aparece como el mérito principal del arte "económico": aprender la práctica del mando del que es indisociable. Dirigir el *oikos* es mandar: y mandar en la casa no es distinto del poder que debe ejercerse en la ciudad. Sócrates se lo decía a Nicomáquides en los *Recuerdos*:

> No desprecies a los buenos ecónomos, porque el manejo de los asuntos privados no difiere más que en el número del de los asuntos públicos; por lo demás, se parecen...; quienes dirigen los asuntos públicos no emplean a otros hombres diferentes de aquellos a los que emplean los administradores de los negocios privados y aquellos que saben emplear a los hombres dirigen igualmente bien los negocios privados y los negocios públicos.[17]

En la *Económica*, el diálogo se desarrolla como un gran análisis del arte de mandar. El inicio del texto evoca a Ciro el Joven, que velaba en persona por los cultivos, todos los días se ponía a arreglar su jardín y había adquirido así una habilidad tan gran-

---

16 Sobre este elogio de la agricultura y la enumeración de sus efectos benéficos, cf. todo el capítulo V de la *Económica*.
17 Jenofonte, *Recuerdos de Sócrates*, III, 4.

de en dirigir a los hombres que ninguno de sus soldados, cuando se dirigía a hacer la guerra, desertó jamás de su ejército: antes que abandonarlo, preferían morir sobre su cadáver.[18] Simétricamente, el final del texto evoca la réplica de ese monarca modelo, tal como podemos encontrarla ya sea entre los jefes "de gran carácter" cuyos ejércitos los siguen siempre sin desfallecer, sea entre el jefe de familia cuyas maneras reales bastan para estimular a los trabajadores con sólo verlo y sin que tenga que enojarse, amenazar o castigar. El arte doméstico es de la misma naturaleza que el arte político o el arte militar, por lo menos en la medida en que se trata, tanto en un caso como en otro, de gobernar a los demás.[19]

En este marco de un arte de la "economía" es donde Jenofonte plantea el problema de las relaciones entre marido y mujer. Y es que la esposa, dado que es dueña de casa, es un personaje esencial en el gobierno del *oikos* y para su buena gestión. "¿Hay alguien a quien confíes más asuntos importantes que a tu mujer?", pregunta Sócrates a Critóbulo, y un poco más adelante añade: "En cuanto a mí, considero que una mujer que es una buena compañera para el hogar tiene tanta importancia como el hombre para la ventaja común", y así, en este orden de cosas, "si todo se hace bien, la casa prospera; si se hace mal, la casa decae".[20]

Ahora bien, a pesar de la importancia de la esposa, nada está realmente preparado para que pueda desempeñar el papel requerido: primero su extremada juventud y la educación demasiado sucinta que ha recibido ("cuando la esposaste era una jovencita a la que no se había dejado, por así decirlo, ver ni escuchar nada") así como la ausencia casi total de relaciones con su marido, con quien rara vez ella conversa ("¿hay alguien con quien tengas menos conversación que con tu mujer?").[21] En este punto precisamente se sitúa, para el marido, la necesi-

---

18 Jenofonte, *Económica*, IV, 18-25.
19 *Ibid.*, XXI, 4-9.
20 *Ibid.*, III, 15.
21 *Ibid.*, III, 12-13.

dad de establecer con su mujer relaciones que son a la vez de formación y de dirección. En una sociedad en la que las muchachas son entregadas muy jóvenes —con frecuencia alrededor de los quince años— a hombres que muy a menudo les doblan la edad, la relación conyugal, a la que el *oikos* sirve de apoyo y de contexto, toma la forma de una pedagogía y de un gobierno de las conductas. Ahí radica la responsabilidad del marido. Cuando el comportamiento de la mujer, en lugar de ser provechoso para el marido, no le causa más que penas, ¿a quién debe atribuirse la falta? Al marido.

> Si un carnero está en mal estado, por lo común es al pastor a quien se hace responsable, y si es un caballo el que está abandonado, por lo común es al caballero al que se culpa; en el caso de la mujer, si su marido le enseña a hacer bien las cosas y sin embargo ella administra mal sus negocios, sin duda será justo cargarle la responsabilidad a la mujer; pero si hay una mujer que ignora el bien porque él no se lo enseña, ¿no es lo justo hacer recaer la responsabilidad sobre el marido?[22]

Como vemos, las relaciones entre esposos no son cuestionables por sí solas; no se las contempla en principio como una relación simple de una pareja constituida por un hombre y una mujer y que, por otro lado, buscaría ocuparse de una casa y de una familia. Jenofonte trata largamente de la relación matrimonial, aunque de manera indirecta, contextual y técnica; la trata en el marco del *oikos,* como un aspecto de la responsabilidad gestora del marido y buscando determinar cómo podrá el esposo hacer de su mujer la colaboradora, la compañera, la *synergos,* de la que necesita para la práctica razonable de la economía.

La demostración de que esta técnica puede enseñarse está a cargo de Iscómaco; éste, para dar autoridad a su lección, no tie-

22 *Ibid.,* III, 11.

ne ni más ni menos que el ser "hombre de bien"; se encontró
en otro tiempo en la misma situación que Critóbulo: se casó con
una mujer muy joven —tenía quince años y su educación no le
había enseñado más que a hacer una capa y a distribuir la lana
entre las hilanderas—,[23] pero él la formó tan bien e hizo de
ella una colaboradora tan preciada que ahora le puede confiar
el cuidado de la casa, mientras él se dedica a sus negocios, sea
en el campo o en el ágora, es decir en los lugares donde debe
ejercer de modo destacado la actividad masculina. Iscómaco hará pues, para Sócrates y Critóbulo, la exposición de la "economía", del arte de gobernar el *oikos*; antes de dar consejos sobre
la gestión del dominio agrícola, empezará naturalmente por tratar de la casa propiamente dicha, cuya administración debe estar bien reglamentada si se quiere tener el tiempo para ocuparse de los rebaños y de los campos, y si no se quiere que todos
los trabajos que se han realizado se pierdan por culpa de un desorden doméstico.

1. El principio del matrimonio lo recuerda Iscómaco al citar el
discurso que habría dirigido a su joven mujer, tiempo después
del matrimonio, cuando ella estuvo "familiarizada" con su esposo y lo "bastante acostumbrada como para conversar": "¿Por
qué te esposé y por qué tus padres te entregaron a mí?"; Iscómaco mismo se responde:

> Porque hemos reflexionado, yo por mi lado y tus padres
> por el tuyo, acerca del mejor compañero con el que po-
> dríamos asociarnos para nuestra casa y nuestros hijos.[24]

El vínculo matrimonial se caracteriza pues por su disimetría de
origen —el hombre decide por sí mismo mientras que la fami-

23 *Ibid.*, VII, 5.
24 *Ibid.*, VII, 11.

lia es la que decide por la muchacha— y en su doble finalidad: la casa y los hijos; de nuevo hay que destacar que la cuestión de la descendencia se deja de lado por el momento y que, antes de formarse respecto de su función de madre, la joven debe convertirse en una buena ama de casa.[25] Y este papel es un papel de compañero, enseña Iscómaco; no debe tomarse en cuenta la contribución respectiva de cada uno[26] sino sólo la forma en que cada uno se emplea en vista del fin común, es decir "mantener su haber en el mejor estado posible y acrecentarlo en lo posible por medios honrosos y legítimos".[27] Puede observarse esta insistencia en la desaparición necesaria de las desigualdades iniciales entre ambos esposos y en el vínculo de asociación que debe establecerse entre ellos; no obstante, vemos que esta comunidad, esta *koinōnia,* no se establece en la relación dual entre dos individuos sino por la mediación de una finalidad común, que es la casa: su mantenimiento y también la dinámica de su crecimiento. A partir de ahí pueden analizarse las formas de esta "comunidad" y la especificidad de los papeles que deben desempeñar en ella los dos cónyuges.

2. Para definir las funciones respectivas de los dos esposos en la casa, Jenofonte parte de la noción de "abrigo" (*stegos*): al crear la pareja humana, en efecto, los dioses habrían pensado en la descendencia y en el mantenimiento de la raza, cuya ayuda necesitamos en la vejez; finalmente, en la necesidad de no "vivir a la intemperie, como las bestias": a los humanos, "les hace falta un techo, evidentemente". A simple vista, la descendencia da a la familia su dimensión temporal y el abrigo su organización espacial. Pero las cosas son algo más complejas. El "techo" determina desde luego una región exterior y una región interior, en

---

25 *Ibid.,* VII, 12.
26 Iscómaco insiste en esta anulación de las diferencias entre los esposos que podrían marcarse según la aportación de cada uno (VII, 13).
27 *Ibid.,* VII, 15.

donde una da relieve al hombre y la otra constituye el lugar privilegiado de la mujer, pero también es el lugar donde se junta, acumula y conserva aquello que ha sido adquirido; abrigar es prever para distribuir en el tiempo según los momentos oportunos. Afuera se tiene al hombre que siembra, cultiva, ara, cría los rebaños; lleva a la casa lo que produce, gana o trueca; adentro, la mujer recibe, conserva y atribuye según las necesidades.

> La actividad del marido es la que generalmente hace que entren los bienes en la casa, pero es la gestión de la mujer la que regula con la mayor frecuencia el gasto.[28]

Ambos papeles son exactamente complementarios y la ausencia de uno haría inútil al otro: "¿Qué conservaría yo, dice la mujer, si tú no estuvieras ahí para preocuparte por hacer entrar algunas provisiones de fuera?"; a lo que el esposo responde: si nadie estuviera ahí para conservar lo que se lleva a la casa, "sería como esa gente ridícula que echa agua a una jarra sin fondo".[29] Dos lugares, pues, dos formas de actividad, dos maneras también de organizar el tiempo: por un lado (el del hombre), la producción, el ritmo de las estaciones, la espera de las cosechas, el momento oportuno que hay que respetar y prever; por el otro (el de la mujer), la conservación y el gasto, el ordenamiento y la distribución cuando es necesario, y sobre todo el almacenamiento: sobre las técnicas de almacenar en el espacio de la casa, Iscómaco recuerda largamente todos los consejos que dio a su mujer con el fin de poder volver a encontrar lo conservado, haciendo así de su hogar un lugar de orden y de memoria.

28 *Ibid.*, VII, 19-35. Sobre la importancia de los datos espaciales en el orden doméstico, cf. J.-P. Vernant, "Hestia-Hermès. Sur l'expression religieuse de l'espace chez les Grecs", *Mythe et pensée chez les Grecs* 4, I, pp. 124-170.
29 Jenofonte, *Económica*, VII, 39-40.

Para que puedan ejercer conjuntamente sus distintas funciones, los dioses han dotado a cada uno de los dos sexos de cualidades particulares. Los rasgos físicos: a los hombres, que a pleno
sol deben "arar, sembrar, plantar, llevar a pastar a los animales",
les dieron atributos para soportar el frío, el calor, la marcha; las
mujeres, que trabajan al abrigo, tienen un cuerpo menos resis-
tente. También rasgos de carácter: las mujeres tienen un temor
natural, pero que tiene sus efectos positivos: tal temor las lleva a
cuidar las provisiones, a temer su pérdida, a tener aprensiones
por el gasto; el hombre, en cambio, es valiente, ya que debe defenderse contra todo lo que podría dañarlo en el exterior. En resumen, "la divinidad adaptó, desde el principio, la naturaleza de la
mujer a los trabajos y a los cuidados del interior, la del hombre a
los del exterior".[30] Pero también los armó con cualidades comunes: ya que, cada uno en su papel, el hombre y la mujer deben "dar y
recibir", puesto que en su calidad de responsables de la casa deben
a la vez recoger y distribuir, pues ambos recibieron por igual la memoria y la atención (*mnēmē* y *epimeleia*).[31]

Cada uno de los dos cónyuges tiene por tanto una naturaleza, una forma de actividad, un lugar, que se definen en relación
con las necesidades del *oikos*. Que se sostengan el uno al otro,
tal es lo que quiere la "ley"—*nomos:* práctica regular que corresponde exactamente a las intenciones de la naturaleza, que atribuye a cada uno su función y su lugar y que define lo que es
conveniente y bueno que cada uno haga o no haga—. Esta ley
declara buenas (*kala*) "las ocupaciones por las que la divinidad
dio a cada uno las mayores facultades naturales": así es mejor
(*kallion*) para la mujer "quedarse en casa que pasar su tiempo
afuera" y malo para el hombre "quedarse en casa en vez de ocuparse de los trabajos del exterior". Modificar este reparto, pasar
de una actividad a la otra es atentar contra ese *nomos*; es, a la
vez, ir contra la naturaleza y abandonar su lugar:

30 *Ibid.,* VII, 22.
31 *Ibid.,* VII, 26.

Si alguien actúa contra la naturaleza que la divinidad le ha proporcionado, dejando por decirlo así su puesto (*ataktōn*), no escapa a la mirada de los dioses y es castigado por desatender los trabajos que le corresponden y por ocuparse de los de su mujer.[32]

La oposición "natural" del hombre y de la mujer, la especificidad de sus aptitudes son indisociables del orden de la casa; se hicieron para ese orden, que, a cambio, las impone como obligaciones.

3. Este texto, tan detallado cuando hay que fijar el reparto de las tareas en la casa, es bastante discreto acerca de la cuestión de las relaciones sexuales —se trate de su lugar en las relaciones entre los dos cónyuges o de las prohibiciones que pudieran resultar de la situación del matrimonio—. No es que la importancia de tener descendencia sea dejada de lado; se la recuerda una y otra vez a lo largo de la intervención de Iscómaco: indica que es uno de los grandes objetivos del matrimonio;[33] subraya también que la naturaleza dotó a la mujer de una ternura particular para ocuparse de los niños;[34] destaca igualmente cuán preciado es cuando uno envejece encontrar en los hijos los apoyos necesarios.[35] Pero nada se dice en el texto ni acerca de la procreación misma ni sobre los cuidados que deben tomarse para tener la mejor progenie posible: el tiempo no había llegado aún de abordar este género de cuestiones con la joven desposada.

No obstante, muchos pasajes del texto se refieren a la conducta sexual, a la necesaria moderación y al afecto físico entre

---

32 *Ibid.,* VII, 31.
33 Precisa que la divinidad asocia hombre y mujer en vista de los hijos, y la ley en vista del hogar: VII, 30.
34 *Ibid.,* VII, 23.
35 *Ibid.,* VII, 12.

esposos. Hay que traer a la memoria primero el principio mismo del diálogo, cuando los dos interlocutores entablan la discusión sobre la economía como saber que permite dirigir la casa. Sócrates evoca a quienes tendrían el talento y los recursos, pero rechazan ponerlos en práctica porque obedecen en su interior a patrones o patronas invisibles: la pereza, la apatía del alma, la indolencia, pero también —patronas más intratables aún que las otras— la gula, la embriaguez, la lubricidad y las ambiciones alocadas y costosas. Quienes se someten a tal despotismo de los apetitos llevan a la ruina su cuerpo, su alma y su casa.[36] Pero Critóbulo confía en haber vencido ya a estos enemigos: su formación moral lo ha dotado de una *enkrateia* suficiente:

> Cuando me examino, me parece que domino bien estas pasiones, de manera que si tú quisieras aconsejarme sobre lo que debería hacer para acrecentar mi casa, no creo que lo que tú llamas las patronas me lo impidieran.[37]

He aquí lo que habilita a Critóbulo en su deseo actual de desempeñar el papel de dueño de casa y aprender sus difíciles tareas. Hay que comprender que el matrimonio, las funciones de jefe de familia, el gobierno del *oikos* suponen que uno se ha vuelto capaz de gobernarse a sí mismo.

Más adelante, en la enumeración que propone de las diferentes cualidades con las que la naturaleza ha provisto a cada uno de los sexos, para que pueda a su vez desempeñar su papel doméstico, Iscómaco menciona el dominio de sí (*enkrateia*); hace de ello no un rasgo que pertenece específicamente al hombre o a la mujer, sino una virtud común —al mismo título que la memoria o la atención— a los dos sexos; las diferencias individuales pueden modular la distribución de esta cualidad, y lo que muestra su

---

36 *Ibid.*, VII, 22-23.
37 *Ibid.*, II, 1.

alto valor en la vida matrimonial es que llega a coronar a aquel de los dos cónyuges que es el mejor: sea el marido o la mujer, el mejor es el más dotado en lo que respecta a esta virtud.[38]

Ahora bien, en el caso de Iscómaco vemos cómo su templanza se manifiesta por sí misma y guía la de su mujer. En efecto, hay un episodio del diálogo que remite bastante explícitamente a determinados aspectos de la vida sexual de los esposos: es el que concierne al maquillaje y los afeites.[39] Tema importante en la moral antigua, ya que el adorno plantea el problema de las relaciones entre la verdad y los placeres, y, al introducir en éstos los juegos del artificio, desdibuja los principios de su regulación natural. La cuestión de la coquetería en la esposa de Iscómaco no concierne a su fidelidad (postulada a todo lo largo del texto); tampoco tiene que ver con su carácter pródigo: se trata de saber cómo puede presentarse la mujer a sí misma y ser reconocida por su marido como objeto de placer y compañera sexual en la relación conyugal. Y efectivamente de esto trata Iscómaco, bajo la forma de lección, un día en que su mujer, para agradarle (para parecer tener "la tez más clara" que en la realidad, las mejillas "más sonrosadas", el talle "más esbelto"), se presenta encaramada en elevadas sandalias y toda pintada de albayalde y ancusa. A esta conducta que él reprueba responderá Iscómaco con una doble lección.

La primera es negativa; consiste en una crítica del maquillaje como engaño. Este artificio, que puede engañar a los extraños, no ha de engañar al hombre con el que se vive y que puede ver a su esposa al levantarse de la cama, sudada, llorosa o saliendo del baño. Pero, sobre todo, Iscómaco critica este señuelo en la medida que atenta contra un principio fundamental del matrimonio. Jenofonte no cita directamente el aforismo que con tanta frecuencia y luego de tanto tiempo seguimos encontrando, y según el cual el matrimonio es una comunidad (*koinōnia*) de

38 *Ibid.,* VII, 27.
39 *Ibid.,* X, 1-8.

bienes, de vida y de cuerpos; pero está claro que, a lo largo del texto, hace jugar el tema de esta triple comunidad: comunidad de bienes a propósito de la cual recuerda que cada cual debe olvidar la parte que aportó; comunidad de vida que se fija como uno de sus objetivos la prosperidad del patrimonio; comunidad de cuerpos, finalmente, explícitamente subrayada (*tōn sōmatōn koinōn ēsantes*). Ahora bien, la comunidad de bienes excluye el engaño: y el hombre se conduciría mal con su mujer si le hiciera creer en riquezas que no posee; de la misma manera, no deben buscar engañarse el uno al otro respecto del cuerpo; él, por su lado, no se pondrá bermellón en la cara; ella, del mismo modo, no debe adornarse con albayalde. La justa comunidad de los cuerpos tiene ese precio. En la relación entre esposos, la atracción que está en juego es aquella que se ejerce naturalmente, como en toda especie animal, entre el macho y la hembra:

> Los dioses hicieron a los caballos aquello más agradable del mundo para los caballos, a las reses para las reses, a las ovejas para las ovejas; igualmente, los hombres (*anthrōpoi*) no encuentran nada más agradable que el cuerpo del hombre sin artificio alguno.[40]

Es la atracción natural la que debe servir de principio a las relaciones sexuales entre esposos y a la comunidad corporal que conforman. La *enkrateia* de Iscómaco rechaza todos los artificios de los que uno se sirve para multiplicar los deseos y los placeres.

Pero se plantea una pregunta: ¿cómo puede la mujer seguir siendo un objeto de placer para su marido, cómo puede estar segura de no ser sustituida un día por otra más joven y bella? Explícitamente, es la mujer de Iscómaco la que se hace la pregunta. ¿Qué hacer, no sólo para parecerlo, sino para ser bella y conservar la belleza?[41] Y de una manera que puede parecernos

40 *Ibid.*, x, 7.
41 *Ibid.*, x, 9.

extraña, seguirán siendo la casa y el gobierno de la casa los que conformarán el punto decisivo. En todo caso, la belleza real de la mujer, según Iscómaco, está asegurada suficientemente por sus ocupaciones hogareñas si las cumple como es debido. En efecto, explica que, al ejecutar las tareas que son responsabilidad suya, no quedará sentada, metida en sí misma como una esclava u ociosa como una coqueta. Se mantendrá en pie, vigilará, controlará, irá de una a otra habitación para verificar que se realice el trabajo; estar derecha, caminar, darán a su cuerpo esa manera de andar, esa postura que, a los ojos de los griegos, caracterizan la plástica del hombre libre (más adelante Iscómaco mostrará que el hombre forma su vigor de soldado y de ciudadano libre por su participación activa en las responsabilidades de un maestro de obras).[42] De la misma manera, es bueno para el ama de casa amasar la harina, sacudir y arreglar los vestidos o los cobertores.[43] Así se forma y se mantiene la belleza del cuerpo; la posición de ama tiene su versión física, que es la belleza. Además, la ropa de la esposa tiene una propiedad y una elegancia que la distinguen de sus sirvientas. Finalmente, siempre tendrá la ventaja sobre éstas de buscar voluntariamente agradar en vez de verse obligada como una esclava a someterse y a sufrir sujeción· Jenofonte parece referirse aquí al principio que evoca en otra parte[44] de que el placer que se toma a la fuerza es mucho menos agradable que aquel que se ofrece de buen grado: y tal es el placer que la esposa puede dar a su marido. Así, por las formas de una belleza física indisociable de su estatuto privilegiado y por la libre voluntad de agradar (*charizesthai*), la dueña de casa tendrá siempre preeminencia sobre las demás mujeres de la casa.

En este texto consagrado al arte "masculino" de gobernar la casa —la mujer, los servidores, el patrimonio— no se alude a la

---

42 *Ibid.*, x, 10.
43 *Ibid.*, x, 11.
44 Jenofonte, *Hierón*, i.

fidelidad sexual de la mujer ni al hecho de que su marido debe ser su único compañero sexual: es un principio necesario y que se da por sentado. En cuanto a la actitud atemperada y prudente del marido, nunca se la define como el monopolio que él concede a su mujer sobre todas sus actividades sexuales. Lo que está en juego en esta práctica meditada de la vida de matrimonio, lo que aparece como esencial para el buen orden de la casa, para la paz que debe reinar y para lo que la mujer debe desear, es que ésta pueda guardar, como esposa legítima, el lugar eminente que le ha dado el matrimonio: no ver que se prefiere a otra, no encontrarse devaluada ni en su estatuto ni en su dignidad, no verse reemplazada respecto de su marido por otra, esto es lo que importa ante todo. Pues la amenaza contra el matrimonio no proviene del placer que el hombre pueda tomarse aquí o allá, sino de las rivalidades que puedan nacer entre la esposa y las otras mujeres por el puesto a ocupar en la casa y por las jerarquías a ejercer. El marido "fiel" (*pistos*) no es aquel que vincula el estado matrimonial con la renuncia a todo placer sexual buscado en otra; es aquel que mantiene hasta el fin los privilegios reconocidos a la mujer por el matrimonio. Por lo demás, así es como lo entienden las mujeres "traicionadas" que aparecen en las tragedias de Eurípides. Medea clama contra la "infidelidad" de Jasón: después de ella, ha tomado una esposa real y se dará una descendencia que lanzará a la humillación y a la servidumbre a los hijos que tuvo de Medea.[45] Lo que hace que Creusa llore aquello que imagina ser la "traición" de Xuto es que tendrá que vivir "sin hijos" y "vivir solitaria en una morada desolada"; es que —por lo menos así se le hace creer— "en su casa", que fue la de Erecteo, entrará "como dueño sin nombre, sin madre, pues, el hijo de una esclava".[46]

Esta preeminencia de la esposa que el buen marido debe preservar está implícita en el acta de matrimonio. Pero no se ad-

45 Eurípides, *Medea*, v, 465 s.
46 Eurípides, *Ión*, v, 836 s.

quiere de una vez para siempre: no está asegurada por cierto compromiso moral que asumiría el marido; de hecho, siempre puede producirse una ruptura, más allá incluso del repudio y del divorcio. Ahora bien, lo que muestran la *Económica* de Jenofonte y el discurso de Iscómaco es que la prudencia del marido —su *enkrateia* pero también su sabiduría de jefe de familia— siempre está dispuesta a reconocer los privilegios de la esposa, y ésta, para conservarlos, debe en contrapartida ejercer óptimamente su función en la casa y las tareas que le están vinculadas. Iscómaco no promete de entrada a su mujer una "fidelidad sexual" en el sentido que le damos hoy, ni siquiera que nunca tendrá que lamentar ninguna otra preferencia, pero al igual que le asegura que su actividad de dueña de casa, su proceder y su porte le darán un mayor encanto que el de las sirvientas, le asegura también que puede conservar en la casa, hasta la vejez, el lugar más elevado. Y le sugiere una especie de justa con él mismo respecto de la buena conducta y la aplicación a los cuidados de la casa, y si ella logra ganársela, entonces será cuando ya no tendrá nada que temer de rival alguna, aunque sea más joven:

> Pero donde gozarás del placer más dulce, le dice Iscómaco a su mujer, será cuando, al mostrarte mejor que yo, habrás hecho de mí tu servidor, cuando lejos de temer que conforme pasan los años serás tú menos considerada en la casa, tendrás la seguridad de que, al envejecer, serás más apreciada por tu esposo como compañera y por tus hijos como mujer de tu casa, y más serás honrada en tu propia casa.[47]

En esta ética de la vida matrimonial, la "fidelidad" que se le recomienda al marido es pues algo bien distinto de la exclusividad sexual que el matrimonio impone a la mujer; concierne al mantenimiento del estatuto de esposa, de sus privilegios, de su

47 Jenofonte, *Económica*, VII, 41-42.

preeminencia sobre las demás mujeres. Y si esta ética supone ciertamente una determinada reciprocidad de conducta entre el hombre y la mujer, es en el sentido de que la fidelidad masculina respondería no tanto a la buena conducta sexual de la mujer — la cual se da siempre por supuesta— como a la manera en que ella sabe conducirse en la casa y conducir su casa. Reciprocidad, sí, pero disimetría esencial, ya que ambos comportamientos, aun recurriendo uno al otro, no se fundan en las mismas exigencias y no obedecen a los mismos principios. La templanza del marido proviene de un arte de gobernar, de gobernarse y de gobernar a una esposa a la que hay que sostener y respetar a la vez, ya que es, respecto de su marido, la dueña obediente de la casa.

TRES POLÍTICAS DE LA TEMPLANZA

Otros textos, en el siglo IV y a principios del siglo III, desarrollan también el tema de que el estado matrimonial apela por el lado del hombre a cierta forma de moderación sexual. Sobre todo hay tres que deben mencionarse: el pasaje que Platón consagra en las *Leyes* a las reglas y a las obligaciones del matrimonio; una explicación de Isócrates sobre la manera en que Nicocles lleva su vida de hombre casado; un tratado de *Económica* que se le atribuye a Aristóteles y que ciertamente emana de su escuela. Estos textos son bien distintos unos de otros por su propósito respectivo: el primero ofrece un sistema de regulación autoritaria de las conductas en el marco de una ciudad ideal; el segundo caracteriza el estilo de vida personal de un autócrata respetuoso de sí mismo y de los demás; el tercero busca definir para un hombre cualquiera los principios útiles para dirigir su casa. En todo caso, ninguno se refiere como la *Económica* de Jenofonte a la forma de vida propia de un propietario de tierras ni por consiguiente a las tareas de gestión de una propiedad que debe asumir complementariamente con su mujer. A pesar de las diferencias que los separan, estos tres textos parecen marcar unos y otros, y con mayor claridad que Jenofonte, una exigencia que aporta lo que podríamos llamar el principio del "doble monopolio sexual"; así es como parecen querer localizar, tanto para el hombre como para la mujer, toda una actividad sexual en la sola relación conyugal: de la misma manera que su esposa, el marido aparece por lo menos resistiéndose a buscar su placer con otras mujeres que no sean la suya. Exigencia, por consiguiente, de una cierta simetría, y tendencia a definir el matrimonio como lugar no sólo de privilegio sino quizá exclusivo de la relación sexual moralmente aceptable. No obstante, la lectura de estos tres textos muestra que haríamos mal en proyectar en ellos retrospectivamente un principio de "fidelidad sexual recíproca" como el que servirá de esqueleto jurídico-moral a formas posteriores de la práctica matrimonial. Y es que en todos estos textos, en efecto, la obligación o la recomendación que se hace al marido de una moderación tal que sólo retenga como compañera sexual a su propia esposa no es el efecto de un compromiso personal que habría de contraer al respecto, sino de una regulación política, en su caso las leyes platónicas autoritariamente impuestas, o que —en Isócrates o en el seudo-Aristóteles— el hombre se impone a sí mismo por una suerte de autolimitación pensada de su propio poder.

1. En efecto, en las *Leyes* la prescripción de casarse a la edad conveniente (para los hombres entre los veinticinco y los treinta y cinco años), de procrear hijos en las mejores condiciones y de no tener —se sea hombre o mujer— ninguna relación con otro que no sea el cónyuge, todas estas prescripciones toman la forma, no de una moral voluntaria sino de una reglamentación coercitiva; es cierto que muchas veces se subraya la dificultad de legislar en esta materia[48] y el interés que habría en que ciertas

---

48 *Leyes,* VI, 773c-e.

medidas tomaran la forma de un reglamento sólo en el caso de que hubiera desórdenes y de que el mayor número no fuera capaz de templanza.[49] En todo caso, los principios de esta moral se relacionan siempre directamente con las necesidades del Estado, sin referirse jamás a las exigencias internas de la casa, de la familia y de la vida matrimonial: debe considerarse que el buen matrimonio es aquel que es útil a la ciudad y que para beneficio de ésta los niños deben ser "lo más bellos y mejores posible".[50] Uniones que, por respeto a las proporciones ventajosas para el Estado, llevarían a que los ricos se casaran con los ricos,[51] inspecciones meticulosas para verificar que las jóvenes parejas se prepararan bien ante su tarea procreadora,[52] la orden conveniente de castigo por no cohabitar más que con la esposa legítima sin tener ninguna otra relación sexual durante todo el periodo en que se está en edad de procrear,[53] todo ello, ligado como está a las estructuras particulares de la ciudad ideal, es bastante extraño a un estilo de templanza fundado en la búsqueda voluntaria de la moderación.[54]

Sin embargo, debe destacarse que Platón no concede más que una confianza limitada a la ley cuando se trata de regular la conducta sexual. No cree que pueda conseguir efectos suficientes, si no se utilizan otros medios que sus prescripciones y sus amenazas con el fin de dominar los tan violentos deseos.[55] Necesita instrumentos de persuasión más eficaces y Platón enumera cuatro de ellos. La opinión: Platón se refiere a lo que ocurre con el incesto; ¿cómo es posible, se pregunta, que el hombre no haya llegado a experimentar deseo por sus hermanos y

49 *Ibid.*, VI, 785a.
50 *Ibid.*, VI, 783e; cf. IV, 721a, VI, 773b.
51 *Ibid.*, VI, 773a-e.
52 *Ibid.*, VI, 784a-c.
53 *Ibid.*, VI, 784d-e.
54 Obsérvese que, pasado el límite de edad para tener hijos, "quienes vivan castamente (*sōphronōn kai sōphronousa*) estarán rodeados de honor, pero los que no, tendrán la reputación contraria o más bien serán deshonrados" (VI, 784e).
55 *Ibid.*, VIII, 835e.

hermanas, hijos e hijas, por hermosos que sean? Será que desde siempre han oído que estos actos son "un objeto de vergüenza para la divinidad" y que nadie ha escuchado jamás otro lenguaje a este respecto; será necesario pues que, acerca de todos los actos sexuales reprensibles, "la voz pública unánime" se vea investida del mismo modo de un "carácter religioso".[56] La gloria: Platón evoca el ejemplo de los atletas que, en su afán de llevarse la victoria en los juegos, se someten a un régimen de estricta abstinencia, y no se acercan a mujer ni a muchacho en todo el tiempo de su entrenamiento: así, la victoria sobre estos enemigos internos que son los placeres es mucho más bella que la que puede obtenerse sobre los rivales.[57] El honor del ser humano: Platón cita aquí un ejemplo que en seguida utilizará con frecuencia; se trata de esos animales que viven en manadas, pero donde cada uno lleva, en medio de los demás, "en la continencia, una vida pura de todo acoplamiento", y cuando llega la edad de procrear, se aíslan y forman parejas que ya no se deshacen. Ahora bien, hay que observar que a esta conyugalidad animal no se la cita como un principio natural que sería universal, sino más bien como un desafío que los hombres deberían recoger: ¿cómo es que el recuerdo de una práctica semejante no habría de incitar a los hombres razonables a mostrarse "más virtuosos que las bestias"?[58] Finalmente, la vergüenza: al disminuir la frecuencia de la actividad sexual, se "debilitará la tiranía"; sin que haya que prohibirla, será menester que los ciudadanos "cubran de misterio tales actos" y que experimenten "deshonra" si los perpetran al descubierto, y ello en función de "una obligación creada por la costumbre y la ley no escrita".[59]

Así pues, la legislación de Platón establecía claramente una exigencia que tanto del lado del hombre como del lado de la

56 *Ibid.*, VIII, 838a-e.
57 *Ibid.*, VIII, 840a-c.
58 *Ibid.*, VIII, 840d-e.
59 *Ibid.*, VIII, 841a-b.

mujer es simétrica. Porque desempeñan una función determinada para un objetivo común —el de progenitores de los futuros ciudadanos—, se les considera exactamente de la misma manera bajo las mismas leyes que les imponen las mismas restricciones. Pero es preciso observar que esta simetría no implica de ningún modo que los esposos estén restringidos a la "fidelidad sexual", mediante un lazo personal que sería intrínseco a la relación matrimonial y constituiría un compromiso mutuo. La simetría no se establece sobre una relación directa y recíproca entre ellos, sino sobre un elemento que los domina a ambos: son principios y leyes a los que están sujetos ambos del mismo modo. Es cierto que deben someterse a ellos de modo voluntario y por medio de una persuasión interior, pero ésta no concierne a una atracción que deberían tener entre sí; concierne a la reverencia que debe tenerse por la ley, o el cuidado que debe tenerse por uno mismo, por su reputación, por su honor. Es la relación del individuo consigo mismo y con la ciudad en forma de respeto o de vergüenza, de honor o de gloria —no la relación con el otro— la que impone esta obediencia.

Y puede observarse que en la formulación que propone para la ley que se refiere a "las elecciones amorosas", Platón contempla dos formulaciones posibles. Según una de ellas, estaría prohibido a todo individuo tocar a una mujer que sea de buena casa y de condición libre si no es su esposa legítima, procrear fuera del matrimonio e ir a arrojar entre los hombres, "en perversión de la naturaleza", una "simiente infecunda". La otra formulación retoma, bajo una forma absoluta, la interdicción de los amores masculinos; en cuanto a las relaciones sexuales extraconyugales, contempla castigarlas sólo en el caso en que la falta no fuera ignorada por "nadie, ni hombres ni mujeres".[60]

---

60 *Ibid.*, VIII, 841c-d. Obsérvese que, por lo menos en la primera formulación de la ley, Platón parece decir que sólo se le prohíben al hombre casado las mujeres que son "libres" y de "buena casa". Tal es en todo caso la traducción de Dies. Robin interpreta el texto haciéndole decir que esta ley no se aplica más que a los hombres libres y de buena casa.

Es tan cierto que la doble obligación de limitar las actividades sexuales al matrimonio concierne al equilibrio de la ciudad, a su moralidad pública, a las condiciones de una buena procreación, y no a los deberes recíprocos que fundan una relación dual entre cónyuges.

2. El texto de Isócrates, que se presenta como una alocución de Nicocles a sus conciudadanos, asocia con toda claridad las consideraciones que desarrolla sobre la templanza y el matrimonio al ejercicio del poder político. Este discurso forma pareja con el que Isócrates dirigió a Nicocles, poco tiempo después de tomar el poder: el orador daba entonces al hombre joven consejos de conducta personal y de gobierno, que debían poder servirle de tesoro permanente del cual servirse durante el resto de su vida. El discurso de Nicocles, supuestamente, es un mensaje del monarca que explica a aquellos sobre quienes reina la conducta que deben seguir para con él. Ahora bien, toda la primera parte del texto está consagrada a una justificación de este poder: méritos del régimen monárquico, derechos de la familia reinante, cualidades personales del soberano, y una vez dadas estas justificaciones será cuando se definan la obediencia y la adhesión que deben los ciudadanos a su jefe: en nombre de sus virtudes propias, éste puede exigir la sumisión de sus súbditos. Nicocles consagrará pues un largo desarrollo a las cualidades que se reconocen: la justicia —*dikaiosynē*— que ha manifestado en el orden de las finanzas, de la jurisdicción penal y, en el exterior, en las buenas relaciones que estableció o restableció con las otras potencias;[61] además, la *sōphrosynē*, la templanza, a la que contempla exclusivamente como dominio sobre los placeres sexuales. De tal moderación, explica las formas y las razones en relación directa con la soberanía que ejerce en su país.

61 Isócrates, *Nicocles*, 31-35.

El motivo que invoca en último lugar concierne a su descendencia y a la necesidad de una raza sin bastardos, que pueda reivindicar el esplendor de un nacimiento noble y la continuidad de una genealogía que se remonta a los dioses:

> No tenía los mismos sentimientos que la mayoría de los reyes sobre los niños que hay que traer al mundo; no creía que unos debían nacer de origen oscuro y otros de origen noble, ni que debiera dejar tras de mí hijos tanto bastardos como legítimos; a mi modo de ver todos debían tener la misma naturaleza y remontar su origen —tanto por el lado de su padre como por el de su madre— entre los mortales a Evágoras mi padre, entre los semidioses al hijo de Éaco, entre los dioses a Zeus, y ninguno de mis descendientes debía verse privado de la nobleza de semejante origen.[62]

Otra razón para Nicocles de semejante templanza tiene que ver con la continuidad y la homogeneidad entre el gobierno de un Estado y el de una casa. Esta continuidad se define de dos maneras: por el principio de que deben respetarse todas las asociaciones (*koinōniai*) que se hayan podido establecer con otros; Nicocles no quiere pues hacer como esos hombres que respetan sus demás compromisos pero actúan de otro modo respecto de su mujer con la que sin embargo establecieron una asociación por toda la vida (*koinōnia pantos tou biou*): puesto que se estima que no deben sufrirse aflicciones por culpa de la esposa, tampoco hay que hacerla sufrir por los placeres que se procuran; el soberano que busca ser justo debe serlo con su propia mujer.[63] Pero también hay continuidad y cierto isomorfismo entre el buen orden que debe reinar en la casa del monarca y el que debe presidir en su gobierno público:

62 *Ibid.*, 42.
63 *Ibid.*, 40.

Los buenos soberanos deben esforzarse en hacer que reine un espíritu de concordia no sólo en los Estados que dirigen, sino también en su propia casa y en los dominios que habitan, pues toda esta obra demanda dominio de sí y justicia.[64]

El lazo entre templanza y poder, al que Nicocles se refiere a lo largo de todo el texto, aparece sobre todo como una reflexión acerca de la relación esencial entre dominación sobre los demás y dominación sobre uno mismo, según el principio general que ya se enunciaba en el primer discurso, aquel dirigido a Nicocles:

Ejerce tu autoridad sobre ti mismo (*archē saytou*) al igual que sobre los demás y considera que la conducta más digna de un rey es no ser esclavo de ningún placer y mandar sobre los deseos propios más todavía que sobre los propios compatriotas.[65]

Nicocles empieza por dar la prueba de que posee este dominio de sí como condición moral para dirigir a los demás: a diferencia de lo que hacen tantos tiranos, no se aprovechó de su poder para apoderarse por la fuerza de las mujeres o de los hijos de los demás; recordó cómo los hombres cuidan de sus mujeres y de su descendencia y cuántas veces las crisis políticas y las revoluciones tienen por origen abusos de este tipo;[66] ha tomado pues el mayor cuidado por evitar semejantes reproches: desde el día en que ocupó el poder supremo pudo constatarse que no tuvo relación física "con otra persona que no fuera su mujer".[67]

---

64 *Ibid.,* 41.
65 *Ibid.,* 29.
66 *Ibid.,* 36. Sobre este tema frecuente, véase Aristóteles, *Política,* V, 1311a-b. Pero puede señalarse que Isócrates observa la indulgencia del pueblo ante los jefes que toman sus placeres donde sea pero saben gobernar con justicia *(Nicocles,* 37).

No obstante, Nicocles tiene razones más positivas para ser moderado. Primero, quiere dar ejemplo a sus conciudadanos; sin duda no hay que pensar que pide a los habitantes de su país que practiquen una fidelidad sexual parecida a la suya; verdaderamente no cree en hacer de ello una regla general; el rigor de sus costumbres debe comprenderse como una incitación general a la virtud y un modelo contra el relajamiento que siempre es nocivo para el Estado.[68] Este principio de analogía global entre las costumbres del príncipe y las del pueblo era evocado en el discurso a Nicocles:

> Da tu propia ponderación (*sōphrosynē*) como ejemplo a los demás y recuerda que las costumbres (*ēthos*) de un pueblo se parecen a las de quien lo gobierna. Tendrás el testimonio del valor de tu autoridad real cuando compruebes que tus súbditos han adquirido un mayor bienestar y costumbres más civilizadas (*eyporōterous kai sōphronesterous gignomenous*) gracias a tu actividad (*epimeleia*).[69]

No obstante, Nicocles no quiere contentarse con hacer a las masas semejantes a él; al mismo tiempo quiere, sin que haya contradicción, distinguirse de los demás, de la élite y de aquellos mismos que son los más virtuosos. En ello radica a la vez la fórmula moral del ejemplo (ser un modelo para todos siendo mejor que los mejores) pero también la fórmula política de la competitividad por el poder personal en una aristocracia y el principio de un asentamiento estable para la tiranía prudente y moderada (estar a los ojos del pueblo dotado de más virtud que los más virtuosos):

> He comprobado que la mayor parte de los hombres son dueños del conjunto de sus actos, pero que los

67 *Ibid.*, 36.
68 *Ibid.*, 37.
69 *Ibid.*, 31.

mejores se dejan vencer por los deseos que despiertan en ellos muchachos y mujeres. He querido pues mostrarme capaz de firmeza; aquí fui llamado a ganarle no sólo a la multitud sino incluso a quienes se enorgullecen de su virtud.[70]

Pero es preciso comprender que esta virtud que funciona como ejemplo y marca una superioridad no debe su valor político al simple hecho de que sea un comportamiento honorable a los ojos de todos. De hecho, manifiesta a los gobernados la forma de relación que el príncipe mantiene consigo mismo: elemento político importante porque es esta relación consigo mismo la que modela y reglamenta el uso que hace el príncipe del poder que ejerce sobre los demás. Esta relación es pues importante en sí misma, en el resplandor visible con que se manifiesta y por la armazón racional que la garantiza. Por ello, Nicocles recuerda que su *sōphrosynē* pasó a los ojos de todos por una prueba; en efecto, hay circunstancias y épocas en que no es difícil mostrar que se puede ser justo y privarse del dinero o de los placeres, pero cuando se recibe el poder en plena juventud, dar muestras entonces de moderación constituye una suerte de prueba calificadora.[71] Además, subraya que su virtud no sólo es asunto de la naturaleza sino más bien de razonamiento (*logismos*): así pues, no es por azar ni por las circunstancias que observará buena conducta[72] sino de un modo deseado y constante.

Así, la moderación del príncipe, experimentada en la situación más peligrosa, y asegurada por la permanencia de la razón, sirve para fundar una especie de pacto entre el gobernante y los gobernados: pueden obedecerle con gusto, puesto que es dueño de sí. Puede exigirse a los súbditos que obedezcan con la garantía de la virtud del príncipe, pues desde luego es

---

70 *Ibid.*, 39.
71 *Ibid.*, 45.
72 *Ibid.*, 47.

capaz de moderar el poder que ejerce sobre los demás por el dominio que establece sobre sí mismo. Así termina el pasaje en que Nicocles, habiendo terminado de hablar de sí mismo, saca de ello argumentos para exhortar a sus súbditos a obedecerle:

> He dado mayor amplitud a este planteamiento sobre mí mismo [...] para no dejar ningún pretexto de que no ejecutéis de corazón y con celo los consejos y las prescripciones que os daré.[73]

La relación del príncipe consigo mismo y la forma en que se constituye como sujeto moral constituyen una pieza importante del edificio político; su austeridad forma parte de él y contribuye a su solidez. También el príncipe debe practicar una ascesis y ejercitarse él mismo:

> En definitiva, no hay atleta para el que fortificar su cuerpo sea una obligación tan grande como para un rey fortificar su alma, pues los premios que ofrecen los juegos no son nada en comparación de aquellos por los que vosotros, príncipes, lucháis cada día.[74]

3. En cuanto a la *Económica* atribuida a Aristóteles, sabemos qué problemas de datación plantea. Al texto que constituye los libros I y II se le reconoce de manera bastante general como un texto de "buena época" —sea que haya sido editado a partir de notas por un discípulo inmediato de Aristóteles o que haya sido obra de una de las primeras generaciones de peripatéticos—. En todo caso, puede dejarse por el momento de lado la tercera parte, o por lo menos el texto latino, manifiestamente más tar-

---

73 *Ibid.*
74 *A Nicocles,* 11. El tema de la virtud privada del príncipe como problema político ameritaría por sí solo un estudio completo.

dío, que ha sido considerado como una "versión" o una "adaptación" del tercer libro "perdido" de esta *Económica*. Mucho más breve e infinitamente menos rico que el texto de Jenofonte, el libro I se presenta igualmente como una reflexión sobre el arte (*technē*) de la economía; está destinado a definir, en el orden de la casa, las conductas de "adquisición" y de "valoración" (*ktēsasthai, chrēsasthai*).[75] El texto se presenta como un arte de gobernar preferentemente a los humanos más que a las cosas, y ello es porque, según un principio formulado en otra parte por Aristóteles, o sea no en la *Económica,* se le presta mucho mayor interés a las personas que a la posesión de bienes inanimados,[76] y de hecho el tratado de la *Económica* consagra lo esencial de las indicaciones que da (sin hacer, como Jenofonte, un gran lugar a las técnicas del cultivo) a las tareas de dirección, supervisión y control. Es un manual del amo, que debe en primer lugar "preocuparse" (*epimelein*) por su esposa.[77]

Este texto hace jugar poco más o menos los mismos valores que el tratado de Jenofonte: elogio de la agricultura, la cual, a diferencia de los oficios artesanales, es capaz de formar individuos "viriles"; afirmación de su carácter primero y fundador según la naturaleza y de su valor constituyente para la ciudad.[78] Pero muchos elementos llevan también la marca aristotélica: y en particular la doble insistencia en el arraigo natural de la relación matrimonial y en la especificidad que adopta en la sociedad humana.

A la asociación (*koinōnia*) del hombre y la mujer es presentada por el autor como algo que existe "por naturaleza" y cuyo ejemplo podemos encontrar entre los animales: "Su asociación responde a una necesidad absoluta".[79] Tesis constante en Aristóteles, ya se trate de la *Política,* donde esta necesidad está vin-

---

75 Seudo-Aristóteles, *Económica,* I, 1, 1, 1343a.
76 Aristóteles, *Política,* I, 13, 125a-b.
77 Seudo-Aristóteles, *Económica,* I, 3, 1, 1343b.
78 *Ibid.,* I, 2, 1-3, 1343a-b.
79 *Ibid.,* I, 3, 1, 1343b.

culada directamente con la procreación,[80] o de la *Ética nicoma-quea*, que presenta al hombre como un ser naturalmente "sin-diástico" y destinado a vivir en pareja.[81] Pero el autor de la *Eco-nómica* nos recuerda que esta *koinōnia* tiene características propias que no encontramos en las especies animales: no es que los animales no conozcan formas de asociación que van mucho más allá de la simple unión procreadora;[82] es que en los humanos la finalidad del vínculo que une a hombre y mujer no sólo concierne —según una distinción cara a Aristóteles— al "ser", sino al "ser pleno" (*einai, ey einai*). Entre los hombres, en todo caso, la existencia de la pareja permite, a lo largo de la existencia, la ayuda y el apoyo recíprocos; en cuanto a la progenie, no asegura simplemente la supervivencia de la especie: sirve al "propio interés de los padres", pues "los cuidados que, en su época de fuerza plena, prodigaron a seres débiles, en la debilidad de la vejez, a cambio, los obtienen de seres que ya se han hecho fuertes".[83] Y justo por este complemento de buena vida es que la naturaleza dispuso como lo hizo al hombre y a la mujer; en vista de la vida común, "organizó a uno y otro sexo". El primero es fuerte, el segundo se contiene por el temor; uno encuentra su salud en el movimiento, el otro se inclina a llevar una vida más sedentaria; uno aporta los bienes de la casa, el otro vela por lo que ésta contiene; uno alimenta a los niños, el otro los educa. La naturaleza en cierto modo programó la economía de la familia y las funciones que cada uno de los esposos debe tener en ella. A partir de principios aristotélicos, el autor incluye aquí el esquema de una descripción tradicional, del que Jenofonte ya había dado un ejemplo.

Inmediatamente después de este análisis de las complementa-riedades naturales, el autor de la *Económica* aborda la cuestión

---

80 Aristóteles, *Política*, I, 2, 1252a.
81 Aristóteles, *Ética nicomaquea,* VIII, 12, 7, 1162a.
82 Seudo-Aristóteles, *Económica*, I, 3, 1, 1343b.
83 *Ibid.,* I, 3, 3, 1343b.

del comportamiento sexual. Y ello en un pasaje breve, elíptico, y que vale la pena citar en extenso:

> El primer deber es no cometer ninguna injusticia: así no se habrá de sufrirla en carne propia. A ello conduce justamente la moral común: no debe sufrir ninguna injusticia la mujer, ya que ella, tal como dicen los pitagóricos, es en la casa como una suplicante y una persona arrancada de su hogar. Ahora bien, sería una injusticia por parte del marido que tuviera tratos ilegítimos (*thyraze synousiai*).[84]

No hay que asombrarse de que no se diga nada sobre la conducta de la mujer, ya que son bien conocidas las reglas y puesto que de todos modos nos encontramos aquí con un manual del amo: de su manera de actuar es precisamente de lo que se trata. Puede observarse también que nada se dice —como tampoco en Jenofonte— sobre lo que debería ser la conducta sexual respecto de la mujer ni acerca del cumplimiento del deber conyugal ni sobre las reglas del pudor, pues lo esencial está en otro lado.

Puede observarse primero que el texto sitúa muy claramente la cuestión de las relaciones sexuales en el marco general de las relaciones de justicia entre marido y mujer. Ahora bien, ¿cuáles son dichas relaciones?, ¿qué formas deben adoptar? A pesar de lo que anuncia un poco antes el texto acerca de la necesidad de determinar claramente qué género de "relación" (*homilia*) debe unir al hombre y a la mujer, nada hay en la *Económica* que hable de su forma general y de su principio. En otros textos, y en particular en la *Ética nicomaquea* y en la *Política*, en cambio, Aristóteles responde a esta pregunta cuando analiza la naturaleza política del lazo conyugal —es decir el tipo de autoridad que se ejerce en él—. Para él, entre el hombre y la mujer la relación es evidentemente inigualitaria, ya que es función del hombre gober-

84 *Ibid.*, I, 4, 1, 1344a.

nar a la mujer (la situación inversa, que puede deberse a muchas razones, es "contra natura").[85] No obstante, esta desigualdad debe distinguirse con cuidado de otras tres desigualdades: la que separa al amo del esclavo (pues la mujer es un ser libre), la que separa al padre de los hijos (y que da lugar a una autoridad de tipo real) y finalmente aquella que separa, en una ciudad, a los ciudadanos que mandan de los que son gobernados. Si en efecto la autoridad del marido sobre la mujer es más débil, menos total que en las dos primeras relaciones, tampoco tiene el carácter provisional que encontramos en la relación "política", en el sentido estricto del término, es decir en la relación entre ciudadanos libres en un Estado, porque, en una constitución libre, los ciudadanos a su turno mandan y son gobernados, mientras que en la casa es el hombre quien permanentemente debe guardar la superioridad.[86] Desigualdad de seres libres, pero desigualdad definitiva y fundada en una diferencia de naturaleza. En este sentido, la forma política de la relación entre marido y mujer será la aristocracia: un gobierno en el que siempre el mejor es el que manda, pero donde cada uno recibe su parte de autoridad, su papel y sus funciones en proporción de su mérito y de su valor. Como dice la *Ética nicomaquea,* "el poder del marido sobre la mujer parece ser de tipo aristocrático; proporcionalmente al mérito (*kat'axian*) es como el marido ejerce la autoridad y en los dominios en los que conviene que el hombre mande"; ello entraña, como en todo gobierno aristocrático, que delegue en su mujer la parte en que ella es competente (si todo lo quisiera hacer por sí mismo, el marido transformaría su poder en una "oligarquía").[87] La relación con la mujer se plantea así como una cuestión de justicia, directamente ligada con la naturaleza "política" del vínculo matrimonial. Entre un padre y un

85 Aristóteles, *Política,* I, 12, 1259b. En la *Ética nicomaquea,* VIII, 10, 5, 1161a, Aristóteles evoca la autoridad de las mujeres epícleras.
86 Aristóteles, *Política,* I, 12, 1259b.
87 Aristóteles, *Ética nicomaquea,* VII, 10, 1152a.

hijo, dice la *Ética eudemiana,* la relación no puede ser de justicia, tanto más cuanto que el hijo no ha adquirido aún su independencia, pues no es más que "una parte de su padre"; tampoco puede ser cuestión de justicia entre amo y siervos, salvo entenderla como una justicia "interna de la casa y propiamente económica". No sucede lo mismo con la mujer: sin duda ésta es y será siempre inferior al hombre y la justicia que debe regir las relaciones entre los esposos no puede ser la misma que la que reina entre los ciudadanos; sin embargo, a causa de su parecido, el hombre y la mujer deben mantener una relación que "se acerca mucho a la justicia política".[88] Ahora bien, en el pasaje de la *Económica* en el que se plantea el comportamiento sexual del marido parecería que el autor se refiere a una justicia bien distinta: evocando una sentencia pitagórica, destaca que la mujer es "en la casa como una suplicante y una persona arrancada de su hogar". No obstante, si lo vemos más de cerca, parecería que esta referencia a las suplicantes —y, de una manera más general, al hecho de que la mujer haya nacido en otro hogar y que, en casa de su marido, no está "en su casa"— no está destinada a definir el tipo de relaciones que debe haber en general entre un hombre y su esposa. Estas relaciones, en su forma positiva y en su conformidad con la justicia desigual que debe regirlas, habían sido evocadas indirectamente en el pasaje precedente. Podemos suponer que el autor, al evocar aquí la figura de la suplicante, recuerda que la esposa, por el hecho del matrimonio mismo, no puede exigirle a su marido fidelidad sexual, pero que no obstante hay algo que, en la situación de la mujer casada, demanda por parte del marido contención y limitación; se trata justamente de su posición de debilidad, que la somete a la buena voluntad del marido, como una suplicante raptada de su casa de origen.

En cuanto a la naturaleza de estos actos injustos, no es fácil precisarla a partir del texto de la *Económica.* Se trata de *thyraze*

88 Aristóteles, *Ética eudemiana,* I, 31, 18.

synousiai, de "tratos externos". La palabra *synousiai* puede designar una unión sexual particular; puede designar también un "comercio", un "enlace". Si hay que dar aquí al término su sentido más estricto, sería el de todo acto sexual cometido "fuera de casa" que constituyera, a los ojos de la esposa, una injusticia: exigencia que parece poco creíble en un texto que se mantiene bastante cerca de la moral corriente. Si, en cambio, se da a la palabra *synousiai* el valor más general de "relación", podemos ver bien por qué habría aquí una injusticia en el ejercicio de un poder que debe darle a cada uno su valor, su mérito y su posición: unos amoríos fuera del matrimonio, un concubinato y quizá hijos ilegítimos son otras tantas amenazas serias al respeto que se debe a la esposa; en todo caso, todo lo que en las relaciones sexuales del marido amenaza a la posición privilegiada de la mujer, en el gobierno aristocrático de la casa, es una forma de comprometer su necesaria y esencial justicia. Comprendida de este modo, la fórmula de la *Económica* no está muy alejada en su alcance concreto, de lo que Jenofonte deja entender cuando Iscómaco prometía a su mujer, si se portaba bien, no amenazar nunca sus privilegios ni su estatuto;[89] por lo demás, hay que observar que se trata de temas muy caros a Jenofonte los que se evocan en las líneas inmediatamente siguientes: la responsabilidad del marido en la formación moral de su esposa y la crítica de los afeites (*kosmēsis*) como mentira y engaño que es preciso evitar entre esposos. Pero mientras que Jenofonte hace de la templanza del marido un estilo propio del dueño de casa vigilante y sabio, el texto aristotélico parece inscribirla en el juego múltiple de las diferentes formas de justicia que deben regular las relaciones de los hombres en la sociedad.

Sin duda, es difícil señalar con exactitud cuáles son los comportamientos sexuales que el autor de la *Económica* permite o

---

89 Pero hay que subrayar que Iscómaco evocaba las situaciones de rivalidad que pueden provocar las relaciones con los sirvientes de la casa. Aquí son los amoríos exteriores los que surgen amenazadores.

prohíbe al marido que quiere comportarse bien, pero parecería que la templanza del esposo, sea cual fuere su forma precisa, no deriva del lazo personal entre los esposos y no se le impone del mismo modo que se le pide a una esposa estricta fidelidad. Es dentro del contexto de una distribución desigual de los poderes y de las funciones donde el marido debe conceder un privilegio a su mujer, y es por una actitud voluntaria —fundamentada en el interés o la prudencia— que, como quien sabe administrar un poder aristocrático, sabrá reconocer lo que es de cada uno. La moderación del marido es aquí una vez más una ética del poder que se ejerce, pero esta ética se piensa como una de las formas de la justicia. Modo bien inigualitario y formal de definir la relación entre marido y mujer y el lugar que en ella deben ocupar sus virtudes respectivas. No olvidemos que una forma semejante de concebir las relaciones conyugales de ningún modo era exclusiva de la reconocida intensidad de las relaciones amistosas. La *Ética nicomaquea* reúne todos estos elementos —la justicia, la desigualdad, la virtud, la forma aristocrática de gobierno— y merced a ellos define Aristóteles el carácter propio de la amistad del marido por su mujer; esta *philia* del esposo

> [...] es la que encontramos en el gobierno aristocrático [...] Es proporcional a la virtud; el mejor tiene la superioridad de los beneficios y por lo demás cada uno obtiene lo que le conviene. Tal es también el carácter de la justicia.[90]

Y más adelante añade Aristóteles:

> Buscar cuál debe ser la conducta del marido en relación con la mujer, y en general la del amigo en rela-

---

90 Aristóteles, *Ética nicomaquea*, VIII, 11, 4, 1161a.

ción con el amigo, es manifiestamente investigar cómo son respetadas las reglas de la justicia.[91]

Así pues, en el pensamiento griego de la época clásica encontramos los elementos de una moral del matrimonio que parece exigir, por parte de uno y otro de los esposos, una renuncia semejante a toda actividad sexual exterior a la relación matrimonial. Con respecto a la regla de una práctica sexual exclusivamente conyugal, impuesta en principio a la mujer por su estatuto, así como por las leyes de la ciudad y de la familia, esta regla, parecería que algunos llegan a concebir que es igualmente aplicable a los hombres; en todo caso, tal es la lección que parece desprenderse de la *Económica* de Jenofonte y de la del seudo-Aristóteles, o de algunos textos de Platón y de Isócrates. Estos pocos textos aparecen bien aislados en medio de una sociedad en la que ni las leyes ni las costumbres contenían semejantes exigencias. Así es. Pero no parece posible ver en ellos el primer esbozo de una ética de la fidelidad conyugal recíproca, ni tampoco el inicio de una codificación de la vida matrimonial a la que el cristianismo dará una forma universal, un valor imperativo y el apoyo de todo un sistema institucional.

91 *Ibid.,* VIII, 12, 8, 1162a. Sobre las relaciones de la *philia* y del matrimonio en Aristóteles, cfr. J.-C. Fraisse, *Philia, la notion d'amitié sur la philosophie antique,* París, 1974.
Es necesario observar que en la ciudad ideal, descrita por Aristóteles en la *Política,* las relaciones entre marido y mujer se definen de un modo bastante cercano a lo que podemos encontrar en Platón. La obligación de procrear se suspenderá cuando los padres sean demasiado viejos para ello: "Durante los años de vida que quedan por recorrer, no se tendrán relaciones sexuales más que por razones evidentes de salud o por cualquier otra causa análoga. Por lo que se refiere a las relaciones 'del marido con otra mujer o de la esposa con otro hombre', convendrá contemplarlas como una acción deshonrosa *(mē kalon),* y ello de una manera absoluta y sin excepción, tanto tiempo como subsista el matrimonio y se llamen marido y mujer". Esta falta, por razones fáciles de comprender, tendrá consecuencias legales —la *atimia*— si se comete "durante el tiempo en que la procreación puede tener lugar" *(Política,* VIII, 16, 1135a-1136b).

Y ello, por múltiples razones. Salvo en el caso de la ciudad platónica, en la que las mismas leyes valen para todos de la misma manera, la templanza que se le exige al marido no tiene ni los mismos fundamentos ni las mismas formas que la que se le impone a la mujer: estas últimas derivan directamente de una situación de derecho y de una dependencia estatutaria que la coloca bajo el poder del marido; las primeras, en cambio, dependen de una elección, de una voluntad de dar a su vida una determinada forma. Asunto de estilo, en cierto modo: el hombre es llamado a templar su conducta en función del dominio que está resuelto a ejercer sobre sí mismo y de la moderación con la que quiere poner en juego su dominio sobre los demás. De ahí el hecho de que esta austeridad se presenta —como en Isócrates— como un refinamiento cuyo valor ejemplar no adopta la forma de un principio universal; de ahí también el hecho de que la renuncia a toda relación fuera de la relación conyugal no está explícitamente prescrita por Jenofonte ni tampoco quizá por el seudo-Aristóteles, y que en Isócrates no toma la forma de un compromiso definitivo sino más bien de una hazaña.

Además, sea la prescripción simétrica (como en Platón) o no, no es sobre la naturaleza particular y sobre la forma propia de la relación conyugal que se establece la templanza exigida al marido. Sin duda, puesto que está casado, su actividad sexual debe sufrir algunas restricciones y aceptar una determinada medida. Pero es la situación de hombre casado, no la relación con la esposa, la que lo exige: casado, como lo quiere la ciudad platónica, según las formas que ella decide, y para darle los ciudadanos de los que necesita; casado y teniendo que administrar a ese título una casa que debe prosperar en el buen orden y cuyo buen mantenimiento debe ser a los ojos de todos la imagen y la garantía de un buen gobierno (Jenofonte e Isócrates); casado y obligado a poner en juego, en las formas de la desigualdad propia del matrimonio y de la naturaleza de la mujer, las reglas de la justicia (Aristóteles). Ahí no hay nada que sea exclusivo de sentimientos personales, de adhesión, de afecto y de solicitud. Pero hay que comprender que nunca es para con su mujer y en la relación que los une en tanto individuos que se hace necesaria esta *sōphrosynē*. El esposo se la debe a sí mismo, en la medida en que el hecho de estar casado lo introduce en un juego particular de deberes o de exigencias en los que se hallan en juego su reputación, su fortuna, su relación con los demás, su prestigio en la ciudad, su voluntad de llevar una existencia buena y bella.

Es comprensible entonces por qué la templanza del hombre y la virtud de la mujer pueden presentarse como dos exigencias simultáneas, cada una derivando a su manera y bajo sus formas propias del estado matrimonial, y que, no obstante, la cuestión de la práctica sexual como elemento —y elemento esencial de la relación conyugal— no sea casi nunca planteada. Más tarde, las relaciones sexuales entre esposos, la forma que deben adoptar, los gestos permitidos, el pudor que deben respetar, pero también la intensidad de los vínculos que manifiestan y guardan, serán un elemento importante de reflexión; toda esta vida sexual entre los esposos dará lugar, en la pastoral cristiana, a una codificación con frecuencia muy detallada; pero ya antes Plutarco había planteado problemas no sólo sobre la forma de las relaciones sexuales entre esposos sino sobre su significación afectiva, y había subrayado la importancia de los placeres recíprocos para su adhesión mutua. Lo que caracterizará a esta nueva ética no es simplemente que el hombre y la mujer se vean reducidos a no tener más que un solo compañero sexual —el cónyuge—; de igual modo será problematizada su actividad sexual como un elemento esencial, decisivo y particularmente delicado de su relación conyugal personal. Nada de esto es viable en la reflexión moral del siglo IV; con ello no se sugiere que los placeres sexuales tuvieran entonces poca importancia en la vida matrimonial de los griegos y para el buen entendimiento de la pareja: en todo caso, éste es otro problema. Pero era preciso subrayar, con el fin de comprender la elaboración de la conducta sexual como problema moral, que el comportamiento sexual de ambos esposos no era cuestionado en el pensamiento griego clásico a partir de la relación personal. Lo que sucedía entre ellos tenía importancia desde el momento en que se trataba de tener hijos. Por lo demás, su vida sexual común no era objeto de reflexión y de prescripción: el punto de la problematización debía probarse, por las razones y en las formas correspondientes a su sexo y a su estatuto, para cada uno de los cónyuges, en la templanza. La moderación no era un asunto común entre ellos y del cual debieran preocuparse uno respecto del otro. Esto está muy lejos de la pastoral cristiana en la que cada esposo deberá responder de la castidad del otro, al no inducirlo a cometer el pecado de la carne —sea mediante solicitaciones demasiado impúdicas, sea mediante rechazos demasiado rigurosos—. La templanza entre los moralistas griegos de la época clásica se prescribía a ambos miembros de la vida de matrimonio, pero se daba en cada uno de ellos de modo distinto en relación consigo mismo. La virtud de la mujer constituía el correlato y la garantía de una actitud sumisa; la austeridad masculina surgía de una ética de la dominación que se pone límites.

4. Erótica

El uso de los placeres en la relación con los muchachos ha sido, para el pensamiento griego, motivo de inquietud, lo cual es paradójico en una sociedad que pasa por haber "tolerado" lo que llamamos "homosexualidad". Pero quizá no sea prudente aquí utilizar estos dos términos.

De hecho, la noción de homosexualidad es muy poco adecuada para recubrir una experiencia, formas de valorización y un sistema de cortejo tan distinto del nuestro. Los griegos no oponían, como dos elecciones exclusivas, como dos tipos de comportamiento radicalmente distintos, el amor del propio sexo y aquel del otro. Las líneas divisorias no seguían semejante frontera. Aquello que oponía a un hombre atemperado y dueño de sí mismo de aquel que se daba a los placeres era, desde el punto de vista de la moral, mucho más importante de lo que distinguía entre sí a las categorías de placeres a las que uno podía consagrarse por entero. Tener costumbres relajadas era no saber resistirse a las mujeres ni a los muchachos, sin que lo uno fuera más grave que lo otro. Cuando Platón hace el retrato del hombre tiránico, es decir del que deja "al tirano Eros entronizarse en su alma y gobernar todos sus movimientos",[1] lo muestra bajo dos aspectos equivalentes, don-

---

1 Platón, *La República*, IX, 573d.

de se marcan de la misma manera el desprecio por las obligaciones más esenciales y la sujeción a la empresa general del placer:

> Si se apasiona por una cortesana, que para él no es más que una nueva relación superflua, ¿cómo trataría a su madre, amiga de antiguo, que le ha dado la vida? Y si tiene por un bello adolescente un amor nacido ayer y superfluo, ¿cómo tratará a su padre?[2]

Cuando se le reprochaba a Alcibiades su intemperancia, no era por una cosa más que por la otra, sino, como lo decía Bión de Borístenes, "por haber apartado en su adolescencia a los maridos de sus mujeres y, en su juventud, a las mujeres de sus maridos".[3]

A la inversa, para mostrar la continencia de un hombre, se indicaba —es lo que hizo Platón a propósito de Icos de Tarento—[4] que era capaz de abstenerse tanto de los muchachos como de las mujeres y, según Jenofonte, la ventaja que Ciro encontraba en requerir eunucos para el servicio de la corte radicaba en su incapacidad para menoscabar a mujeres y a muchachos.[5] Hasta tal punto parecía que estas dos inclinaciones eran igualmente verosímiles, tanto la una como la otra, que podían coexistir perfectamente en un mismo individuo.

¿Bisexualidad de los griegos? Si se quiere indicar por ello que un griego podía simultáneamente amar a un muchacho y a una muchacha, que un hombre casado podía tener sus *paidika*, que era común que tras las inclinaciones de juventud hacia los muchachos se propendiera más bien hacia las mujeres, puede decirse efectivamente que eran "bisexuales". Pero si queremos prestar atención a la forma en que reflexionaban sobre esta

---

2 *Ibid.,* IX, 574b-c.
3 Diógenes Laercio, *Vida de los filósofos,* IV, 7, 49.
4 Platón, *Leyes,* VIII, 840a.
5 Jenofonte, *Ciropedia,* VII, 5.

doble práctica, habrá que destacar que no reconocían en ella dos clases de "deseo", "dos pulsiones" distintas o concurrentes que compartieran el corazón de los hombres o su apetito. Puede hablarse de su "bisexualidad" si pensamos en la libre elección que ellos se permitían entre los sexos, pero esta posibilidad no se refería para ellos a una doble estructura, ambivalente y "bisexual" del deseo. A sus ojos, lo que hacía que se pudiera desear a un hombre o a una mujer era solamente el apetito que la naturaleza había implantado en el corazón del hombre hacia quienes son "bellos", cualquiera fuera su sexo.[6]

Ciertamente, encontramos en el discurso de Pausanias[7] una teoría de los dos amores, de la que el segundo —el de Urano, el celeste— se dirige exclusivamente a los muchachos. Pero la distinción no se hace entre un amor heterosexual y uno homosexual; Pausanias traza la línea divisoria entre "el amor que experimentan los hombres de baja especie" —que tiene por objeto tanto a las mujeres como a los muchachos, que no busca más que el acto mismo (*to diaprattesthai*) y que se cumple al azar— y el amor más antiguo, más noble y más razonable que se vincula a quien puede tener el mayor vigor e inteligencia, y aquí sólo se puede tratar, evidentemente, del sexo masculino. El *Banquete* de Jenofonte muestra que la diversidad de la elección entre muchacha y muchacho no responde de ningún modo a la distinción entre dos tendencias o a la oposición entre dos formas de deseo. Calias da su fiesta en honor del joven Autólico, de quien está enamorado; la belleza del muchacho es tal que atrae las miradas de todos los convidados con tanta insistencia que "una luz apareció en la noche"; "nadie... dejó de sentir que el alma se conmovía ante su aspecto".[8] Ahora bien, entre los invitados muchos son casados o están comprometidos, como Nicérato —quien siente por su mujer un amor al que ella se entrega, según el juego del *Eros* y el *Anteros*— o Critóbulo, quien no obs-

6   Sobre este punto, cfr. K. J. Dover, *Homosexualité grecque*, p. 86.
7   Platón, *Banquete*, 181b-d.
8   Jenofonte, *Banquete*, I, 9.

tante está todavía en la edad de tener quien suspire por él al igual que amantes;[9] por lo demás, Critóbulo canta su amor por Clinias, un muchacho que conoció en la escuela y, en una justa cómica, hace valer su propia belleza contra la de Sócrates; la recompensa del concurso debe ser un beso de un muchacho y el de una muchacha que pertenecen a un siracusano que les montó una danza cuya gracia y habilidades acrobáticas hicieron las delicias de todos. También les enseñó a representar los amores de Dionisos y Ariadna, y los convidados, que hacía un instante habían oído a Sócrates decir lo que debe ser el verdadero amor por los muchachos, se sienten todos vivamente "excitados" (*aneptoromenoi*) al ver a ese "Dionisos tan bello" y a esta "Ariadna tan verdaderamente encantadora" intercambiar besos muy reales; si escucháramos los juramentos que pronuncian, podríamos adivinar que los jóvenes acróbatas son "enamorados a los que por fin se permite aquello que desearon durante tanto tiempo".[10] Tantas y diversas incitaciones al amor empujan a todos al placer: unos, al final del *Banquete,* montan sus caballos para ir al encuentro de sus mujeres, mientras que Calias y Sócrates parten con el fin de reunirse con el bello Autólico. En este banquete en el que han podido deleitarse juntos con la belleza de una muchacha o con el encanto de los muchachos, los hombres de todas las edades encendieron el apetito del placer o el amor serio que unos buscan por el lado de las mujeres y los otros por el lado de los jóvenes.

Ciertamente, la preferencia por los muchachos y las muchachas se reconocía fácilmente como un rasgo de carácter: los hombres podían distinguirse por el placer al que se sentían más inclinados;[11] asunto de gustos que podía prestarse a bromas, pero no de tipología que comprometiera la naturaleza misma del individuo, la verdad de su deseo o la legitimidad natural de

9 *Ibid.,* II, 3.
10 *Ibid.,* IX, 5-6.
11 Cfr. Jenofonte, *Anábasis,* VII, 4, 7.

su propensión. No se concebían dos apetitos distintos distribuidos en individuos distintos o enfrentados en una misma alma; más bien se veían dos maneras de buscar su placer, de las que una convenía mejor a determinados individuos o a determinados momentos de la vida. La práctica de los muchachos y la de las mujeres no constituían categorías clasificatorias por medio de las cuales podía separarse a los individuos; el hombre que prefería las *paidika* no hacía la experiencia de sí mismo como "otro" frente a quienes perseguían a las mujeres.

En cuanto a las nociones de "tolerancia" o de "intolerancia", también éstas serían insuficientes para dar cuenta de la complejidad de los fenómenos. Amar a los muchachos era una práctica "libre" en el sentido de que no sólo estaba permitida por las leyes (salvo circunstancias particulares) sino aceptada por la opinión. Más aún, encontraba sólidos apoyos en distintas instituciones (militares o pedagógicas). Tenía sus cauciones religiosas en los ritos y fiestas en los que se clamaba en su favor a las potencias divinas que debían protegerla.[12] Finalmente, era una práctica culturalmente valorada por toda una literatura que la ensalzaba y una reflexión que fundamentaba su excelencia. Pero a todo ello se mezclaban actitudes bien diferentes: desprecio por los jóvenes demasiado fáciles o demasiado interesados, descalificación de los hombres afeminados, de los que Aristófanes y los autores cómicos se burlaban con harta frecuencia,[13] rechazo de ciertas conductas vergonzosas como la de Cinedes, quien, a los ojos de Calicles, a pesar de su atrevimiento y de su franqueza, era la prueba patente de que no todo placer puede ser bueno y honorable.[14]

---

12 Cfr. F. Buffière, *Éros adolescent*, pp. 90-91.
13 Así Clístenes en los *Acarnianos* o Agatón en las *Tesmoforias* de Aristófanes.
14 Platón, *Gorgias*, 494e: "Sócrates: ¿No es la vida de los libertinos *(ho tōn kinaidōn bios)* repulsiva, vergonzosa y miserable? ¿Te atreverás a decir que la gente de esta clase es feliz si tiene todo lo que desea en abundancia? —Calicles: ¿No sientes vergüenza, Sócrates, de tocar semejantes temas?".

Parece pues que esta práctica, aunque admitida y corriente, estaba rodeada de apreciaciones diversas y atravesada por un juego de valoraciones y desvaloraciones bastante complejo como para hacer difícilmente comprensible la moral que la gobernaba. Y siempre se tenía una clara conciencia de esta complejidad; por lo menos es lo que surge del pasaje del discurso de Pausanias en el que muestra cuán difícil es saber si en Atenas se favorece o se es hostil a esa forma amorosa. Por un lado, se la acepta tanto —más aún: se le concede tan alto valor— que se honra entre los enamorados conductas que en los demás se juzgan como locuras o acciones indecorosas: los ruegos, las súplicas, las persecuciones obstinadas y todos los falsos juramentos. Pero, por otro lado, vemos el cuidado que tienen los padres en proteger a sus hijos de las intrigas o en exigir a los pedagogos que pongan obstáculos a ello, mientras que se oye a los compañeros reprocharse unos a otros el aceptar semejantes relaciones.[15]

Esquemas lineales y simples casi no permiten comprender el modo singular de atención que se prestaba en el siglo IV al amor de los muchachos. Hay que intentar retomar la cuestión en otros términos que los de la "tolerancia" hacia la "homosexualidad". Y en vez de investigar hasta qué punto ésta pudo ser libre en la Grecia antigua (como si se tratara de una experiencia invariable por sí que corre uniformemente por debajo de mecanismos de represión modificables a través del tiempo), más vale preguntarse cómo y bajo qué forma el placer entre hombres pudo representar un problema; cómo se cuestionó acerca de él, qué problemas particulares pudo hacer surgir y en qué debate se vio metido; en suma, por qué, cuando era una práctica extendida, de ningún modo la condenaban las leyes y se reconocía de manera general su encanto, fue objeto de una preocupación moral particular y especialmente intensa, tanto que se encontró rodeada de valores, de imperativos, de exigen-

15 Platón, *Banquete*, 182a-183d.

cias, de reglas, de consejos, de exhortaciones, a la vez numerosos, apremiantes y singulares.

Para decir las cosas de manera muy esquemática: hoy tendemos a pensar que las prácticas de placer, cuando tienen lugar entre dos compañeros del mismo sexo, parten de un deseo cuya estructura es particular; pero admitimos —si somos "tolerantes"— que no es ésta una razón para someterlas a una moral, mucho menos a una legislación, diferente de la que es común a todos. Nuestro cuestionamiento recae sobre la singularidad de un deseo que no se dirige al otro sexo: y al mismo tiempo afirmamos que no debemos otorgar a este tipo de relaciones un menor valor ni reservarle un estatuto particular. Ahora bien, parece que fue muy distinto con los griegos: pensaban que el mismo deseo se dirigía a todo lo que era deseable —muchacho o muchacha— bajo la reserva de que el apetito era más noble cuando se dirigía a aquello que era más bello y más honorable, pero también pensaban que este deseo debía dar lugar a una conducta particular cuando tenía lugar en una relación entre dos individuos del sexo masculino. Los griegos no imaginaban tampoco que un hombre tuviera necesidad de "otra" naturaleza para amar a un hombre, pero sí estimaban que los placeres que se obtenían de tal relación requerían de una forma moral distinta de la que se requería cuando se trataba de amar a una mujer. En este género de relación, los placeres no revelan, en quien los experimenta, una naturaleza extraña, pero su uso requería de una estilística propia.

Es un hecho que los amores masculinos han sido objeto, en la cultura griega, de toda una efervescencia de pensamientos, de reflexiones y de discusiones acerca de las formas que debían tomar o del valor que podía reconocérseles. Sería insuficiente no ver en esta actividad de discurso más que la traducción inmediata y espontánea de una práctica libre, que busca así expresarse naturalmente, como si bastara que un comportamiento no fuera prohibido para que se constituyese en dominio de cuestionamiento o foco de preocupaciones teóricas o morales.

Pero sería completamente inexacto no suponer en estos textos más que un intento de aderezar con una justificación honorable el amor que puede sentirse por los muchachos: lo que presupondría condenas o descalificaciones que de hecho son de fecha mucho más tardía. Más bien hay que tratar de saber cómo y por qué esta práctica dio lugar a una problematización moral singularmente compleja.

Poco nos resta de lo que los filósofos griegos escribieron acerca del amor en general y de éste en particular. La idea que podemos hacernos de estas reflexiones y de su temática general no puede ser más que bastante incierta desde el momento en que se ha conservado un número tan limitado de textos; por lo demás, casi todos enlazan con la tradición socrático-platónica, aunque nos faltan obras como aquellas mencionadas por Diógenes Laercio, de Antístenes, de Diógenes el cínico, de Aristóteles, de Teofrasto, de Zenón, de Crisipo o de Crantor. No obstante, los discursos más o menos irónicamente mencionados por Platón pueden dar una cierta apreciación de lo que se trataba en tales reflexiones y debates sobre el amor.

1. En principio hay que subrayar que las reflexiones filosóficas y morales acerca del amor masculino no recubren todo el dominio posible de las relaciones sexuales entre hombres. Lo esencial de la atención se centra en una relación "privilegiada", foco de problemas y de dificultades, objeto de preocupación particular: se trata de una relación que implica entre los miembros de la pareja una diferencia de edad y, a partir de ésta, una cierta diferencia de estatuto. La relación sobre la que se centra el interés, sobre la que se discute y sobre la cual se plantean preguntas no es la que enlazaría a dos adultos ya maduros o a dos muchachos de la misma edad, sino aquella que se desarrolla entre dos hombres (y nada impide que ambos sean jóvenes y de edad semejante) considerados como pertenecientes a dos clases de edad distintas y uno de ellos, muy joven, todavía sin

terminar su formación y, por lo tanto, sin alcanzar su estatuto definitivo.[16] La existencia de este desnivel es la que marca la relación sobre la que los filósofos y los moralistas se interrogan. Pero tal atención particular no obliga a sacar conclusiones apresuradas ni sobre los comportamientos sexuales de los griegos ni sobre las particularidades de sus gustos (aun cuando muchos de los elementos de la cultura muestran que todo joven era a la vez señalado y reconocido como objeto erótico muy apreciado). En todo caso, no habría que pensar que sólo se practicaba este tipo de relaciones: encontramos muchas referencias a amores masculinos que no obedecen a este esquema ni comportan entre los componentes de la pareja ese "diferencial de edad". Sería igualmente inexacto suponer que, practicadas, estas otras formas de relación eran mal vistas y sistemáticamente calificadas de malsanas. Las relaciones entre jóvenes adolescentes se consideraban del todo naturales, y aun parte integrante de su condición.[17] A la inversa, podía citarse sin vergüenza el amor vivo que se prolonga en una pareja de hombres que ha dejado atrás ampliamente la adolescencia.[18] Sin duda por razones que ya veremos —y que se refieren a la polaridad, considerada necesaria, entre la actividad y la pasividad— la relación entre dos hombres maduros será más fácilmente objeto de

16 Si los textos se refieren con frecuencia a esta diferencia de edad y de posición, es preciso observar que las indicaciones sobre la edad real de los compañeros son con frecuencia oscilantes (cfr. F. Buffière, *op. cit.*, pp. 605-607). Además, vemos personajes que desempeñan el papel de amantes en relación con unos y de amados en relación con los otros; como Critóbulo en el *Banquete* de Jenofonte, donde ensalza su amor por Clinias, al que conoció en la escuela y que, como él, es muy joven (sobre estos dos muchachos y su muy ligera diferencia de edad, cf. Platón, *Eutidemo*, 271b).

17 En el *Cármide* (153c), Platón describe la llegada de un muchacho joven al que siguen todas las miradas —de adultos y de adolescentes— "hasta de los más pequeños".

18 Se ha citado muchas veces el ejemplo de Eurípides, quien amaba aún a Agatón cuando éste era ya un hombre hecho y derecho. F. Buffière *(op cit.,* p. 613, n. 33) cita a este respecto una anécdota contada por Eliano *(Historias varias,* XIII, 5).

crítica o de ironía debido a que la sospecha de una pasividad siempre mal vista es más particularmente grave cuando se trata de un adulto. Pero, sean bien aceptadas o motivo de sospechas, hay que observar —por el momento esto es lo más importante— que estas relaciones no son objeto de una preocupación moral o de un interés teórico mayores. Sin ser ignoradas ni inexistentes, no destacan dentro del dominio de la problematización activa e intensa. La atención y la inquietud se concentran en aquellas relaciones en las que puede adivinarse que están cargadas de múltiples apuestas: aquellas que pueden anudarse entre un hombre mayor, ya de formación acabada —y de quien se supone que desempeña la función social, moral y sexualmente activa— y el más joven, que no ha alcanzado su estatuto definitivo y que necesita ayuda, consejos y apoyo. Esta diferencia, en el corazón de la relación, era en suma la que la hacía válida y posible. Por su causa, se valoraba esta relación; por su causa, se planteaban interrogantes, y donde no era manifiesta, se buscaba encontrarla. Así placía discutir acerca de la relación entre Aquiles y Patroclo, con el fin de saber cómo se diferencian y cuál de los dos tiene primacía sobre el otro (ya que sobre este punto el texto de Homero es ambiguo).[19] Una relación masculina provocaba una preocupación teórica y moral cuando se articulaba sobre una diferencia bastante marcada alrededor del umbral que separa al adolescente del hombre.

2. No parece que el privilegio acordado a este tipo particular de relación haya sido solamente el manifestado por los moralistas o los filósofos animados por una inquietud pedagógica. Tenemos la costumbre de vincular estrechamente el amor griego

---

19 Homero dio a uno la posición, al otro la edad: a uno la fuerza, al otro la reflexión (*Ilíada*, XI, 786). Sobre la discusión acerca de su papel respectivo, cfr. Platón, *Banquete*, 180a-b; Esquines, *Contra Timarco*, 143.

por los muchachos con la práctica de la educación y con la enseñanza filosófica. A ello invita el personaje de Sócrates, al igual que la representación que se le da constantemente en la Antigüedad. De hecho, un contexto muy amplio contribuía a la valoración y a la elaboración de la relación entre hombres y adolescentes. La reflexión filosófica que la adoptará como tema arraiga de hecho en prácticas sociales muy extendidas, reconocidas y relativamente complejas: y es que, según parece, a diferencia de las demás relaciones sexuales, o en todo caso más que ellas, las que unen al hombre y al adolescente más allá de un determinado umbral de edades y de posición que los separe, eran objeto de una especie de ritualización que, al imponerles muchas reglas, les daba forma, valor e interés. Incluso antes de que fueran tomadas en cuenta por la reflexión filosófica, estas relaciones eran ya el pretexto para todo un juego social.

A su alrededor se habían formado prácticas de "cortejo": sin duda, éstas carecían de la complejidad que encontramos en otras artes de amar, como las que se desarrollaron en la Edad Media, pero eran algo bien distinto de la costumbre que había que respetar para poder obtener de buen modo la mano de una joven. Definen todo un conjunto de conductas convenidas y convenientes, haciendo así de esta relación un dominio cultural y moralmente sobrecargado; estas prácticas —de las que K. J. Dover[20] comprobó la realidad a través de numerosos documentos— definen el comportamiento mutuo y las respectivas estrategias que deben observar los dos compañeros para dar a sus relaciones una forma "bella", estética y moralmente válida. Fijan el papel del *erasta* y el del *erómeno*. Uno está en posición de tomar la iniciativa, uno persigue, lo que le da derechos y obligaciones: debe mostrar su ardor, pero también debe moderarlo; debe hacer regalos y prestar servicios; tiene funciones que ejercer en relación con el amado, y todo esto le da derecho

20 K. J. Dover, *Homosexualité grecque*, pp. 104-116.

a esperar la justa recompensa. El otro, el que es amado y cortejado, debe guardarse de ceder con demasiada facilidad; debe
evitar también aceptar demasiados homenajes, dar sus favores
en forma alocada y por interés, sin experimentar el valor de su
compañero; igualmente, debe manifestar reconocimiento por
todo lo que el amante ha hecho por él. Ahora bien, por sí misma, esta práctica de cortejo muestra que la relación sexual entre hombre y muchacho "no es miel sobre hojuelas"; debe ir
acompañada de convenciones, de reglas de comportamiento, de
modos de hacer, de todo un juego de dilaciones y de trampas
destinadas a retardar el término y a integrarlo en una serie de
actividades y de relaciones conexas. Es decir, que todo este género de relaciones perfectamente admitido no era "indiferen-
te". Ver tan sólo en todas estas precauciones que se tomaban y
en el interés que se les prestaba la prueba de que este amor era
libre es dejar de lado el punto esencial, es desconocer la diferencia que se hacía entre este comportamiento sexual y los demás, acerca de los cuales nadie se inquietaba por saber cómo
debían desarrollarse. Todas estas preocupaciones muestran que
las relaciones de placer entre hombres y adolescentes constituyen ya en la sociedad un elemento delicado y un punto tan neu-
rálgico que uno no podía sino preocuparse acerca de la conducta de unos y de otros.

3. Pero podemos enseguida darnos cuenta de una diferencia
considerable ante ese otro foco de interés y de interrogación que
es la vida matrimonial. Y es que, entre hombres y muchachos, se
lidia con un juego "abierto", por lo menos hasta cierto punto.

Abierto "espacialmente". En la *Económica y el arte del hogar* se
lidiaba con una estructura espacial binaria en la que el lugar de
los dos cónyuges era objeto de una distinción cuidadosa (el exterior para el marido, el interior para la esposa, las habitaciones
de los hombres por un lado y por el otro las de las mujeres).
Con el muchacho, el juego se despliega en un espacio muy dis-

tinto: espacio común por lo menos a partir del momento en que el niño ha alcanzado cierta edad —espacio de la calle y de los lugares de reunión, con algunos puntos estratégicamente importantes (como el gimnasio)—, pero espacio en el que cada uno se desplaza libremente,[21] de modo que es preciso perseguir al muchacho, cazarlo, acecharlo por donde puede pasar y detenerlo en el lugar en el que se encuentre; es un tema de queja irónica, por parte de los enamorados, esa necesidad de seguirlo hasta el gimnasio, de ir a la caza del amado y de agotarse participando en los ejercicios para los que ya no está hecho.

Pero el juego es también abierto y sobre todo se ve en que no puede ejercerse sobre el muchacho —desde el momento en que no es de origen servil— ningún poder estatuario: es libre de hacer su elección, de aceptar o rechazar, de preferir o de decidir. Para obtener de él aquello que siempre conserva el derecho de rehusar, hay que ser capaz de convencerlo; quien quiere retener su preferencia, debe superar a juicio suyo a los rivales si es el caso, y, para ello, servirse del prestigio, las propias cualidades o los regalos, pero la decisión pertenece al propio muchacho: en esta partida que se juega nunca se está seguro de ganar. Ahora bien, precisamente en esto radica su interés. Nada lo atestigua mejor que la queja graciosa de Hierón el tirano, tal como lo relata Jenofonte.[22] Ser tirano, explica, no hace agradable ni la relación con la esposa ni con el muchacho. Pues un tirano no puede tomar mujer más que en una familia inferior, y pierde así todas las ventajas de vincularse con una familia "más rica y más poderosa que uno". Con el muchacho —y Hierón está enamorado de Dailocos— el hecho de disponer de un poder despótico suscita otros obstáculos; los favores que Hierón querría obtener con tanto empeño debe alcanzarlos con la amistad

---

21 Esta libertad era supervisada y limitada en las escuelas. Cfr. lo que Esquines recuerda, en *Contra Timarco,* acerca de las escuelas y de las precauciones que debía tomar el maestro (9-10). Sobre los lugares de encuentro, cfr. F. Buffière, *op. cit.,* pp. 561 ss.

22 Jenofonte, *Hierón,* 1.

y de buen grado; pero "tomarlos por la fuerza" no prueba más que el deseo de "hacerse daño a uno mismo". Tomar algo del enemigo contra su voluntad es el mayor de los placeres; en cuanto a los favores de los muchachos, los más dulces son aquellos que conceden voluntariamente. ¡Qué placer, por ejemplo,

> [...] al intercambiar miradas con un amigo que os corresponde! ¡Qué encanto hay en sus preguntas! ¡Qué encanto hay en sus respuestas! Aun los dimes y diretes están llenos de dulzura y de hechizos. Pero gozar de un muchacho a su pesar es piratería más que amor.

En el caso del matrimonio, la problematización de los placeres sexuales y de sus usos se hace a partir de la relación estatutaria que da al hombre el poder de gobernar a la mujer, a los otros, al patrimonio, a la casa; la cuestión esencial radica en la moderación con que se ejerce tal poder. En el caso de las relaciones con los muchachos, la ética de los placeres habrá de hacer jugar, a través de las diferencias de edad, estrategias delicadas que deben tener en cuenta la libertad del otro, su capacidad de rechazo y la necesidad de su consentimiento.

4. Dentro de esta problematización de la relación con el adolescente, la cuestión del tiempo es importante, pero se plantea de manera singular; lo que importa ya no es, como en el caso de la Dietética, el instante oportuno del acto ni, como en la Económica, el mantenimiento constante de una estructura relacional: más bien la difícil cuestión del tiempo precario y del pasaje fugitivo. Se expresa de diferentes maneras y en principio como un problema de "límites": ¿cuál será la época a partir de la cual un muchacho será considerado demasiado viejo para ser compañero honorable en la relación amorosa? ¿A qué edad ya no es bueno para él aceptar este papel ni para su enamorado querer imponérselo? Es bien conocida la casuística de los signos

de virilidad que deben marcar un umbral al que se considera tanto más intangible cuanto más frecuentemente hay que franquearlo y en el que se da la posibilidad de despreciar a quienes lo transgreden; se sabe que las primeras muestras de barba pasaban por ser esta marca fatídica y se decía que la navaja que la cortaba había de romper el hilo de los amores.[23] De todos modos, hay que observar que no se vituperaba simplemente a los muchachos que aceptaban desempeñar el papel que ya no estaba en relación con su virilidad, sino a los hombres que frecuentaban a muchachos mayores.[24] Se criticará a los estoicos por conservar demasiado tiempo a sus amados —hasta los veintiocho años—, pero el argumento que darán y que confirma en cierto modo el argumento de Pausanias en el *Banquete* (sostenía que, para no vincularse más que con jóvenes de valor, la ley debía prohibir las relaciones con muchachos demasiado jóvenes)[25] muestra que este límite era menos una regla universal que un tema de debate que permitía soluciones bastante dispares.

Esta atención a la época de la adolescencia y a sus límites sin duda fue un factor de intensificación de la sensibilidad hacia el cuerpo juvenil, hacia su belleza particular y hacia las diferentes marcas de su evolución; el físico adolescente se convirtió en el objeto de una especie de valoración cultural de gran peso. Que el cuerpo masculino pueda ser bello, más allá de su primer encanto, los griegos no lo ignoraban ni lo olvidaban; la estatuaria clásica se dedica con fruición al cuerpo adulto, y en el *Banquete* de Jenofonte se recuerda que se tenía cuidado en escoger como talóforos de Atenea a los más bellos ancianos.[26] Pero en la moral sexual, es el cuerpo juvenil con su propio encanto el que se propone regularmente como "buen objeto" del placer. Nos equivocaríamos si creyéramos que estos rasgos eran valorados

23 Platón, *Protágoras*, 309a.
24 Cfr. las críticas contra Menón en Jenofonte, *Anábasis*, II, 6, 28.
25 Platón, *Banquete*, 181d-e.
26 Jenofonte, *Banquete*, IV, 17.

por su parentesco con la belleza femenina. Lo eran por sí mismos o por su yuxtaposición con los signos y los resguardos de una virilidad en formación: el vigor, la resistencia, el ímpetu formaban también parte de esta belleza, y era justo que los ejercicios, la gimnasia, las carreras, la caza vinieran a reforzarla, para garantizar así que esta gracia no se volcara hacia la molicie y el afeminamiento.[27] De lo que el muchacho debía guardarse y ser protegido, sobre todo en la época clásica, era de la ambigüedad femenina, que más tarde (y aun en el transcurso de la Antigüedad) será percibida como un componente —o mejor como la razón secreta— de la belleza del adolescente. Entre los griegos existe toda una estética moral del cuerpo del muchacho; ésta es reveladora de su valor personal y del amor que se le destina. La virilidad como marca física debe estar ausente de ella, pero debe estar presente como fuerza precoz y promesa de comportamiento: comportarse ya como el hombre que todavía no se es.

Pero a esta sensibilidad están ligadas también la inquietud ante esos cambios tan rápidos y la proximidad de su término, el sentimiento del carácter fugaz de esta belleza y de su deseabilidad legítima, el miedo, el doble temor tan frecuentemente expresado por el amante de ver al amado perder su gracia y por el amado de ver a los amantes apartarse de él. Y la cuestión que se plantea entonces es la de la conversión posible, moralmente necesaria y socialmente útil, del vínculo de amor (destinado a desaparecer) en una relación de amistad, de *philia*. Ésta se distingue de la relación amorosa de la que proviene y de la que es deseable que nazca; es duradera, no tiene más término que la

27 Sobre la oposición de muchacho sólido y muchacho blanducho, véase Platón, *Fedro*, 239c-d, y los *Rivales*. Acerca del valor erótico del muchacho masculino y de la evolución del gusto hacia un físico más afeminado, quizá ya en el curso del siglo IV, cfr. K. J. Dover, *Homosexualité grecque*, pp. 88-94. En todo caso, el principio de que el encanto de un muchacho muy joven está ligado a una femineidad que reside en él se convertirá en un tema corriente más tarde.

vida misma y borra las disimetrías implicadas de relaciones eróticas entre el hombre y el adolescente. Uno de los temas frecuentes en la reflexión moral sobre este género es el de que deben liberarse de su precariedad: precariedad ocasionada por la inconstancia de los compañeros y que es consecuencia del envejecimiento del muchacho, con lo que pierde su encanto; pero también es un precepto, ya que no está bien amar a un muchacho que ha sobrepasado determinada edad, como tampoco que éste se deje amar. Esta precariedad sólo podría evitarse si, en el ardor del amor, empieza ya a desarrollarse la *philia*, la amistad: *philia*, es decir la semejanza del carácter y de la forma de vida, el compartir pensamientos y existencias, el bienestar mutuo.[28] Es ese nacimiento y ese trabajo de la amistad indefectible en el amor que describe Jenofonte cuando hace el retrato de dos amigos que se contemplan el uno al otro, conversan, se dan mutua confianza, se alegran o se entristecen juntos ante los éxitos y los fracasos y velan el uno por el otro: "Comportándose así no dejan hasta la vejez de mimar su mutua ternura y de gozar de ella".[29]

5. Este interrogante acerca de las relaciones con los muchachos, de una manera muy general, toma la forma de una reflexión sobre el amor. No por ello debe concluirse que, para los griegos, Eros sólo podía ocupar su lugar en este tipo de relaciones y que no podía caracterizar las relaciones con una mujer: Eros puede unir a los seres humanos sea cual fuere su sexo; en Jenofonte puede verse que Nicérato y su mujer estaban unidos entre sí por los lazos del *Eros* y del *Anteros*.[30] El Eros no es obligadamente "homosexual" ni tampoco exclusivo del matrimo-

---

28 Sobre la definición de la *philia*, cfr. J.-Cl. Fraisse, *op. cit.*
29 Jenofonte, *Banquete*, VIII, 18. Todo este pasaje del discurso de Sócrates (VIII, 13-18) es ciertamente característico de la inquietud ante la precariedad de los amores masculinos y del papel que debe desempeñar en ellos la permanencia de la amistad.
30 Jenofonte, *Banquete*, VIII, 3.

nio, y el vínculo conyugal no se distingue de la relación con los muchachos en que éste sea incompatible con la fuerza del amor y su reciprocidad. La diferencia está en otra parte. La moral matrimonial, y con mayor precisión la ética sexual del hombre casado, no apela, para constituirse y definir sus reglas, a la existencia de una relación del tipo del Eros (aunque sea muy posible que este lazo exista entre los esposos). En cambio, cuando se trata de definir lo que debe ser, para alcanzar la forma más bella y más perfecta, la relación de un hombre y de un muchacho, y cuando se trata de determinar qué uso, dentro de su relación, pueden dar a sus placeres, entonces la referencia al Eros se hace necesaria; la problematización de su relación depende de una "Erótica". Y es que entre dos cónyuges, el estatuto ligado al estado matrimonial, la gestión del *oikos*, la conservación de la descendencia, pueden fundar los principios de conducta, definir sus reglas y fijar las formas de la templanza exigida. En cambio, entre un hombre y un muchacho que están en situación de independencia recíproca y entre los cuales no hay constricción institucional, sino un juego abierto (con preferencias, elecciones, libertad de movimiento, final incierto), el principio de regulación de las conductas hay que pedírselo a la propia relación, a la naturaleza del movimiento que los lleva uno al otro y del afecto que los une recíprocamente. La problematización se hará pues en la forma de una reflexión sobre la propia relación: interrogación a la vez teórica sobre el amor y prescriptiva sobre la forma de amar.

Pero, de hecho, este arte de amar se dirige a dos personas. Cierto es que la mujer y su comportamiento no estaban por completo ausentes de la reflexión sobre la Económica, pero aparecía únicamente a título de elemento complementario del hombre; estaba colocada bajo su autoridad exclusiva y, si era bueno respetarla en sus privilegios, lo era en la medida en que se mostraba digna y era importante que el jefe de una familia siguiera siendo dueño de sí. En cambio, el muchacho bien puede mantenerse en la reserva que se impone a esta edad; con sus posibles rechazos (temibles pero honorables) y sus aceptaciones eventuales (deseadas pero fácilmente sospechosas), constituye, ante el amante, un centro independiente. Y la Erótica habrá de desplegarse de uno a otro foco de esta especie de elipse. En la Económica y en la Dietética, la moderación voluntaria de un hombre se fundaba esencialmente en su relación consigo mismo; en la Erótica, el juego es más complejo; implica el dominio de sí del amante; implica también que el amado sea capaz de instaurar una relación de dominación sobre sí mismo, e implica, finalmente, en la elección sensata que hacen el uno del otro, una relación entre sus dos moderaciones. Incluso puede observarse cierta tendencia a privilegiar el punto de vista del muchacho; es básicamente sobre su conducta sobre la que se le pregunta y respecto de ella se proponen opiniones, consejos y preceptos: como si lo más importante fuera constituir una Erótica del objeto amado, o por lo menos del objeto amado en tanto que ha de formarse como sujeto de conducta moral; tal sería lo que surge en un texto como el elogio de Epícrates, atribuido a Demóstenes.

EL HONOR DE UN MUCHACHO

Frente a los dos grandes *Banquetes*, el de Platón y el de Jenofonte, frente al *Fedro*, el *Eroticos* del seudo-Demóstenes parece relativamente pobre. Discurso aparatoso, es a la vez la exaltación de un joven y una exhortación que se le dirige: tal era realmente la función tradicional del elogio —aquella que se evoca en el *Banquete* de Jenofonte—: "darle placer al joven" y "enseñarle al mismo tiempo lo que debe ser".[31] Loa, pues, y lección. Pero debido a la trivialidad de los temas y de su tratamiento —una especie de pla-

---

31 Jenofonte, *Banquete*, VIII, 12. Sobre las relaciones entre elogio y precepto, cfr. también Aristóteles, *Retórica*, I, 9.

tonismo un poco desabrido— es posible obtener algunos rasgos comunes a las reflexiones sobre el amor y a la forma en que se planteaba en ellas la cuestión de los "placeres".

1. Una preocupación anima el conjunto del texto. Está marcada por un vocabulario que, constantemente, se refiere al juego del honor y de la vergüenza. A lo largo del discurso, se habla de la *aischynē*, esa vergüenza que es tanto la deshonra que puede marcarnos como el sentimiento que de ella se desprende; se trata de lo que es feo y vergonzoso (*aischron*) y que se opone a lo que es bello o a la vez bello y justo. Y también se trata sin duda de lo que implica vituperio y desprecio (*oneidos, epitimē*), de lo que da honra y buena reputación (*endoxos, entimos*). En todo caso, desde el inicio del *Eroticos* el enamorado de Epícrates subraya su objetivo: que la loa otorgue al amado honra y no vergüenza, como la que se produce cuando son aspirantes indiscretos quienes pronuncian los elogios.[32] Y señala repetidamente esta preocupación: es importante que el joven recuerde que por su nacimiento y su estatuto corre el peligro de que el menor descuido sobre una cuestión de honra lo cubra de vergüenza; debe conservar en la memoria, y a título de ejemplo, a quienes, a fuerza de vigilancia, pudieron preservar su honra en el transcurso de sus relaciones;[33] debe tener cuidado de no "deshonrar sus cualidades naturales" y no burlar las esperanzas de quienes confían en él.[34]

El comportamiento de un joven se muestra pues como un dominio particularmente sensible a la separación entre lo que es vergonzoso y lo que es conveniente, entre lo que da honra y lo que deshonra. Precisamente de ello se preocupan quienes quieren reflexionar sobre los jóvenes, sobre el amor que se les

32 Demóstenes, *Eroticos*, 1.
33 *Ibid.*, 5.
34 *Ibid.*, 53. La *Retórica* de Aristóteles (I, 9) muestra la importancia de las categorías del *kalon* y del *aischron* en el elogio.

entrega y la conducta que deben seguir. Pausanias, en el *Banquete* de Platón, al evocar la diversidad de las costumbres a propósito de los muchachos, relaciona lo que se juzga "vergonzoso" o "bello" en Élide, en Esparta, en Tebas, en Jonia o entre los bárbaros y finalmente en la propia Atenas.[35] Y Fedro recuerda el principio que uno debe tener por guía cuando se trata del amor de los jóvenes y en la vida en general:

A las cosas despreciables les sigue el deshonor; a las bellas, por otra parte, el deseo de aprecio: la ausencia de uno y de otro impide lo mismo a las ciudades que a los particulares el ejercicio de una grande y bella actividad.[36]

Pero es necesario observar que este tema no era simplemente el de algunos moralistas exigentes. La conducta de un joven, su honra y su deshonra eran también el objeto de toda una curiosidad social; se les prestaba atención, se hablaba de ello, se guardaba en la memoria: y para atacar a Timarco, Esquines no tendrá escrúpulos en reactivar las murmuraciones que pudieron circular, muchos años antes, cuando su adversario era aún muy joven.[37] Por lo demás, el *Eroticos* muestra de paso qué solicitud suspicaz le prestan al muchacho, con toda naturalidad, sus conocidos; se le observa, se le acecha, se comenta su compostura y sus relaciones; a su alrededor están bien activas las malas lenguas; los espíritus malévolos están prestos a vituperarle si se muestra arrogante y vano; pero se apresurarán a criticarle si se muestra demasiado fácil.[38] No podemos dejar de pensar, evidentemente, en lo que pudo ser en otras sociedades la situación de las jóvenes, cuando, habiéndose pospuesto considera-

---

35 Platón, *Banquete,* 182a-d.
36 *Ibid.,* 178d.
37 Esquines, *Contra Timarco,* 39-73.
38 Demóstenes, *Eroticos,* 17-19.

blemente la edad del matrimonio para las mujeres, su conducta premarital se volvió, para ellas mismas y para sus familias, una apuesta social y moral importante.

2. Pero para el muchacho griego, la importancia de su honor no concierne —como más tarde para la joven europea— a su futuro matrimonio: incide más bien sobre su estatuto, su lugar futuro en la ciudad. Con toda seguridad tenemos mil pruebas de que muchachos de reputación dudosa podían llegar a ejercer las más elevadas funciones políticas, pero también se tiene el testimonio de que esto mismo podía reprochárseles —sin contar las consecuencias judiciales de consideración que determinadas malas conductas podían producir: el asunto de Timarco así lo muestra—. El autor del *Eroticos* se lo recuerda claramente al joven Epícrates; una parte de su futuro, con el rango que podrá ocupar en la ciudad, está en juego, ya, por la forma, honorable o no, en que sabrá comportarse: la ciudad, desde el momento en que no necesita llamar a los recién llegados, sabrá tener en cuenta las reputaciones adquiridas;[39] y quien haya despreciado un buen consejo, toda su vida cargará con el dolor de su ceguera. Cuando se es muy joven, velar por la propia conducta y también vigilar, cuando se van sumando años, el honor de los más jóvenes son dos cosas necesarias.

Esa edad de transición en que el joven es tan deseable y su honor tan frágil constituye pues un periodo de prueba: un momento en el que se pone a prueba su valor, en el sentido de que éste debe formarse, ejercitarse y atemperarse. Al final del texto, unas líneas muestran ciertamente el carácter de "test" que adquiere la conducta del muchacho en este periodo de su vida. El autor del elogio, al exhortar a Epícrates, le recuerda que habrá disputa (*agōn*) y que el debate será el de la *dokimasie*:[40] se trata

39 *Ibid.*, 55.
40 *Ibid.*, 53.

de una palabra por la que se designa el examen a cuyo término se acepta a los jóvenes en la efebía o a los ciudadanos en ciertas magistraturas. La conducta moral del joven debe su importancia y la atención que todos deben prestarle a lo que vale, a los ojos de todos, como prueba de calificación. Por lo demás, el texto es claro:

> Creo... que nuestra ciudad te encargará administrar uno de sus servicios y que, cuanto más brillantes sean tus dones, más digno te juzgará de puestos importantes y más pronto querrá poner a prueba tus capacidades.[41]

3. Concretamente, ¿sobre qué descansa la prueba? ¿Y a propósito de qué tipo de conducta debe Epícrates velar con el fin de hacer la partición entre lo que es honorable y lo que no lo es? Sobre los puntos bien conocidos de la educación griega: el cuidado del cuerpo (evitar con cuidado la *rhathymia*, esa molicie que siempre es un signo infamante), las miradas (donde puede leerse el *aidōs*, el pudor), la forma de hablar (no refugiarse en la facilidad del silencio, sino saber mezclar temas serios y temas ligeros), la calidad de la gente que se frecuenta.

Pero es sobre todo en el dominio de la conducta amorosa donde juega la distinción entre lo honorable y lo vergonzoso. Sobre este punto, conviene en principio observar que el autor —y en esto radica que el texto sea el elogio del amor al mismo tiempo que el encomio del hombre joven— critica la opinión que coloca el honor del muchacho en el rechazo sistemático de los solicitantes: sin duda algunos enamorados manchan la propia relación (*lymainesthai tōi pragmati*);[42] pero no debe confundírseles con quienes dan prueba de moderación. El texto no

---

41 *Ibid.*, 54.
42 *Ibid.*, 3.

traza la frontera del honor entre quienes se desembarazan de sus pretendientes y quienes los aceptan. Para un joven griego, ser solicitado por enamorados de ningún modo era un deshonor: era más bien la marca visible de sus cualidades; el número de pretendientes podía ser objeto de orgullo legítimo y a veces de vanagloria. Pero aceptar la relación amorosa, entrar en el juego (aun cuando no se jugara con exactitud aquel juego propuesto por el enamorado), ya no se consideraba como una vergüenza. Quien elogia a Epícrates da a entender que ser bello y ser amado constituyen una doble suerte (*eytychia*):[43] es más, hay que servirse de ello como es debido (*orthōs chrēsthai*). Tal es el asunto sobre el que insiste el texto y donde destaca lo que podríamos llamar "el punto del honor": tales cosas (*ta pragmata*) no son en sí mismas, en absoluto, ni buenas ni malas; varían según quiénes las practican (*para tous chrōmenous*).[44] Es el "uso" lo que determina su valor moral, según un principio que puede hallarse formulado con harta frecuencia en otros textos; en todo caso, se trata de expresiones muy cercanas a las que encontramos en el *Banquete*.

> En esta materia nada hay absoluto; la cosa no tiene, por sí misma, ni belleza ni fealdad; pero lo que la hace bella es la belleza de su realización; lo que la hace fea es la fealdad de ésta.[45]

Ahora bien, si buscamos saber cómo, de manera precisa, actúa en la relación amorosa la separación del honor, hay que reconocer que el texto es extremadamente elíptico. Si el discurso da indicaciones sobre lo que debe hacer o ha hecho Epícrates para ejercitar su cuerpo y formar su alma, o para adquirir los conocimientos filosóficos que le serán necesarios, nada se dice

43 *Ibid.*, 5.
44 *Ibid.*, 4.
45 Platón, *Banquete*, 183d; cfr. también 181a.

sobre lo que puede admitirse o rechazarse en materia de relaciones físicas. Una cosa es clara: no todo debe rechazarse (el joven "acuerda favores"), pero tampoco todo debe aceptarse:

> Nadie se siente frustrado por tus favores cuando son compatibles con la justicia y la moral; nadie corre el riesgo de concebir siquiera una esperanza por aquellos que desembocan en la vergüenza: tan grande es la libertad que tu templanza acuerda a quienes tienen las mejores intenciones; tan grande es el desaliento que inspira en quienes quieren enardecerse.[46]

La templanza —la *sōphrosyne*—, que se exige como una de las principales cualidades de los muchachos, implica una discriminación en los contactos físicos. Pero de este texto no pueden inferirse los actos y los gestos que el honor impondría rechazar. Hay que destacar que en el *Fedro*, en el que sin embargo el tema se desarrolla con mucha más amplitud, la imprecisión es casi la misma. A lo largo de los dos primeros discursos sobre la oportunidad de ceder ante quien ama o ante quien no ama, y en la gran fábula del tiro de caballos del alma con su caballo rebelde y su caballo dócil, el texto de Platón muestra que la cuestión de la práctica "honorable" es esencial: y sin embargo nunca se designa a los actos más que con expresiones tales como "complacer" o "acordar favores" (*charizesthai*), "hacerlo" (*diaprattesthai*), "sacar el máximo placer del amado", "obtener lo que se quiere" (*peithesthai*), "tomar placeres" (*apolayesthai*). ¿Discreción inherente a este género de discurso? Sin ninguna duda, y los griegos habrían encontrado indecente que se mencionara precisamente en un discurso de sobremesa este género de cosas, que, aun en polémicas o en alegatos, sólo se las evoca de lejos. Puede pensarse también que no era necesario insistir en distin-

46 Demóstenes, *Eroticos,* 20.

ciones de todos conocidas: cada uno debía saber lo que para un muchacho era honorable o vergonzoso aceptar. Pero puede recordarse igualmente lo que ya apareció en la Dietética y en la Económica: en la Erótica, la reflexión moral se dirige menos a definir con toda justeza los códigos a respetar y el cuadro de los actos permitidos y prohibidos, y mucho más a caracterizar el tipo de actitud que se requiere para con uno mismo.

4. De hecho, el texto pone ante la vista, si no las formas gestuales a respetar y los límites físicos que no hay que franquear, por lo menos el principio general que determina en este orden de cosas el modo de ser, la forma de comportarse. Todo el elogio de Epícrates remite a un contexto agonístico en el que el mérito y la gloria del joven deben afirmarse por su superioridad sobre los demás. Pasemos por estos temas tan frecuentes en los discursos de sobremesa: a saber, que aquel de quien se hace el elogio está por encima de las alabanzas que se le dedican y que las palabras corren el riesgo de ser menos bellas que aquel de quien se expresan;[47] o también que el muchacho es superior a todos los demás por sus cualidades físicas y morales: su belleza es incomparable, como si la "Fortuna", al combinar las cualidades más diversas y más opuestas, hubiera querido "dar un ejemplo" a todos;[48] no sólo sus dones, también su conversación lo sitúan por encima de los demás;[49] entre todos los ejercicios en los que puede brillar, ha escogido el más noble y el más premiado;[50] su alma está preparada "ante las rivalidades de la ambición", y no contento con distinguirse por una cualidad, reúne "todas aquellas de que un hombre sensato podría presumir".[51] Sin embargo, el mérito de Epícrates no radica sólo en esta

47 *Ibid.*, 7, 33, 16.
48 *Ibid.*, 8, 14.
49 *Ibid.*, 21.
50 *Ibid.*, 23, 25.
51 *Ibid.*, 30.

abundancia de cualidades que le permite distanciarse con mucho de sus rivales y ser la honra de sus padres;[52] consiste también en que, en relación con aquellos que se le acercan, conserva siempre su valor eminente; no se deja dominar por ninguno de ellos; todos quieren atraerlo a su intimidad —la palabra *syn ētheia* tiene a la vez el sentido general de vida común y de relación sexual—,[53] pero de tal modo está por encima de ellos, y toma un ascendiente tal, que ellos encuentran todo su placer en la amistad que experimentan por él.[54] No ceder, no someterse, seguir siendo el más fuerte, ganar en resistencia, en firmeza, en templanza (*sōphrosynē*) ante los pretendientes y enamorados: he aquí cómo afirma su valor el joven en el dominio amoroso.

Bajo esta indicación general, ¿es necesario imaginar un código preciso que se fundara en la analogía tan familiar a los griegos entre las posiciones del campo social (con la diferencia entre los "primeros" y los otros, los poderosos que ordenan y mandan y aquellos que obedecen, los amos y los servidores) y la forma de las relaciones sexuales (con las posiciones dominantes y dominadas, los papeles activos y pasivos, la penetración ejercida por el hombre y sufrida por su compañero)? Decir que no hay que ceder, no dejar que los otros lo superen, no aceptar una posición inferior en la que se estaría debajo, es sin duda excluir o desaconsejar prácticas sexuales que serían humillantes para el muchacho y por las que se encontraría en una posición de inferioridad.[55]

Pero es verosímil que el principio del honor y de la "superioridad" mantenida se refiera —más allá de algunas prescripciones precisas— a una especie de estilo general: no es necesario (sobre todo a la vista de la opinión pública) que el muchacho

---

52 *Ibid.*, 31.
53 *Ibid.*, 17.
54 *Loc. cit.*
55 Sobre la importancia de no ser dominado y las reticencias acerca de la sodomía y de la felación pasivas, en las relaciones homosexuales, cfr. K. J. Dover, *Homosexualité grecque*, pp. 125-134.

se conduzca "pasivamente", que se deje llevar y dominar, que ceda sin combate, que se convierta en el compañero complaciente de los placeres del otro, que satisfaga sus caprichos y que ofrezca su cuerpo a quien quiera y como quiera, por molicie, por gusto del deleite o por interés. Ahí está el deshonor de los muchachos que aceptan al primero que pasa, que hacen ostentación de sí mismos sin escrúpulos, que pasan de mano en mano, que todo lo conceden al que ofrece más. Esto es lo que Epícrates no hace ni hará jamás, preocupado como está por la opinión que se tiene de él, del rango que podrá obtener y de las relaciones útiles que puede anudar.

5. Quizá baste con mencionar rápidamente el papel que el autor del *Eroticos* hace desempeñar a la filosofía en esa guardia del honor y esas justas de superioridad a las que se invita al joven por ser pruebas propias de su edad. Esta filosofía, cuyo contenido casi no puede determinarse de otro modo que por referencia al tema socrático de la *epimeleia heaytou*, "del cuidado de sí",[56] y a la necesidad, también socrática, de unir saber y ejercicio (*epistēmē-meletē*), no se muestra como un principio para llevar otra vida ni para abstenerse de todos los placeres. Se apela a ella en el seudo-Demóstenes como complemento indispensable de las demás pruebas:

> Di que no se puede ser más insensato al manifestar emulación y experimentar numerosas pruebas para aumentar su provecho, su vigor físico y todas las ventajas de este tipo [...] y no buscar los medios de perfeccionar la facultad que preside a todas las demás.[57]

56 *Eroticos*, 39-43.
57 *Ibid.*, 38.

En efecto, la filosofía es capaz de mostrar cómo convertirse en "más fuerte que uno mismo" y, una vez logrado, da además la posibilidad de ganarles a los demás. Por sí misma es principio de mando, porque ella y nadie más que ella es capaz de dirigir el pensamiento: "En los asuntos humanos, el pensamiento lo dirige todo y, a su vez, la filosofía puede dirigirlo al mismo tiempo que lo ejercita".[58] Vemos pues que la filosofía es un bien necesario a la sabiduría del joven; no para desviarlo sin embargo hacia otra forma de vida, sino para permitirle ejercitar el dominio de sí y la victoria sobre los demás, en el juego difícil de las pruebas que enfrentar y el honor que salvaguardar.

Todo este *Eroticos* gira, como vemos, alrededor del problema de esta doble superioridad sobre sí y sobre los demás en esa fase difícil en la que la juventud y la belleza del muchacho atraen a tantos hombres que buscan "vencerlo". En la Dietética se trataba sobre todo del dominio sobre sí y sobre la violencia de un acto peligroso; en la Económica se trataba del poder que debe ejercerse sobre uno mismo en la práctica del poder que se ejerce sobre la mujer. Aquí, desde el momento en que la Erótica toma el punto de vista del muchacho, el problema radica en saber cómo podrá asegurar su dominio al no ceder ante los demás. Aquí se trata del orden, no de la medida a aportar en pro de su propio poder, sino de la mejor forma de medirse ante el poder de los demás asegurándose a sí mismo su propio dominio. En este sentido, un breve relato que figura en medio del discurso adquiere un valor simbólico. Se trata de un lugar común: la narración de una competencia de carros. Pero el pequeño drama deportivo que se cuenta está en relación directa con la prueba pública que sufre el joven ante sus pretendientes respecto de su conducta; vemos en ella a Epícrates conducir su tiro de caballos (la referencia al Fedro es clara); roza la derrota, su carro está muy cerca de ser eliminado por un tiro contrario; la

---

58 *Ibid.*, 37.

multitud, a pesar del placer que le causan por lo general los accidentes, se apasiona por el héroe, mientras que éste, "más fuerte incluso que el vigor de su tiro, logra vencer superando a los más favorecidos de sus rivales".[59]

Esta prosa dedicada a Epícrates no es, desde luego, una de las formas más elevadas de la reflexión griega sobre el amor, pero hace aparecer en su trivialidad misma algunos aspectos importantes de lo que constituye "el problema griego de los muchachos". El muchacho —entre su salida de la infancia y el momento en que alcanza el estatuto viril— constituye para la moral y el pensamiento griegos un elemento delicado y difícil. Su juventud, con la belleza que le es propia (y a la que, se sobrentiende, todo hombre es sensible por naturaleza) y el estatuto que será suyo (y para el que debe, con la ayuda y bajo la caución de sus amigos, prepararse) forman un punto "estratégico" a cuyo alrededor se requiere un juego complejo; su honor, que depende por un lado del uso que haga de su cuerpo y que determinará también en cierta medida su reputación y su papel futuros, es una apuesta importante. Para él habrá ahí una prueba que exige aplicación y ejercicio: también para los demás, ocasión de preocupaciones y cuidados. Ya al final de su elogio a Epícrates, el autor recuerda que la vida del muchacho, su *bios*, debe ser una obra "común", y, como si se tratara de una obra de arte que perfeccionar, apela a todos aquellos que conocen a Epícrates para que le den a esta figura futura "el mayor esplendor posible".

Más tarde, en la cultura europea, la joven o la mujer casada, con su conducta, su virtud, su belleza y sus sentimientos, se convertirá en tema de preocupación privilegiada; un arte nuevo de cortejarla, una literatura de forma esencialmente novelesca,

59 *Ibid.*, 29-30.

una moral exigente y atenta a la integridad de su cuerpo y a la solidez de su compromiso matrimonial, todo ello atraerá a su alrededor la curiosidad y los deseos. Sea cual fuere la inferioridad que se mantenga respecto de su posición dentro de la familia y de la sociedad, habrá de todos modos una acentuación, una valoración del "problema" de la mujer. Su naturaleza, su conducta, los sentimientos que inspira o experimenta, la relación permitida o prohibida que pueda tenerse con ella serán los temas de reflexión, de saber, de análisis, de prescripciones. En cambio, parecería que fuera acerca del muchacho donde la problematización, en la Grecia clásica, es más activa, pues alrededor de su belleza frágil, de su honor corporal, de su sabiduría y del aprendizaje que requiere, se mantiene una intensa inquietud moral. La singularidad histórica no radica aquí en que los griegos encontraran placer en los muchachos, ni siquiera en que hayan aceptado este placer como legítimo. Radica más bien en que esta aceptación del placer no era sencilla y que dio lugar a toda una elaboración cultural. Para decirlo en forma esquemática, lo que es preciso entender aquí no es por qué los griegos se sentían atraídos por los muchachos, sino por qué tenían una "pederastia": es decir, por qué, alrededor de esta atracción, elaboraron una práctica de cortejo, una reflexión moral y, como veremos, un ascetismo filosófico.

EL OBJETO DEL PLACER

Para comprender de qué manera el uso de las *aphrodisia* queda problematizado en la reflexión sobre el amor de los muchachos, hay que recordar un principio que no es sin duda propio de la cultura griega, pero que adquirió con ella una importancia considerable y ejerció, en las apreciaciones morales, un poder determinante. Se trata del principio de isomorfismo entre relación sexual y relación social. Por dicho isomorfismo hay que entender que la relación sexual —siempre pensada a partir del acto-modelo de la penetración y de una polaridad que opone actividad y pasividad— es percibida como del mismo tipo que la relación entre superior e inferior, el que domina y el que es dominado, el que somete y el que es sometido, el que vence y el que es vencido. Las prácticas del placer se reflexionan a través de las mismas categorías que el campo de las rivalidades y de las jerarquías sociales: analogía en la estructura agonística, en las oposiciones y diferenciaciones, en los valores atribuidos a los papeles respectivos de los compañeros. Y a partir de ahí, puede comprenderse que en el comportamiento sexual hay un papel que es intrínsecamente honorable y al que se valora con derecho pleno: es el que consiste en ser activo, en dominar, en penetrar y en ejercer así su superioridad.

De ahí las consecuencias múltiples que conciernen al estatuto de quienes deben ser los compañeros pasivos de esta actividad. Los esclavos, ni qué decir tiene, están a disposición del amo: su condición hace de ellos objetos sexuales a propósito de los cuales no hay que plantearse ningún interrogante; hasta tal punto que existen quienes se asombran de que la propia ley prohíba la violación de los esclavos y de los niños; para explicar esta rareza, Esquines adelanta que se ha querido mostrar, al prohibirlo incluso en relación con los esclavos, cuán grave era la violencia cuando se dirigía a niños de buena familia. En cuanto a la pasividad de la mujer, marca ciertamente una inferioridad de naturaleza y de condición, pero no hay que vituperarla por su conducta, ya que precisamente es conforme a lo que ha querido la naturaleza y a lo que impone el estatuto. En cambio, todo lo que en el comportamiento sexual podría hacer cargar sobre un hombre libre —y más aún sobre un hombre que por su nacimiento, su fortuna, su prestigio, ocupa, o debería ocupar, los primeros rangos— las marcas de la inferioridad, de la dominación sufrida, de la servidumbre aceptada, no puede ser considerado más que como vergonzoso: vergüenza mayor aún si se presta como objeto complaciente del placer del otro.

Ahora bien, en un juego de valores regulado según tales principios, la posición del muchacho —del muchacho nacido libre— es difícil. Seguramente todavía está en posición "inferior" en el sentido de que se encuentra lejos de gozar de los derechos y poderes que serán suyos cuando haya adquirido la plenitud de su estatuto. Pero, sin embargo, su lugar no puede superponerse ni al de un esclavo, desde luego, ni al de una mujer, lo cual es cierto ya en el marco del hogar y de la familia. Un pasaje de Aristóteles, en la *Política,* lo dice claramente. Al tratar de las relaciones de autoridad y de las formas de gobierno propias de la familia, define, en relación con el jefe de la familia, la posición del esclavo, la de la mujer y la del niño (varón). Gobernar a los esclavos, dice Aristóteles, no es gobernar seres libres; gobernar a una mujer es ejercer un poder "político" en el que las relaciones son de permanente desigualdad; el gobierno de los niños, en cambio, puede decirse "real" porque descansa "en el afecto y la superioridad de la edad".[60] En efecto, la facultad deliberadora falta en el esclavo; está presente en la mujer, pero no ejerce en ella la función de decisión; en el muchacho, la falta no se refiere más que al grado de desarrollo que no ha alcanzado aún su término. Y si la educación moral de las mujeres es importante porque constituyen la mitad de la población libre, la de los niños varones lo es mucho más, pues concierne a los futuros ciudadanos que participarán en el gobierno de la ciudad.[61] Como bien se observa, el carácter propio de la posición de un muchacho, la forma particular de su dependencia y la forma en que debe tratársele, incluso en el espacio en el que se ejerce el poder considerable del padre de familia, se encuentran definidos por el estatuto que ocupará en el futuro.

Hasta cierto punto, lo mismo sucede con el juego de las relaciones sexuales. Entre los primeros "objetos" que son legitimados, el muchacho ocupa una posición particular. Ciertamente

---

60 Aristóteles, *Política,* I, 12, 1259a-b.
61 *Ibid.,* I, 13, 1260b.

236 EL USO DE LOS PLACERES

no es un objeto prohibido; en Atenas, algunas leyes protegen a los niños libres (contra los adultos, que durante un tiempo por lo menos no tendrán el derecho de entrar en las escuelas; contra los esclavos, que se exponen a la muerte si intentan corromperlos; contra el padre o tutor, a los que se castiga si los prostituyen);[62] pero nada impide o prohíbe que un adolescente sea a los ojos de todos el compañero sexual de un hombre. Y, sin embargo, en ese papel, hay algo así como una dificultad intrínseca: algo que a la vez impide definir con claridad y precisar fielmente en qué consiste ese papel en la relación sexual y que, no obstante, atrae la atención y acuerda una gran importancia y mucho valor a lo que debe o no debe tolerarse. Ahí hay al mismo tiempo algo así como una mancha ciega y un punto de sobrevaloración. El papel del muchacho es un elemento en el que llegan a reunirse mucho de incertidumbre y un interés intenso.

Esquines, en el *Contra Timarco*, hace uso de una ley que en sí es muy interesante porque concierne a los efectos de descalificación cívica y política que la mala conducta sexual de un hombre —con toda exactitud la "prostitución"— puede entrañar porque le prohíbe de inmediato "ser admitido en el rango de los nueve arcontes, de ejercer un sacerdocio, de cumplir las funciones de abogado público". Quien esté prostituido no podrá ya ejercer ninguna magistratura en la ciudad o fuera de ella, sea de elección o concedida por la suerte. No podrá desempeñar las funciones de tesorero ni las de embajador, ni ser fiscal o denunciante asalariado de quienes forman parte de una embajada. Finalmente, no podrá expresar ya su opinión ante el consejo o ante el pueblo, aunque sea "el más elocuente de los oradores".[63] Esta ley hace pues de la prostitución masculina un caso de *atimia* —de deshonra pública— que excluye al ciudadano de ciertas responsabilida-

---

62 Cfr. las leyes citadas por Esquines en el *Contra Timarco*, 9-18.
63 *Ibid.*, 19-20.

des.[64] Pero la forma en que Esquines conduce su alegato y busca, por la discusión propiamente jurídica, comprometer a su adversario, muestra bien la relación de incompatibilidad "moral", al igual que legal, que se reconoce entre ciertos papeles sexuales en los muchachos y ciertos papeles sociales y políticos en el adulto.

La argumentación jurídica de Esquines consiste, a partir de la "mala conducta" de Timarco atestiguada por rumores, murmuraciones y declaraciones, en reconocer algunos elementos constitutivos de la prostitución (número de compañeros, ausencia de elección, pago de servicio) y otros que faltan en ella (no ha sido registrado como prostituido y no ha residido en una casa). Cuando era joven y bello pasó por numerosas manos y no siempre éstas eran muy honorables, ya que se le vio vivir con un hombre de condición servil y con un conocido libertino que vivía rodeado de cantores y de tocadores de cítara; recibió regalos, fue mantenido, tomó parte en las extravagancias de sus protectores; se le vio con Cidónides, Autóclides, Tersandro, Migolao, Anticles, Pitolacos, Hegesicles. No es pues posible decir solamente que vivió teniendo relaciones amorosas (*hetairōs*), sino que se "ha prostituido" (*peporneymenos*):

> [...] pues el que se libra a esas prácticas sin elegir, realizándolas, con todo el mundo y por un salario, ¿no es cierto que debe responder por este crimen precisamente?[65]

Pero la acusación juega también sobre un registro moral que no sólo permite establecer el delito, sino también comprometer global y políticamente al adversario. Timarco quizá no fue formal-

---

64 K. J. Dover (*Homosexualité grecque*, pp. 44-45) subraya que lo condenable no era la prostitución misma, sino quebrantar las incapacidades que derivan del hecho de haber sido prostituido.
65 Esquines, *Contra Timarco*, 52.

mente un prostituido profesional, pero se diferencia mucho de uno de esos hombres respetables que no ocultan su inclinación por los amores masculinos y que sostienen, con muchachos libres, relaciones honorables y preciadas por el joven compañero: Esquines reconoce que desde luego comparte él mismo este tipo de amor. Describe a Timarco como un hombre que, durante su juventud, se colocó a sí mismo y se mostró a los demás en la posición inferior y humillante de un objeto de placer para los otros; este papel lo quiso, lo buscó, se complació en él y de él sacó provecho. Tal es lo que Esquines estima ante sus auditores como moral y políticamente incompatible con las responsabilidades y el ejercicio del poder en la ciudad. Un hombre que ha sido marcado por el papel en el que se complació en su juventud no podría desempeñar hoy, sin escándalo, el papel de quien, en la ciudad, es superior a los demás, les da amigos, los aconseja en sus decisiones, los dirige y los representa. Lo que es difícil de aceptar para los atenienses —tal es, en el discurso de Timarco, el sentimiento que Esquines intenta avivar— no es que no quisieran ser gobernados por alguien que ame a los muchachos, o que, aun joven, fuera amado por un hombre, sino que no es admisible la autoridad de un jefe que anteriormente se identificó con el papel de objeto de placer para los otros.

Por lo demás, tal es el sentimiento al que recurrió Aristófanes con tanta frecuencia en sus comedias; el blanco de la burla y motivo de escándalo era que esos oradores, esos jefes a quienes se seguía y amaba, esos ciudadanos que buscaban seducir al pueblo para colocarse por encima de él y dominarlo, tanto Cleón de Clístenes como Agirrio, eran también gente que había aceptado y aceptaba todavía desempeñar para los demás el papel de objetos pasivos y complacientes. Y Aristófanes ironizaba sobre esta democracia ateniense en la que había tantas más oportunidades de ser escuchado en la asamblea cuanta más inclinación por los placeres de este tipo se tuviera.[66] De la misma

---

[66] Aristófanes, *Los caballeros*, v. 428 ss.; *Las asambleístas*, v. 112 ss. Cfr. F. Buffière, *Éros adolescent*, pp. 185-186.

manera, y siguiendo el mismo espíritu, Diógenes se burlaba de Demóstenes y de las costumbres que tenía, él que pretendía ser el conductor (el *dēmagōgos*) del pueblo ateniense.[67] Cuando en el juego de las relaciones de placer se desempeña el papel del dominado, no es válido ocupar el lugar del dominante en el juego de la actividad cívica y política.

Poco importa lo que pudiera haber ahí de justificación, en la realidad, a esas sátiras y a esas críticas. Por su sola existencia, hay por lo menos algo que estas críticas indican claramente: consiste, en esta sociedad que admitía relaciones sexuales entre hombres, en esta dificultad provocada por la yuxtaposición de una ética de la superioridad viril y de una concepción de toda relación sexual según el esquema de la penetración y de la dominación masculina; la consecuencia resulta ser por una parte que el papel de la "actividad" y de la dominación se ve afectado por valores constantemente positivos, pero por otra parte que es preciso atribuir a uno de los miembros de la pareja en el acto sexual la posición pasiva, dominada e inferior. Y si bien no hay problema cuando se trata de una mujer o de un esclavo, muy distinto es cuando se trata de un hombre. Sin duda es la existencia de esta dificultad la que explica a la vez el silencio del que se ha rodeado de hecho esta relación entre adultos y la bulliciosa descalificación de quienes justamente rompían ese silencio al marcar su aceptación, o mejor su preferencia, de ese papel "inferior". Igualmente, es en función de esta dificultad que toda la atención se concentró en la relación entre hombres y muchachos, ya que aquí uno de los dos compañeros, por su juventud y por el hecho de que no alcanzaba todavía un estatuto viril, podía ser, por un tiempo que se sabía breve, objeto receptor de placer. Pero si el muchacho, por su encanto propio, puede ser para los hombres una presa que se persigue sin que haya escándalo ni problema, no hay que olvidar que un día llegará a

---

67 Diógenes Laercio, *Vida de los filósofos*, VI, 2, 34.

ser hombre, ejercerá poderes y responsabilidades, pero ya no podrá evidentemente ser objeto de placer: ¿en qué medida lo sería?

De ahí lo que podríamos llamar la "antinomia del muchacho" en la moral griega de las *aphrodisia*. Por un lado, al joven se le reconoce como objeto de placer, y aun como el único objeto honorable y legítimo entre las parejas masculinas del hombre; nunca se reprochará a nadie que ame a un muchacho, lo desee, y goce de él, mientras se respeten las leyes y las conveniencias. Pero, por otro lado, el muchacho, puesto que su juventud lo llevará a ser hombre, no puede aceptar reconocerse como objeto en esta relación que siempre se piensa en forma de dominación: no puede ni debe identificarse con este papel. No podrá ser de buena gana, ante sí mismo y para sí mismo este objeto de placer, mientras que el hombre quiere escogerlo con toda naturalidad como objeto de placer. En resumen, experimentar deleite, ser sujeto de placer con un muchacho no plantea problemas para los griegos; en cambio, ser objeto de placer y reconocerse como tal constituye para el muchacho una dificultad mayor. La relación que debe establecer consigo mismo para volverse hombre libre, dueño de sí y capaz de triunfar sobre los demás, no podría coincidir con una forma de relación en la que sería objeto de placer para otro. Esta falta de coincidencia es moralmente necesaria.

Semejante dificultad explica algunos rasgos propios de la reflexión sobre el amor del muchacho.

Y, en primer lugar, se observa una oscilación para nosotros bastante enigmática acerca del carácter natural o "contra natura" de este amor. Por un lado, se da por descontado que el movimiento que lleva hacia los muchachos es natural, como lo es todo movimiento que tiende hacia lo que es bello. Y sin embargo, no es excepcional encontrar la afirmación de que la relación entre dos hombres, o más generalmente entre dos individuos del mismo sexo, es *para physin*, fuera de la naturaleza. Evidentemente puede considerarse que ahí encontramos dos opiniones que señalan dos actitudes respecto de este género de amor: una favorable y la otra hostil. Pero la propia posibilidad de estas dos apreciaciones se inscribe verosímilmente en el hecho de que si se admite con toda evidencia como natural experimentar placer con un muchacho, es mucho más difícil aceptar como natural lo que hace de un muchacho el objeto de placer. De manera que en el acto mismo que se desarrolla entre dos individuos masculinos puede hacerse la objeción de ser *para physin* —ya que *feminiza* a uno de los dos—, mientras que el deseo que pueda tenerse por la belleza no deja de ser considerado como natural. Los cínicos no eran contrarios al amor de los muchachos, aunque se burlaran con suma irritación de todos los muchachos que por su pasividad aceptaban decaer en su naturaleza y volverse así "peores de lo que eran".[68] En cuanto a Platón, no podemos suponer que, partidario en su juventud del amor masculino, se haya "corregido" en seguida hasta el punto de condenarlo en sus últimos textos como una relación "contra natura". Hay que observar más bien que, al principio de las *Leyes*, cuando opone la relación con las mujeres como un elemento de naturaleza y la relación entre hombres (o entre mujeres) como un efecto de la incontinencia (*akrasia*), se refiere al acto mismo del acoplamiento (previsto por la naturaleza con el fin de la procreación) y piensa en las instituciones que son susceptibles de favorecer o de pervertir las costumbres de los ciudadanos.[69] Igualmente, en el pasaje del libro VIII en que contempla la necesidad —y la dificultad— de una ley que concierna a las relaciones sexuales, los argumentos que esgrime apuntan a lo que pueda haber de nocivo en "usar, como si fueran mujeres", a hombres y jóvenes en la unión sexual (*mixis aphrodisiōn*): en el que es seducido, ¿cómo podría formársele "un carácter valiente, viril" (*to tēs andreias ethos*)? ¿Y en el seductor, "un espíritu de templanza"? "Todo el mundo censurará la

68 *Ibid.*, VI, 2, 59 (cf. también 54 y 46).
69 Platón, *Leyes*, I, 636b-c.

molicie de quien cede a los placeres y no puede resistirse" y "en quien busca imitar a la mujer, todos reprobarán la imagen demasiado parecida a ella en que se convierte".[70]

La dificultad de concebir a un muchacho como objeto de placer se traduce también por una serie de reticencias bien señaladas. Reticencia a evocar directamente y en términos propios el papel del muchacho en la relación sexual: tan pronto se utilizarán expresiones enteramente generales, como "hacer la cosa" (*diaprattesthai to pragma*),[71] tan pronto será designada a través de la imposibilidad misma de nombrarla,[72] o tan pronto incluso —y ahí radica lo más significativo del problema planteado por esta relación— recurriendo a términos que realzan metáforas "agonísticas" o políticas —"ceder", "someterse" (*hyperetein*), "ponerse al servicio" (*therapeyein, hypourgein*)—.[73]

Pero igualmente reticencia a convenir en que el muchacho puede experimentar placer. Esta "negación" debe tomarse a la vez como la afirmación de que este placer no puede existir y la prescripción de que no debe experimentarse. Al intentar explicar por qué con tanta frecuencia el amor se convierte en odio cuando pasa por las relaciones físicas, Sócrates, en el *Banquete* de Jenofonte, evoca la molestia que puede producir en un joven el tener relaciones (*homilein*) con un hombre avejentado. Pero añade luego como principio general:

> Por lo demás, un muchacho no participa como la mujer de los placeres amorosos de un hombre, sino que permanece como espectador al margen de su ardor sensual.[74]

70 *Ibid.,* VIII, 836c-d. En el *Fedro,* la forma física de la relación en la que el hombre se comporta "como animal en cuatro patas" se dice que es "contra natura" (250e).
71 O *diaprattesthai,* cfr. *Fedro,* 256c.
72 Jenofonte, *Banquete,* IV, 15.
73 Jenofonte, *Hierón,* I y VII; o Platón, *Banquete,* 184c-d. Véase K. J. Dover, *Homosexualité grecque,* p. 62.
74 Jenofonte, *Banquete,* VIII, 21.

Entre el hombre y el muchacho no hay —no puede ni debe haber— comunidad de placer. El autor de los *Problemas* no admitirá tal posibilidad en algunos individuos más que al precio de una irregularidad anatómica. Y a nadie se condena más severamente que a los muchachos que dan muestras, por su facilidad en ceder, por la multiplicidad de sus vínculos o incluso por sus maneras, su maquillaje, sus adornos o sus perfumes, de que encuentran placer en desempeñar este papel.

Lo que no quiere decir, no obstante, que el muchacho, cuando llega a ceder, deba hacerlo en cierto modo con total frialdad. Al contrario, no debe ceder si no experimenta respecto de su amante sentimientos de admiración o de reconocimiento y de afecto, que le hacen anhelar darle placer. El verbo *charizesthai* se emplea comúnmente para designar el hecho de que el muchacho "acepte" y "conceda sus favores".[75] La palabra indica claramente que entre el amado y el amante hay algo más que una simple "rendición"; el joven "concede sus favores", por un movimiento que consiente al deseo y la demanda del otro, pero que no es de la misma naturaleza. Se trata de una respuesta, no es el compartir una sensación. El muchacho no busca ser titular de un placer físico; tampoco tomará placer exactamente del placer del hombre; si cede cuando es debido, es decir sin demasiada precipitación ni de mala gana, habrá de sentir contento al dar placer al otro.

La relación sexual con el muchacho exige pues, por parte de cada uno de los miembros de la pareja, conductas particulares. Como consecuencia del hecho de que el muchacho no puede identificarse con el papel que debe desempeñar, habrá de rehusar, resistir, huir, ocultarse;[76] será preciso también que para consentir, si a fin de cuentas lo hace, ponga condiciones respecto de aquel ante quien cede (su valor, su posición, su virtud) y del beneficio que pueda obtener (beneficio más bien vergonzo-

75 Platón, *Banquete,* 184e.
76 *Ibid.,* 184a.

so si sólo se trata de dinero, pero honroso si se trata del aprendizaje del oficio de hombre o de apoyos sociales para el futuro o de una amistad duradera). Precisamente son los beneficios de este género los que el amante debe poder proporcionar, además de los regalos más estatutarios que conviene en hacer (y cuya importancia y valor varían con la condición de las dos partes). De modo que el acto sexual, en la relación entre un hombre y un muchacho, debe verse preso en un juego de rechazos, elusiones y huidas que tiende a trasladarlo lo más lejos posible, pero también en un proceso de intercambios que fija cuándo y en qué condiciones es conveniente que se produzca.

En resumen, el muchacho ha de dar, por complacencia y por algo más que por su propio placer, algo que su compañero busca por el placer que va a proporcionarle: pero éste no puede pedírselo legítimamente sin la contrapartida de regalos, beneficios, promesas y compromisos que son de muy distinto orden que el "don" que se le hace. De ahí esta tendencia tan manifiestamente marcada en la reflexión griega sobre el amor de los muchachos: cómo integrar esta relación en un conjunto más amplio y permitirle transformarse en un tipo muy distinto de relación: ¿una relación estable, en la que la relación física no tendrá mayor importancia y donde las dos partes podrán compartir los mismos sentimientos y los mismos bienes? El amor de los muchachos no puede ser moralmente honroso más que si implica (gracias a los beneficios razonables del amante, gracias a la complacencia reservada del amado) los elementos que constituyen los fundamentos de una transformación de este amor en un vínculo definitivo y socialmente preciado, el de la *philia*.

Haríamos mal en creer que los griegos, puesto que no prohíben esta clase de relación, no se inquietaban por sus implicaciones. Más que toda otra relación sexual, ésta les "interesaba" y todo muestra que se preocupaban por ella. Pero puede decirse que, en un pensamiento como el nuestro, la relación entre dos individuos del mismo sexo se cuestiona ante todo a partir del punto de vista del sujeto del deseo: ¿cómo puede ocurrir, en un hombre, que se forme un deseo que tiene por objeto otro hombre? Sabemos bien que es del lado de una cierta estructuración de este deseo (del lado de su ambivalencia o de su falta) donde se buscará el principio de una respuesta. La preocupación de los griegos, en cambio, no concernía al deseo que podía llevar a este género de relación, ni al sujeto de este deseo; su inquietud iba dirigida al objeto del placer, o más exactamente a este objeto en la medida en que se convertirá a su vez en el amo en el placer que obtiene con los demás y en el poder que ejerce sobre sí mismo.

En este punto de la problematización (¿cómo hacer del objeto de placer el sujeto dueño de sus placeres?) es donde la erótica filosófica, o en todo caso la reflexión socrático-platónica sobre el amor, encontrará su punto de partida.

5. El verdadero amor

En este capítulo seguiremos tratando de la Erótica, como arte reflexionado del amor (y singularmente del amor de los muchachos). Pero esta vez lo contemplaremos como marco de desarrollo del cuarto de los grandes temas de austeridad que ha recorrido, a lo largo de toda su historia en el mundo occidental, la moral de los placeres. Tras la relación con el cuerpo y la salud, tras la relación con la mujer y la institución del matrimonio, tras la relación con el muchacho, su libertad y su virilidad, contemplados como motivos de problematización de la actividad sexual, he aquí ahora la relación con la verdad. Pues ahí radica uno de los puntos más notables de la reflexión griega sobre el amor de los muchachos: no sólo muestra, por razones que ya pudimos observar, cómo constituía este amor un punto difícil que exigía una elaboración de la conducta y una estilización bastante delicada del uso de las *aphrodisia,* sino que a propósito de ellas se desarrolló la cuestión de las relaciones entre uso de los placeres y acceso a la verdad, bajo la forma de una interrogante acerca de lo que debe ser el verdadero amor.

En las culturas cristiana y moderna, estas mismas preguntas —acerca de la verdad, del amor y del placer— habrán de relacionarse mucho más naturalmente con los elementos constitutivos de la relación entre hombre y mujer: los temas de la virginidad, de las bodas espirituales, del alma-esposa señalarán en seguida el desplazamiento efectuado a partir de un paisaje esencialmente masculino —habitado por el erasto y el erómeno— hacia otro paisaje, marcado por las figuras de la feminidad y de la relación entre los dos sexos.[1] Mucho más tarde, *Fausto* será un ejemplo de la forma en que la cuestión del placer y la del acceso al conocimiento se encuentran ligadas al tema del amor por la mujer, de su virginidad, de su pureza, de su caída y de su poder redentor. Entre los griegos, en cambio, la reflexión sobre los lazos recíprocos entre el acceso a la verdad y la austeridad sexual parece haberse desarrollado sobre todo a propósito del amor de los muchachos. Por supuesto, es necesario considerar el hecho de que pocas cosas nos quedan de lo que, en los medios pitagóricos de la época, pudo decirse y prescribirse sobre las relaciones entre la pureza y el conocimiento; es necesario considerar igualmente el hecho de que no conocemos los tratados sobre el amor escritos por Antístenes, Diógenes el Cínico, Aristóteles o Teofrasto. Sería pues imprudente hacer generales los caracteres propios de la doctrina socrático-platónica, suponiendo que ésta resumía por sí sola todas las formas que pudo adoptar, en la Grecia clásica, la filosofía del Eros. No por ello podemos desconocer que siguió siendo por largo tiempo un polo de reflexión, como lo muestran textos tales como el diálogo de Plutarco, los *Amores* del seudo-Luciano o los discursos de Máximo de Tiro.

En todo caso, tal como aparece en el *Banquete* o en el *Fedro,* y gracias a las referencias que hace de las demás maneras de discurrir sobre el amor, puede verse qué distancia la separa de la erótica común que se pregunta sobre la buena conducta recíproca del joven y de su pretendiente, y sobre la forma en que puede conciliarse con el honor. También puede verse cómo, al arraigarse muy profundamente en los temas habituales de la ética de los placeres, abre preguntas que más tarde serán de fundamental importancia para la transformación de esta ética en una moral de la renuncia y para la constitución de una hermenéutica del deseo.

---

1 Lo que no quiere decir que las figuras del amor masculino hayan desaparecido por entero. Cfr. J. Boswell, *Christianity, social tolerance, and homosexuality.*

Una gran parte del *Banquete* y del *Fedro* está consagrada a la "reproducción" —imitación o copia— de lo que se dice comúnmente en los discursos sobre el amor: tales son los "discursos-testimonio" de Fedro, de Pausanias, de Erixímaco, de Agatón, en el *Banquete,* o el de Lisias en el *Fedro,* al igual que el primer contradiscurso irónico que propone Sócrates. Hacen presente el trasfondo de la doctrina platónica, la materia prima que Platón elabora y transforma cuando sustituye la problemática del "cortejo" y del honor por la de la verdad y de la ascesis. En estos discursos-testimonio un elemento es esencial: a través del elogio del amor, de su poder, de su divinidad se plantea, sin cesar, la cuestión del consentimiento: ¿ante quién debe ceder el joven, en qué condiciones y con qué garantías? Y aquel que lo ama, ¿puede desear legítimamente que ceda con demasiada facilidad? Pregunta característica de una Erótica concebida como arte de una justa entre quien corteja y el que es cortejado.

Ésta es la pregunta que aparece bajo la forma de un principio general y ridículamente tautológico en el primer discurso del *Banquete* en casa de Agatón: "a las cosas viles (*aischrois*) corresponde la deshonra (*aischynē*); a las bellas, el deseo de estima";[2] pero Pausanias lo retoma al instante con mayor seriedad, distinguiendo dos amores, "el que sólo contempla la realización del acto" y el que desea hacer, ante todo, la prueba del alma.[3] Puede observarse aún que, en el *Fedro,* los dos discursos iniciales —que serán rechazados, uno en una continuación irónica, el otro en una parodia reparadora— plantean, cada uno a su modo, la pregunta "¿ante quién hay que ceder?", y que contestan a ella diciendo que hay que ceder a los requerimientos de aquel que no ama o en todo caso que no hay que ceder a los requerimientos de aquel que ama. Y esos discursos iniciales apelan a una temática común: la de los amores fugitivos que se rompen cuando el

---

2 Platón, *Banquete,* 178d. Sobre los discursos del *Banquete,* cf. Luc Brisson, en *Dictionnaire des mythologies,* s.v. Eros.
3 *Banquete,* 181b-d.

amado envejece y se ve abandonado;[4] la de las relaciones des-
honrosas que colocan al muchacho bajo la dependencia del
amante,[5] que lo comprometen ante los ojos de todos y lo apar-
tan de su familia o de relaciones honrosas de las que podría sacar provecho;[6] la de los sentimientos de disgusto y de desprecio
que el amante puede concebir por el muchacho por el hecho
mismo de las complacencias que éste está dispuesto a acordarle
o del odio que el joven puede experimentar por el hombre que
envejece y que le impone sus relaciones sin mutuo acuerdo;[7] la
del papel femenino al que se conduce al muchacho y de los efectos de deterioro físico y moral a los que se lo somete con este género de relaciones;[8] la de las recompensas, beneficios y servicios
con frecuencia pesados que el amante debe imponerse, a los
que intenta eludir dejando a su antiguo amigo en la vergüenza y
la soledad.[9] Todo ello constituye la problemática elemental de
los placeres y de su uso en el amor de los muchachos. A estas dificultades intentan responder las conveniencias, las prácticas de
cortejo y los juegos regulados del amor.

Se puede creer que el discurso de Aristófanes en el *Banquete*
es la excepción: al explicar la partición de los seres primitivos
por la cólera de los dioses y su separación en dos mitades (ma-
chos y hembras, o ambas del mismo sexo, según que el individuo originario fuera andrógino o por entero masculino o femenino), parece ir más allá de los problemas del arte de cortejar.
Plantea la cuestión de lo que es el amor en su principio y puede
pasar por ser un abordaje ridículo —irónicamente colocado en
boca de Aristófanes, viejo adversario de Sócrates— de las propias tesis de Platón. ¿No vemos ahí a los enamorados buscar su
mitad perdida, al igual que las almas de Platón conservan el re-

---

4 *Ibid.*, 183d-e; *Fedro*, 231a-233a.
5 Platón, *Banquete*, 182a; *Fedro*, 239a.
6 *Fedro*, 231e-232a; 239e-240a.
7 *Ibid.*, 240d.
8 *Ibid.*, 239c-d.
9 *Ibid.*, 241a-c.

cuerdo y la nostalgia de lo que fue su patria? No obstante, para limitarnos a los elementos del discurso que conciernen al amor masculino, está claro que también Aristófanes tiende a contestar a la pregunta del consentimiento. Y lo que confiere la singularidad un poco escandalosa a su discurso y su ironía es que su respuesta es totalmente positiva. Más aún, con su relato mítico atropella el principio tan generalmente admitido de una disimetría de edades, de sentimientos, de comportamiento entre el amante y el amado. Establece entre ellos simetría e igualdad, ya que les hace nacer de la partición de un ser único; el mismo placer, el mismo deseo, llevan al erasto y al erómeno uno hacia el otro; por naturaleza, si es una mitad del macho, el muchacho amará a los hombres: encontrará "placer" en "dormir con los varones" y en "estar en sus brazos" (*sympeplegmenoi*).[10] Y por ello, lejos de mostrar una naturaleza femenina, enseña que no es más que la "tésera" de un ser enteramente viril. Y Platón se divierte al poner en boca de Aristófanes el reproche que éste, en sus comedias, había hecho con tanta frecuencia a los hombres políticos de Atenas: "terminada su formación, los individuos de esta clase son los únicos en revelarse hombres por sus aspiraciones políticas".[11] En su juventud se entregaron a los hombres porque buscaban su mitad masculina; por la misma razón, vueltos adultos, buscarán a los jóvenes. "Amar a los muchachos", "querer a los amantes" (ser *paiderastēs* y *philerasteēs*),[12] ahí están las dos vertientes del mismo ser. Aristófanes, a la cuestión tradicional del consentimiento, le da pues una respuesta directa, simple, enteramente positiva y que deroga al mismo tiempo el juego de las disimetrías que organizaba las complejas relaciones entre el hombre y el muchacho: toda la cuestión del amor y de la conducta a seguir se reduce entonces a encontrar la mitad perdida.

10 Platón, *Banquete*, 191e.
11 *Ibid.*, 192a.
12 *Ibid.*, 192b.

Ahora bien, la Erótica socrático-platónica es profundamente distinta: no sólo por la solución que propone sino también y sobre todo porque tiende a plantear la cuestión en términos totalmente diferentes. Para saber lo que es el verdadero amor, ya no se trata de responder a la pregunta: ¿a quién se debe amar y en qué condiciones puede ser honroso el amor tanto para el amado como para el amante? O, por lo menos, todas las preguntas se encontrarán subordinadas a otra, primera y fundamental: ¿qué es el amor en su ser mismo?[13]

Para hacerse una idea de la elaboración platónica y de la distancia que la separa de la erótica común, puede recordarse la forma en que Jenofonte responde a esta misma pregunta; en ella pondera los elementos tradicionales: la oposición entre el amor que no busca más que el placer del amante y aquel que se interesa por el amado mismo; la necesidad de transformar el amor fugitivo en una amistad igualitaria, recíproca y duradera. En el *Banquete* y en los *Recuerdos,* Jenofonte presenta a un Sócrates que traza una línea divisoria rigurosa entre el amor del alma y el amor del cuerpo,[14] descalifica en sí mismo el amor del cuerpo,[15] hace de el del alma el amor verdadero y busca en la amistad, en la *philia,* el principio que presta valor a toda relación (*synousia*).[16] De ahí se sigue que no es suficiente asociar al amor del alma con el del cuerpo; es necesario liberar a todo afecto de sus dimensiones físicas (cuando se ama "al cuerpo y al alma a la vez", el primero es el que prevalece, y la deshonra de la juventud desluce a la amistad misma).[17] Tal como Sócrates nos alecciona, debemos evitar todos los contactos, renunciar a aquellos besos cuya naturaleza traba al alma, incluso hacer de

13 Sobre la respuesta de Sócrates a Aristófanes, cfr. *Banquete,* 205e.
14 Jenofonte, *Banquete,* VIII, 12.
15 *Ibid.,* VIII, 25.
16 *Ibid.,* VIII, 13.
17 *Ibid.,* VIII, 14.

modo que el cuerpo no toque al cuerpo y no sufra "su morde-
dura".[18] En cambio, toda relación debe edificarse sobre los elementos constitutivos de la amistad: beneficios y servicios presta-
dos, esfuerzos para el mejoramiento del muchacho amado,
afecto recíproco, lazo permanente y establecido de una vez por
todas.[19] ¿Es decir que para Jenofonte (o para el Sócrates que él
pone en escena) no podría haber, entre dos hombres, ningún
Eros, sino solamente una relación de *philia*? Tal es ciertamente
el ideal que Jenofonte cree poder reconocer en la Esparta de
Licurgo.[20] Los hombres que se apasionan por los cuerpos de
los adolescentes serían, según él, declarados "infames", mientras que se elogiaría y alentaría a los adultos "honestos" que no
amarían más que el alma de los jóvenes y aspirarían solamente
a hacerse amigos; de modo que en Lacedemonia "los amantes
no se sentirían menos reprimidos en su amor por los niños que
los padres respecto de sus hijos o los hermanos respecto de sus
hermanos". Pero en el *Banquete* Jenofonte da una imagen menos esquemática de esa división. Esboza un concepto del Eros y
de sus placeres que tendría por objeto la propia amistad: de ésta, de lo que puede comportar de vida común, de atención recíproca, de benevolencia de uno por el otro, de sentimientos
compartidos, Jenofonte no hace aquello que debe sustituir al
amor o tomar su relevo a su debido tiempo; lo mismo piensa en
el caso de que los amantes se enamoren: *erōntes tēs philias*, dice
con una expresión característica que permite conservar el Eros,
mantener su fuerza, pero dándole como contenido concreto
sólo las conductas de afecto recíproco y duradero propias de la
amistad.[21]

La erótica platónica fue trazada de modo muy diferente, aun
cuando el punto de partida de la reflexión se encuentre en la

18 *Ibid.*, IV, 26; cf. también *Recuerdos de Sócrates*, I, 3.
19 Jenofonte, *Banquete*, VIII, 18.
20 Jenofonte, *República de los lacedemonios*, II, 12-15.
21 Jenofonte, *Banquete*, VIII, 18.

pregunta familiar acerca del lugar que deben ocupar las *aphrodisia* en la relación amorosa. Justamente, se trata de que Platón no retoma estos interrogantes tradicionales más que para mostrar cómo, en las respuestas apresuradas que se les dan en época temprana, echamos de menos el problema principal.

Los dos primeros discursos del *Fedro* —el ingenuo de Lisias y el burlón de Sócrates— sostienen que un muchacho no debería ceder ante aquel que lo ama. Y subraya Sócrates que tales palabras no podrían decir verdad:

> No hay verdad en un lenguaje (*ouk esti etymos logos*) que, admitiendo la presencia de un enamorado, pretenderá que sea a quien no se ama a quien debe acordar de preferencia sus favores, por motivos tales como que el primero delira y el segundo se conserva sereno.[22]

Los discursos del principio del *Banquete,* por el contrario, y con la preocupación de encomiar al amor y no ofenderlo, afirman que es bueno ceder si se hace como es debido y a un amante de valía,[23] que en ello no hay nada de impúdico ni de vergonzoso y que, bajo la ley del amor, "la buena voluntad armoniza con la buena voluntad".[24] Estos discursos, con el fin de ser más respetuosos con el amor, no son más *etymoi* que los de Lisias y de su irónico censor en el *Fedro.*

Frente a éstas, las palabras de Diotima mencionadas en el *Banquete* y la gran fábula del *Fedro* contada por el propio Sócrates aparecen como discursos *etymoi*: discursos verdaderos y que por su origen emparientan con la verdad que proclaman. ¿En qué lo son? ¿Dónde radica la diferencia con los elogios o las descalificaciones que los preceden? No en que Sócrates o Diotima sean más rigurosos o más austeros que los demás interlocu-

---

22 Platón, *Fedro,* 244a.
23 Platón, *Banquete,* 184e; 185b.
24 *Ibid.,* 196c.

tores; no se oponen a éstos porque fueran demasiado complacientes y concedan a los cuerpos y a los placeres demasiado lugar en un amor que sólo debería dirigirse a las almas. Se les
contraponen porque no plantean el problema tal como lo hacen ellos; en relación con el juego de preguntas que eran tradicionales en los debates sobre el amor, operan cierto número de
transformaciones y desplazamientos esenciales.

1. *Transición de la cuestión de la conducta amorosa a la interrogante sobre el ser del amor*

En el debate tal como lo formulan los otros discursos, se presu-
ponen el amor y el movimiento tan intenso y tan fuerte que arrebata al amante; el punto esencial de la preocupación es entonces
saber —"admitido"[25] este amor— cómo deberán comportarse
los dos compañeros: cómo, bajo qué forma, hasta qué punto,
con ayuda de qué medios de persuasión o dando qué prenda
de amistad, el enamorado deberá intentar alcanzar "aquello a
lo que aspira", y cómo, en qué condiciones, después de qué resistencias y pruebas, el amado a su vez deberá ceder. Cuestión
de conducta, sobre el fondo de un amor preexistente. Ahora
bien, aquello sobre lo que Diotima y Sócrates se interrogan es
el ser mismo de este amor, su naturaleza y su origen, aquello
que constituye su fuerza y aquello que lo lleva con tal obstinación o con tal locura hacia su objeto: "¿Qué es el amor mismo,
cuál es su naturaleza y, por consiguiente, cuáles son sus
obras?".[26] Interrogante ontológica y ya no cuestión de deontología. Todos los demás interlocutores orientan sus discursos
hacia el elogio o la crítica, hacia la partición entre el buen y el
mal amor, hacia la delimitación de lo que conviene hacer y lo
que no; en la temática habitual a una búsqueda de convenien-

25 Platón, *Fedro*, 244a.
26 Platón, *Banquete*, 201d.

cia y a la elaboración de un arte de cortejar, el objeto primero de la reflexión es la conducta o el juego de las conductas recíprocas. Por lo menos provisionalmente, Platón rechaza este problema y, más allá de la división del bien y del mal, plantea la cuestión de saber lo que es amar.[27]

Ahora bien, formular así la cuestión implica en primer lugar un desplazamiento del objeto mismo del discurso. Diotima reprocha a Sócrates —pero de hecho a todos los autores de los elogios precedentes— el haber buscado por el lado del elemento "amado" (*ton erōmenon*) el principio de lo que se precisaba decir del amor; así pues, se dejaron deslumbrar por el encanto, la belleza, la perfección del muchacho amado, y se atribuyeron sus méritos indebidamente al propio amor; éste sólo podría manifestar su propia verdad si se le exige a quien es y no a quien ama. Hay pues que volver del elemento amado al que ama *(to erōn)* e interrogarlo en sí mismo.[28] Eso es lo que hará en el *Fedro* cuando, para responder a los dos primeros contraelogios, Sócrates realiza el largo rodeo por la teoría de las almas. Pero, como consecuencia de este desplazamiento, el discurso sobre el amor deberá afrontar el riesgo de no ser ya un "elogio" (en la forma mixta y confusa de la alabanza dirigida al mismo tiempo al amor y al amado); deberá exponer —como en el *Banquete*— la naturaleza "intermedia" del amor, el defecto que lo marca (pues ya no posee las cosas bellas que desea), la afinidad de miseria y de astucia, de ignorancia y de saber en que surge a la vida; como en el *Fedro,* habrá de exponer también de qué manera se mezclan en él el olvido y el recuerdo del espectáculo supraceleste y ese largo camino de sufrimiento que finalmente lo llevará hasta su objeto.

---

27 Después de los discursos de Fedro, Sócrates recuerda que debe de haber en el pensamiento de quien habla "un conocimiento de la verdad del tema sobre el cual habrá de hablar" (*Fedro*, 259e).

28 *Ibid.,* 204e.

2. *Transición de la cuestión del honor del muchacho*
a la del amor de la verdad

Decir con Diotima que es mejor volver los ojos del elemento amado para que caiga la mirada sobre el principio amante no quiere decir que ya no se plantee la cuestión del objeto: al contrario, todo el desarrollo que sigue a esta formulación esencial se consagra a la determinación de lo que, en el amor, es amado. Pero desde el momento en que se empieza a hablar del amor en un discurso que quiere decir su ser y no cantar a quien ama, desde ese momento la cuestión del objeto se planteará en términos diferentes.

En el debate tradicional, el punto de partida del cuestionamiento estaba del lado del objeto mismo del amor: siendo dado lo que es y lo que debe ser aquel al que se ama —la belleza no sólo de su cuerpo sino también de su alma, la formación que le es necesaria, el carácter noble, viril, valeroso que debe adquirir, etc.—, ¿cuál es la forma de amor honrosa, para él y para el amante, que se le debe dar? Es el respeto del amado, en lo que es en realidad, el que debe dar su forma propia y su estilo contenido a aquello que puede exigirse de él. En cambio, en la interrogante platónica, la consideración de lo que es el amor mismo es lo que debe llevar a la determinación de lo que en verdad es su objeto. Más allá de las diferentes cosas bellas a las que el enamorado puede ligarse, Diotima muestra a Sócrates que el amor busca producir en el pensamiento y ver "lo bello en sí mismo", según la verdad de su naturaleza, según su pureza sin mezcla y "la unicidad de su forma". Y en el *Fedro,* es el propio Sócrates quien muestra cómo el alma, si tiene un recuerdo vivo de lo que ha visto más allá del cielo, si se comporta enérgicamente y si no se deja doblegar en su impulso vital por apetitos impuros, sólo se liga con el objeto amado por lo que trae en sí de reflejo y de imitación de la belleza misma.

En Platón encontramos que es al alma de los muchachos más que a su cuerpo a lo que debe dirigirse el amor, pero no es ni el primero ni el único en decirlo. Con consecuencias más o menos rigurosas, era un tema que recorría los debates tradicionales sobre el amor y al que Jenofonte confiere —prestándosela a Sócrates— una forma radical. Lo propio de Platón no es esta división, sino la forma en que establece la inferioridad del amor por el cuerpo. En efecto, no la funda en la dignidad del muchacho amado y el respeto que se le debe, sino en aquello que, en el propio amante, determina el ser y la forma de su amor (su deseo de inmortalidad, su aspiración a lo bello en su pureza, la reminiscencia de lo que vio más allá del cielo). Además (y ahí tanto el *Banquete* como el *Fedro* son muy explícitos) no traza una línea divisoria neta, definida e infranqueable entre el mal amor del cuerpo y el buen amor del alma; por mucho que haya perdido valor y por mucho que sea inferior la relación con el cuerpo cuando se la compara con ese movimiento hacia lo bello, por peligroso que pueda ser a veces, pues puede desviarlo y detenerlo, sin embargo no se le excluye de golpe ni se le condena para siempre. De un bello cuerpo, hacia los bellos cuerpos, según la célebre fórmula del *Banquete*, y luego de éstos hacia las almas, más tarde hacia lo que hay de bello en "las ocupaciones", "las reglas de conducta", "los conocimientos", hasta lo que finalmente alcanza la mirada, "la vasta región ocupada ya por lo bello",[29] el movimiento es continuo. Y el *Fedro*, al propio tiempo que ensalza el valor y la perfección de las almas que no ceden, no promete el castigo a aquellas que, llevando una vida ligada al honor más que a la filosofía, se han dejado sorprender y les sucedió que, empujadas por su ardor, "se lanzaron al goce"; sin duda, en el momento en que la vida terrenal llegue a su término y el alma deje su cuerpo, estarán desprovistas de alas (a diferencia de lo que sucede para quienes han permanecido "dueños de sí mismos"); no podrán pues ir a lo más alto, pero no serán reducidas al viaje subterráneo; en mutua compañía, los dos amantes harán el viaje por debajo del cielo,

29 *Ibid.*, 210c-d.

hasta que a su vez, "a causa de su amor", reciban sus alas.[30] No es la exclusión del cuerpo lo que caracteriza esencialmente, para Platón, al verdadero amor, sino la relación con la verdad a través de las apariencias del objeto.

3. Transición de la cuestión de la disimetría de los compañeros a la de la convergencia del amor

Según las convenciones admitidas, se sobrentendía que el Eros provenía del amante; en cuanto al amado, no podía ser al mismo título que el erasta sujeto activo del amor. Sin duda se le pedía en reciprocidad un apego, un *Anteros*. Pero la naturaleza de esta respuesta planteaba un problema: no podía ser exactamente simétrica de aquello que la provocaba; más que al deseo y al placer del amante, era a su benevolencia, a sus beneficios, a su solicitud, a su ejemplo que el muchacho debía hacer eco, y era necesario esperar el momento en que el arrebato del amor hubiera cesado y en que la edad, al excluir los ardores, hubiera descartado los peligros, para que los dos amigos pudieran estar vinculados entre sí por una relación de exacta reciprocidad.

Pero si el Eros es relación con la verdad, los dos amantes no podrán reunirse más que a condición de que el amado, igualmente, haya sido conducido a la verdad por la fuerza misma del Eros. En la erótica platónica, el amado no podría mantenerse en su posición de objeto por conexión con el amor del otro, esperando tan sólo recoger, a título del intercambio al que tiene derecho (puesto que es amado), los consejos que necesita y los conocimientos a los que aspira. Conviene que se vuelva efectivamente sujeto en esta relación de amor. Tal es la razón por la

---

30 *Ibid.*, 256c-d.

que se produce, hacia el final del tercer discurso del *Fedro*, la vuelta que hace pasar del punto de vista del amante al del amado. Sócrates ha descrito el camino, el ardor, los sufrimientos de quien ama y el duro combate que ha tenido que librar para dominar a su tiro de caballos. Pero ahora evoca al amado: sus amistades habían hecho creer al joven muchacho, quizá, que no era bueno ceder ante el enamorado; sin embargo, se inclina a aceptar el trato de su amante; la presencia de éste lo pone fuera de sí; a su vez, se siente sublevado por la ola del deseo, alas y plumas impulsan a su alma.[31] Con toda seguridad, no sabe todavía cuál es la naturaleza verdadera de aquello a lo que aspira y le faltan palabras para describirlo, pero "echa los brazos" alrededor del amante y "le da besos".[32] Momento importante: a diferencia de lo que sucede en el arte de cortejar, la "dialéctica del amor" incita aquí en los dos amantes dos movimientos exactamente análogos; el amor es el mismo, ya que, para uno y para otro, es el movimiento que los lleva hacia la verdad.

4. Transición de la virtud del muchacho amado al amor del maestro y a su sabiduría

En el arte de cortejar, es cosa del amante ser pretendiente, y aunque se le pidiera guardar el dominio de sí mismo, sabemos que la fuerza de contención de su amor lo expondrá a verse derrotado a pesar suyo. El punto sólido de la resistencia era el honor del muchacho, su dignidad, la obstinación razonable que podía poner al resistir. Pero desde el momento en que Eros se dirige a la verdad, es aquel que está más avanzado en el camino del amor, aquel que realmente es el más enamorado de la ver-

31 *Ibid.*, 255b-c.
32 *Ibid.*, 255e-256a.

dad quien podrá guiar mejor al otro y ayudarlo a no envilecerse en todos los placeres bajos. Aquel que es el más sabio en amor será también el maestro de verdad, y su función será enseñar al amado cómo triunfar ante sus deseos y volverse "más fuerte que él mismo". En la relación de amor, y como consecuencia de esta relación con la verdad que en adelante la estructura, aparece un nuevo personaje: el del maestro, que viene a ocupar el lugar del enamorado, pero que por el dominio completo que ejerce sobre sí mismo invierte el sentido del juego, invierte los papeles, plantea el principio de una renuncia a las *aphrodisia* y se convierte, para todos los jóvenes ávidos de verdad, en objeto de amor.

Tal es el sentido que sin duda conviene dar en las últimas páginas del *Banquete* a la descripción de las relaciones que Sócrates mantiene no solamente con Alcibiades, sino también con Cármides, hijo de Glaucón, con Eutidemo, hijo de Diocles, y con muchos más.[33] La distribución de los papeles se ha invertido por entero: son los jóvenes —esos que son bellos y a quienes tantos pretendientes persiguen— los que se han enamorado de Sócrates; siguen sus huellas, buscan seducirlo, querrían que les acordara sus favores, es decir que les comunicara el tesoro de su sabiduría. Están en la posición de erastas y él, el anciano de cuerpo poco agraciado, en la posición de erómeno. Pero lo que no saben, y lo que Alcibiades descubre en el transcurso de la famosa "prueba", es que Sócrates no es amado por ellos más que en la medida misma en que es capaz de resistir a su seducción; lo que no quiere decir que no sienta por ellos amor ni deseo, sino que se ve llevado por la fuerza del verdadero amor y que sabe verdaderamente amar a lo verdadero que hay que amar. Diotima lo había dicho antes: entre todos, él es el sabio en materia de amor. La sabiduría del maestro, en adelante (y ya no el honor del muchacho), marca a la vez el objeto del verdadero amor y el principio que impide "ceder".

33 Platón, *Banquete*, 222b. Sobre las relaciones de Sócrates y Eros, cfr. P. Hadot, *Exercices spirituels et philosophie antique*, pp. 69-82.

El Sócrates que aparece en ese pasaje está revestido de poderes propios del personaje tradicional del *theios anēr*: resistencia física, aptitud para la insensibilidad, capacidad de ausentarse de su cuerpo y concentrar en sí mismo toda la energía de su alma.[34] Pero es preciso comprender que estos poderes tienen efecto aquí en el juego muy particular del Eros; aseguran el dominio que Sócrates es capaz de ejercer sobre sí mismo, y así lo colocan a la vez como el más alto objeto de amor al que pueden dirigirse los jóvenes y también como el único que puede llevar el amor que le profesan hasta la verdad. En el juego amoroso en el que se enfrentan dominaciones diferentes (la del amante que trata de apoderarse del amado, la del amado que trata de escapar de él y, gracias a esta resistencia, reducir el amante a esclavo), Sócrates introduce otro tipo de dominación: la que ejerce el maestro de verdad y para la cual está cualificado por la soberanía que ejerce sobre sí.

La erótica platónica puede aparecer así bajo tres aspectos. Por un lado, es una forma de dar respuesta a una dificultad inherente, en la cultura griega, a las relaciones entre hombres y muchachos: a saber, la cuestión del estatuto que debe darse a estos últimos como objetos de placer; bajo este ángulo, la respuesta de Platón parece solamente más compleja y más elaborada que las que podrían proponerse en los diversos "debates" sobre el amor, o, bajo el nombre de Sócrates, en los textos de Jenofonte. En efecto, Platón resuelve la dificultad del objeto del placer remitiendo la cuestión del individuo amado a la naturaleza del amor mismo; estructurando la relación de amor como una relación con la verdad; desdoblando esta relación y colocándola tanto en quien es amado como en quien está enamorado, e invirtiendo el papel del joven amado para convertirlo en un enamorado del maestro de verdad. En tal medida, podemos decir que satisfacía el desafío lanzado por la fábula de Aristófanes: le

---

34 H. Joly, *Le renversement platonicien*, 1974, pp. 61-70.

dio a ésta un contenido verdadero; mostró cómo ciertamente era el propio amor el que, en un mismo movimiento, podía rendir tanto a *paiderastēs* como a *philerastēs*. Las disimetrías, los desfases, las resistencias y las huidas que organizan en la práctica del amor honorable las relaciones siempre difíciles entre el erasta y el erómeno —el sujeto activo y el objeto perseguido— ya no tienen razón de ser, o más bien pueden desarrollarse según otro movimiento muy distinto, al adoptar una forma muy distinta y al imponer un juego bien diferente: el de un camino en el que el maestro de verdad enseña al muchacho lo que es la sabiduría.

Pero, por eso mismo, vemos que la erótica platónica —y tal es su otro perfil— introduce como tema fundamental en la relación de amor la cuestión de la verdad, y ello bajo una forma muy distinta a la del *logos* al que es preciso someter sus apetitos en el uso de los placeres. La tarea del enamorado (que le permitirá en efecto alcanzar aquello que es su meta) es reconocer que es verdaderamente el amor lo que lo embarga. Y ahí, la respuesta al desafío de Aristófanes transforma la respuesta que éste daba: no es la otra mitad de sí mismo lo que el individuo busca en el otro; es la verdad con la que su alma tiene parentesco. Por consiguiente, el trabajo ético que necesitará hacer será descubrir y considerar, sin descansar jamás, esa relación con la verdad que era el apoyo oculto de su amor. Y entonces vemos cómo la reflexión platónica tiende a apartarse de una problematización común que gravitaba alrededor del objeto y del estatuto que había que otorgarle, para abrir un cuestionamiento sobre el amor que gravitará alrededor del sujeto y de la verdad de que él es capaz.

Finalmente, la erótica socrática, tal como Platón la enseña, plantea muchas cuestiones que eran comunes en las discusiones sobre el amor. Pero no aspira a definir la conducta conveniente por la que se equilibrarían la resistencia suficientemente larga del amado y el beneficio suficientemente preciado del amante; intenta determinar por qué movimiento propio, por qué esfuerzo y qué trabajo sobre sí mismo el Eros del amante podrá despejar y establecer para siempre su relación con el ser verdadero. En lugar de querer trazar de una vez por todas la línea que permite dividir lo honorable y lo deshonroso, busca describir el camino —con sus dificultades, sus peripecias, sus caídas— que conduce al punto en que reconoce su ser propio. El *Banquete* y el *Fedro* indican el paso de una erótica modelada según la práctica de "corte" y la libertad del otro, a una erótica que gira alrededor de una ascesis del sujeto y del acceso común a la verdad. Por ese mismo hecho, la cuestión se encuentra desplazada: en la reflexión sobre la *chrēsis aphrodisiōn*, se refería al placer y a su dinámica, del que convenía, por el dominio de sí, asegurar la justa práctica y la distribución legítima; en la reflexión platónica sobre el amor, la cuestión concierne al deseo que hay que conducir a su verdadero objeto (que es la verdad) mientras él mismo le reconoce por lo que es en su ser verdadero. La vida de templanza, de *sōphrosynē*, tal como se la describe en las *Leyes*, es una existencia "benigna ante todos los ojos, con dolores tranquilos, placeres calmos, deseos dulces (*ēremaiai hēdonai, malakai epithymiai*) y amores sin furor (*erōtes ouk emmaneis*)",[35] estamos ante el orden de una economía de los placeres asegurada por la dominación que uno ejerce de sí sobre sí. Al alma de la que el *Fedro* describe los periplos y los ardores amorosos, si quiere obtener su recompensa y reencontrar su patria de más allá del cielo, se le permite igualmente llevar "un régimen ordenado" (*tetagmenē diaitē*) que está asegurado porque es "dueña de sí misma" y porque "se preocupa por la moderación", porque reduce a "la esclavitud a lo que hace nacer el vicio" y da por el contrario "la libertad a quien produce la virtud".[36] Pero el combate que habrá sostenido contra la violencia de sus apetitos, no habrá podido sostenerlo más que en una doble relación con la verdad: relación con su

---

35 Platón, *Leyes*, V, 734a.
36 Platón, *Fedro*, 256a-b.

propio deseo cuestionado en su ser y relación con el objeto de su deseo reconocido como ser verdadero.

Vemos así aparecer uno de los puntos en el que se formará el interrogante sobre el hombre de deseo, lo cual no quiere decir que la erótica platónica relegue, de una vez y para siempre, una ética de los placeres y de su uso. Por el contrario, veremos cómo ésta continuó desarrollándose y transformándose. Pero la tradición de pensamiento que deriva de Platón desempeñará un papel importante cuando, mucho más tarde, la problematización del comportamiento sexual sea reelaborada a partir del alma de concupiscencia y del desciframiento de sus arcanos.

Esta reflexión filosófica acerca de los muchachos implica una paradoja histórica. Los griegos acordaron a este amor masculino, y con mayor precisión a este amor por los jóvenes y los adolescentes, que a continuación habría de ser condenado por mucho tiempo y con severidad, una legitimidad en la que deseamos reconocer la prueba de la libertad que se dieron en este dominio. Y, sin embargo, mucho más que acerca de la salud (por la que también se preocupaban), mucho más que acerca de la mujer y del matrimonio (por cuyo buen orden velaban, no obstante), fue a este respecto que formularon la exigencia de las austeridades más rigurosas. Ciertamente, salvo alguna excepción, no lo condenaron ni prohibieron, y, sin embargo, es en la reflexión sobre el amor de los muchachos donde vemos formularse el principio de una "abstención indefinida", el ideal de una renuncia de la que Sócrates, por su resistencia sin fisuras a la tentación, proporciona el modelo, y el tema de que esta renuncia detenta por sí misma un alto valor espiritual. De una manera que puede sorprender a primera vista, vemos formarse, en la cultura griega y acerca del amor de los muchachos, algunos de los elementos principales de una ética sexual que lo rechazará en nombre precisamente de ese principio: la exigencia de una simetría y de una reciprocidad en la relación amorosa, la necesidad de un combate difícil y de largo aliento consigo mismo, la purificación progresiva de un amor que no se dirige más que al ser mismo en su verdad y el cuestionamiento del hombre sobre sí mismo como sujeto de deseo.

Fallaríamos en lo esencial si imagináramos que el amor de los muchachos suscitó su propia interdicción, o que una ambigüedad propia de la filosofía sólo aceptó su realidad exigiendo superarlo. Es preciso tener en mente que este "ascetismo" no era una forma de descalificar el amor de los muchachos; por el contrario, era una manera de estilizarlo y, al darle forma y figura, de darle valor. No por ello deja de haber una exigencia de abstención total y un privilegio concedido a la cuestión del deseo que introdujeron elementos a los que no era fácil conferir un lugar en una moral organizada en torno a la investigación del uso de los placeres.

Conclusión

Así pues, en el campo de las prácticas reconocidas (la del régimen, la de la gestión doméstica, la de la "corte" que se hace a los jóvenes) y a partir de las reflexiones que tendían a elaborarlas, los griegos se interrogaron sobre el comportamiento sexual como postura moral y buscaron definir la forma de moderación que se necesitaba para ello.

Esto no quiere decir que los griegos en general no se interesaran por los placeres sexuales más que a partir de estos tres puntos de vista. En la literatura encontraríamos que pudieron dejarnos muchos testimonios que dan fe de la existencia de otros temas y de otras preocupaciones. Pero si nos limitamos, como he querido hacer aquí, a los discursos prescriptivos mediante los cuales intentaron reflexionar y reglamentar su conducta sexual, estos tres focos de problematización surgen indudablemente como los más importantes. En torno a ellos, los griegos desarrollaron artes de vivir, de comportarse y de "usar los placeres" según principios exigentes y austeros.

Al primer golpe de vista, tenemos la impresión de que estas diferentes formas de reflexión se acercaron mucho a las formas de austeridad que encontraremos más tarde en las sociedades occidentales cristianas. En todo caso, podemos sentirnos tentados a corregir la oposición aún bastante admitida comúnmente entre un pensamiento pagano "tolerante" hacia la práctica de la "libertad sexual" y las morales tristes y restrictivas que lo siguieron. En efecto, es preciso ver que el principio de una templanza sexual rigurosa y cuidadosamente practicada es un precepto que no data del cristianismo, desde luego, ni de la Antigüedad tardía, ni siquiera de los movimientos rigoristas que tuvieron vida, con los estoicos por ejemplo, en la época helenística y romana. Desde el siglo IV encontramos muy claramente formulada la idea de que la actividad sexual es en sí misma bastante peligrosa y costosa, ligada con bastante fuerza a la pérdida de la sustancia vital, para que una economía meticulosa deba limitarla por lo mismo que no es necesaria; encontramos también el modelo de una relación matrimonial que exigía por parte de los dos cónyuges una igual abstención de todo placer "extraconyugal"; finalmente, encontramos el tema de una renuncia del hombre a toda relación física con un muchacho. Principio general de templanza, recelo de que el placer sexual pudiera ser un mal, esquema de una estricta fidelidad monogámica, ideal de castidad rigurosa: los griegos no vivían, evidentemente, siguiendo este modelo, pero el pensamiento filosófico, moral y médico que se formó entre ellos, ¿no formuló algunos de los principios fundamentales que morales posteriores —y singularmente aquellas que pudimos encontrar en las sociedades cristianas— sólo tuvieron que retomar aparentemente? Sin embargo, no podemos quedarnos en este punto; las prescripciones pueden ser parecidas en lo formal: después de todo, esto no prueba más que la pobreza y la monotonía de las interdicciones. La forma en que la actividad sexual estaba constituida, reconocida y organizada como apuesta moral no es idéntica por el simple hecho de que lo permitido o prohibido, lo recomendado o desaconsejado sea idéntico.

Ya lo hemos visto: el comportamiento sexual está constituido como ámbito de práctica moral, en el pensamiento griego, bajo la forma de *aphrodisia,* de actos de placer que surgen de un campo agonístico de fuerzas difíciles de dominar; para tomar la forma de una conducta racional y moralmente aceptable, apelan a la puesta en juego de una estrategia de la mesura y del momento, de la cantidad y de la oportunidad, y esto tiende, buscando su punto de perfección y su término, a un exacto dominio de sí en el que el sujeto es "más fuerte" que sí mismo hasta en el ejercicio del poder que ejerce sobre los demás. Ahora bien, la exigencia de austeridad implicada con la constitución de este sujeto dueño de sí no se presenta bajo la forma de una ley universal a la que todos y cada uno deberíamos someternos, sino más bien como un principio de estilización de la conducta para quienes quieren dar a su existencia la forma más bella y cumplida posible. Si queremos fijar un origen a estos pocos grandes temas que dieron forma a nuestra moral sexual (la pertenencia del placer al dominio peligroso del mal, la obligación de la fidelidad monogámica, la exclusión de compañeros del mismo sexo), no sólo no hay que atribuirlos a esta ficción a la que llamamos la moral "judeo-cristiana", sino sobre todo no hay que buscar ahí la función intemporal de la interdicción o la forma permanente de la ley. La austeridad sexual precozmente recomendada por la filosofía griega no se arraiga en la intemporalidad de una ley que adoptaría alternativamente las diversas formas históricas de la represión: surge de una historia que es, para comprender las transformaciones de la experiencia moral, más decisiva que la de los códigos: una historia de la "ética" entendida como elaboración de una forma de relación consigo mismo que permite al individuo constituirse en sujeto de una conducta moral.

Por otra parte, cada una de las tres grandes artes de comportarse, de las tres grandes técnicas de sí desarrolladas en el pensamiento griego —la Dietética, la Económica y la Erótica—, propuso, si no una moral sexual particular, por lo menos una modulación singular de la conducta sexual. En esta elaboración de las exigencias de la austeridad, no sólo los griegos no intentaron definir un código de conductas obligatorias para todos, sino que tampoco buscaron organizar el comportamiento sexual como un dominio que proviene en todos sus aspectos de uno solo y el mismo conjunto de principios.

Del lado de la Dietética encontramos una forma de templanza definida por el uso medido y oportuno de las *aphrodisia*; el ejercicio de esta templanza exigía una atención centrada sobre todo en la cuestión del "momento" y en la correlación entre los estados variables del cuerpo y las propiedades cambiantes de las estaciones, y en el corazón de esta preocupación se manifiestan el miedo a la violencia, el temor al agotamiento y la doble inquietud de la supervivencia del individuo y del mantenimiento de la especie. Del lado de la Económica encontramos una forma de templanza ya no definida por la fidelidad recíproca de los cónyuges, sino por un determinado privilegio por el que el marido conserva a la esposa legítima sobre la que ejerce su poder; la postura temporal no es aquí el planteamiento del momento oportuno, sino el mantenimiento a lo largo de la existencia de cierta estructura jerárquica propia de la organización de la casa; para asegurar esta permanencia, el hombre debe temer todo exceso y practicar el dominio de sí en el dominio que ejerce sobre los demás. Finalmente, la templanza exigida por la Erótica es todavía de un tipo distinto: incluso si no impone la abstención pura y simple, pudimos observar que tiende a ello y que trae consigo el ideal de una renuncia a toda relación física con los muchachos. Esta Erótica está ligada a una percepción del tiempo muy distinta de la que encontramos a propósito del cuerpo o a propósito del matrimonio: es la experiencia de un tiempo fugitivo que conduce fatalmente a un término cercano. En cuanto a la inquietud que la anima, es la del respeto que se debe a la virilidad del adolescente y a su estatuto futuro de hombre libre: ya no se trata simplemente de que el hombre sea dueño de su placer; se trata de saber cómo se puede dejar espacio a la libertad del otro en el dominio que uno ejerce sobre sí mismo y en el amor verdadero que se le entrega. Y, a fin de cuentas, en esta reflexión acerca del amor de los muchachos, la erótica platónica planteó la cuestión de las relaciones complejas entre el amor, la renuncia a los placeres y el acceso a la verdad.

Podemos recordar aquí lo que K. J. Dover escribió hace poco:

Los griegos no heredaron la creencia de que un poder divino había revelado a la humanidad un código de leyes que regulasen el comportamiento sexual y tampoco ellos mismos lo elaboraron. Tampoco tenían institución alguna que tuviera el poder de hacer respetar prohibiciones sexuales. Enfrentados a culturas más antiguas, más ricas y más elaboradas que las suyas, los griegos se sintieron libres de elegir, de adaptar, de desarrollar y sobre todo de innovar.[1]

La reflexión sobre el comportamiento sexual como dominio moral no fue entre ellos una forma de interiorizar, de justificar o de fundamentar en principio interdicciones generales impuestas a todos; fue más bien una forma de elaborar, desde la más pequeña parte de la población constituida por los adultos varones y libres, una estética de la existencia, el arte meditado de una libertad percibida como juego de poder. La ética sexual, que está por una parte en el origen de la nuestra, descansaba en un sistema demasiado duro de desigualdades y de restricciones (en particular respecto de las mujeres y los esclavos), pero fue problematizada en el pensamiento como la relación, para un hombre libre, entre el ejercicio de su libertad, las formas de su poder y su acceso a la verdad.

Al adoptar un punto de vista rápido, y muy esquemático, de la historia de esta ética y de sus transformaciones a lo largo de una extensa cronología, podemos observar desde el principio un desplazamiento del acento. En el pensamiento griego clásico, está claro que es la relación con los muchachos la que constituye el punto más delicado y el foco más activo de reflexión y de elaboración; ahí es donde la problematización apela a las formas de austeridad más sutiles. Ahora bien, en el curso de una evolución muy lenta, podremos ver cómo ese foco se desplaza: los problemas irán centrándose poco a poco alrededor de la mujer, lo que no quiere decir ni que el amor de los mu-

---

1 K. J. Dover, *Homosexualité grecque*, p. 247.

chachos ya no será practicado ni que cesará de expresarse ni que ya no se interrogará más sobre él. Pero es la mujer y la relación con ella las que señalarán los tiempos duros de la reflexión moral sobre los placeres sexuales: sea bajo la forma del tema de la virginidad, de la importancia que adopta la conducta matrimonial o el valor acordado a las relaciones de simetría y de reciprocidad entre los dos cónyuges. Podemos por lo demás ver un nuevo desplazamiento del foco de problematización (esta vez de la mujer hacia el cuerpo) en el interés que se manifestó a partir de los siglos XVII y XVIII por la sexualidad del niño, y de una manera general por las relaciones entre el comportamiento sexual, la normalidad y la salud.

Pero al mismo tiempo que ocurren estos desplazamientos, se producirá cierta unificación entre los elementos que podríamos encontrar repartidos en las diferentes "artes" de usar los placeres. Tuvo lugar la unificación doctrinal —de la que san Agustín fue uno de los responsables— que permitió pensar en el mismo conjunto teórico el juego de la muerte y de la inmortalidad, la institución del matrimonio y las condiciones del acceso a la verdad. Pero hubo también una unificación a la que podríamos llamar "práctica", la que recentró las distintas artes de la existencia alrededor del desciframiento de sí, de los procedimientos de purificación y de los combates contra la concupiscencia. De golpe, lo que se encontró colocado en el corazón de la problematización de la conducta sexual ya no fue el placer con la estética de su uso, sino el deseo y su hermenéutica purificadora.

Este cambio será el efecto de toda una serie de transformaciones. En sus principios, antes incluso del desarrollo del cristianismo, tenemos el testimonio de estas transformaciones en la reflexión de los moralistas, de los filósofos y de los médicos en los dos primeros siglos de nuestra era.

Índice de textos citados[1]

Agustín de Hipona
Confesiones, texto establecido por M. Skutella y traducido por E. Trehorel y G. Bouisson, en *Œuvres,* t. XIII, París, 1962, p. 43.

Antifón
Discurso, texto establecido y traducido por L. Gernet, París, Collection des Universités de France (CUF), pp. 72, 73-4.

Apuleyo
Metamorfosis, traducción de P. Grimal, París, Gallimard, 1963, p. 25.

Areteo de Capadocia
Tratado de los signos, las causas y la cura de las enfermedades agudas y crónicas, traducción de L. Renaud, París, 1834; texto en el *Corpus Medicorum Graecorum,* II, Berlín, 1958, p. 21.

1 Mi reconocimiento para la Bibliothèque du Saulchoir y para su director. Doy las gracias a Nicole y Louis Évrard, al igual que a Hélène Monsacré, cuya ayuda me fue inapreciable para la elaboración de este libro. [NOTA DEL TRADUCTOR: En mi caso, es una práctica invariable no retraducir aquello que a su vez ha sido traducido. No así para el libro de Foucault. Buscar en las distintas ediciones en español de los clásicos una traducción directa del griego hubiera sido traicionar el propio texto, que se basa en *determinadas* traducciones y éstas no necesariamente francesas, como puede verse por la bibliografía adjunta. Debo decir, sin embargo, que en algunos casos me he inspirado en traducciones nuestras y en dos o tres casos más he citado textualmente (digámoslo: de las traducciones de Juan David García Bacca de Jenofonte y de la de Antonio Gómez Robledo de *La República* de Platón, ambas editadas por la Universidad Nacional Autónoma de México en muy distintas épocas). Otra cosa hubiera sido entrar en polémicas acerca de cómo debe traducirse tal o cual pasaje y, lo que es más grave aún, traicionar el contexto. Por otra parte, las traducciones al castellano no siempre son de fiar y la mayor parte de las veces ni siquiera cubren los mínimos requisitos académicos.]

Aristófanes
Acarnianos, texto establecido por V. Coulon y traducido por H. Van Daele (CUF), p. 207.
Las asambleístas, texto establecido por V. Coulon y traducido por H. Van Daele (CUF), p. 238.
Los caballeros, texto establecido por V. Coulon y traducido por H. Van Daele (CUF), p. 238.
Tesmoforias, texto establecido por V. Coulon y traducido por H. Van Daele (CUF), pp. 25, 207.

Aristóteles
Del alma, texto establecido por A. Jannone, traducido y anotado por E. Barbotin (CUF), pp. 53, 147.
Ética eudemiana, texto y traducción de H. Rackham (Loeb Classical Library), pp. 44, 195.
Ética nicomaquea, texto y traducción de H. Rackham (Loeb Classical Library); traducción francesa de R.-A. Gauthier y J.-Y. Jolif, Lovaina-París, 1970, pp. 43-4, 48-50, 53-56, 71-73, 77-78, 84, 96-97, 193-194, 197.
La generación de los animales, texto y traducción de P. Louis (CUF), pp. 51, 53, 58, 129, 145-148.
De la generación y la corrupción, texto y traducción de Ch. Mugler (CUF), p. 147.
Historia de los animales, texto y traducción de P. Louis (CUF), pp. 42, 48, 45, 46, 50, 58, 64.
De las partes de los animales, texto y traducción de P. Louis (CUF), p. 47.
Política, texto y traducción de H. Rackham (Loeb Classical Library), pp. 24, 88-92, 95, 114, 134-135, 187-190, 191, 192-194, 198, 235.
La retórica, texto y traducción de J. Voilquin y J. Capelle, París, 1944, pp. 59, 221, 222.

Seudo-Aristóteles
Económica, texto y traducción de A. Wartelle (CUF), pp. 191-192, 196.
Problemas, texto y traducción de W. S. Hett (Loeb Classical Library), pp. 44, 51, 122, 126, 129, 136, 146.
Sobre la esterilidad, texto y traducción de P. Louis, en el t. III de la *Historia de los animales* (CUF), pp. 50, 157.

Aubenque, P.
La prudence chez Aristote, París, PUF, 1963, p. 64.

Aulo Gelio
Las noches áticas, texto y traducción de R. Macache (CUF), p. 138.

Boswell, J.
Christianity, social tolerance, and homosexuality, Chicago, 1980, p. 248.

Brisson, L.
Artículo "Éros" del *Dictionnaire des mythologies,* París, Flammarion, 1981, p. 249.

Buffière, F.
Éros adolescent. La pédérastie dans la Grèce antique, París, Les Belles Lettres, 1980, pp. 207, 211, 215, 238.

Clemente de Alejandría
El pedagogo, texto y traducción de M. Harl, París, Éd. du Cerf, 1960, p. 138.

Dauvergne, H.
Les forçats, París, 1841, p. 24.

Demóstenes
Contra Neera, texto y traducción de L. Gernet (CUF), pp. 155-158.
Eróticos, texto establecido y traducido por R. Clavaud (CUF), pp. 66, 221-232.

Diocles
Del régimen, en Oribasio, *Colección médica,* t. III, texto establecido y traducido por U. Bussemaker y Ch. Daremberg, París, 1858, pp. 119, 122, 124, 129.

Diógenes Laercio
Vida de los filósofos, texto y traducción de R. D. Hicks (Loeb Classical Library); traducción francesa de R. Genaille, París, Garnier-Flammarion, 1965, pp. 49, 54, 56, 59, 77, 82, 89, 96, 129, 143, 204, 239, 241.

Dión de Prusa
Discursos, texto y traducción de J. W. Cohoon (Loeb Classical Library), pp. 25, 49.

Dover, K. J.
"Classical Greek attitudes to sexual behaviour", *Arethusa,* 6, 1973, p. 39.
Greek popular morality in the time of Plato and Aristotle, Oxford, 1974, pp. 39.
Greek homosexuality, Londres, 1978; traducción francesa de S. Saïd: *Homosexualité grecque,* Grenoble, 1982, pp. 39, 43, 205, 213, 218, 229, 237, 242, 271.

Duby, G.
Le chevalier, la femme et le prêtre, París, Hachette, 1981, p. 28.

Epicteto
Pláticas, texto y traducción de J. Souilhé (CUF), p. 25.

Esquines
Contra Timarco, texto y traducción de V. Martin y G. de Budé (CUF), pp. 212, 215, 236-237.

Eurípides
Ión, texto y traducción de L. Parmentier y H. Grégoire (CUF), p. 178.
Medea, texto y traducción de L. Méridier (CUF), p. 178.

Filóstrato
Vida de Apolonio de Tiana, traducción de P. Grimal, París, Gallimard, 1963, p. 26.

Flandrin, J.-L.
Un temps pour embrasser, París, Éd. du Seuil, 1983, p. 127.

Fraisse, J.-C.
Philia, la notion d'amitié dans la philosophie antique, París, Vrin, 1974, pp. 198, 219.

Francisco de Sales
Introduction à la vie devote, texto establecido y presentado por Ch. Florisoone (CUF), p. 23.

Hadot, P.
Exercices spirituels et philosophie antique, París, "Études Agustiniennes", 1981, p. 261.

Hipócrates
La antigua medicina, texto y traducción de A.-J. Festugière, París, 1948; Nueva York, 1979, p. 108.
Aforismos, texto y traducción de W. H. S. Jones (Loeb Classical Library), p. 122.
Epidemias, texto y traducción de W. H. S. Jones (Loeb Classical Library), pp. 110, 131.
De la generación, texto y traducción de R. Joly (CUF), pp. 139, 143-144.
De las enfermedades II, texto y traducción de J. Jouanna (CUF), p. 130.
De la naturaleza del hombre, texto y traducción de W. H. S. Jones (Loeb Classical Library), pp. 119, 122.
Del régimen, texto y traducción de R. Joly (CUF), pp. 112, 115, 120-124.
Régimen saludable, texto y traducción de W. H. S. Jones (Loeb Classical Library), p. 119.
Juramento, texto y traducción de W. H. S. Jones (Loeb Classical Library), p. 52.

Isócrates
A Nicocles, texto y traducción de G. Mathieu y E. Brémond (CUF), p. 190.

Nicocles, texto y traducción de G. Mathieu y E. Brémond (CUF), pp. 24, 74, 91, 163, 185-190.

Jenofonte
Agesilao, texto y traducción de E. C. Marchant (Loeb Classical Library); traducción francesa de P. Chambry, París, Garnier-Flammarion, 1967, pp. 26, 48, 67.
Anábasis, texto y traducción de C. L. Brownson y O. J. Todd (Loeb Classical Library); traducción francesa de P. Chambry, París,1967, pp. 48, 206.
Banquete, texto y traducción de C. L. Brownson y O. J. Todd (Loeb Classical Library); traducción francesa de P. Chambry, París, 1967, pp. 51, 60, 160, 162, 205, 217, 219, 221, 242, 252-253.
Ciropedia, texto y traducción de M. Bizos y E. Delebecque (CUF), pp. 65, 70, 91, 103, 204.
Económica, texto y traducción de P. Chantraine (CUF), pp. 79, 84, 94, 157, 164-177, 179-180.
Hierón, texto y traducción de E. C. Marchant y G. W. Bowersock (Loeb Classical Library); traducción francesa de P. Chambry, París, 1967, pp. 51, 54, 67, 73, 177, 215, 242.
Recuerdos de Sócrates, texto y traducción de E. C. Marchant (Loeb Classical Library); traducción francesa de P. Chambry, París, 1967, pp. 42, 44, 48, 56, 61-63, 65, 67, 74, 81, 87, 89, 97-98, 113, 118, 166, 253.
La república de los lacedemonios, traducción francesa de P. Chambry, París, 1967, pp. 134, 253.

Joly, H.
Le renversement platonicien, logos, epistēmē, polis, París, Vrin, 1974, pp. 105, 262.

Lacey, W. K.
The family in classical Greece, Ithaca, 1968, pp. 162.

Leski, E.
"Die Zeugungslehre der Antike", *Abhandlungen der Akademie der Wissenschaften und Literatur,* XIX, Maguncia, 1950, p. 39.

Lisias
Sobre la muerte de Eratóstenes, texto y traducción de L. Gernet y M. Bizos (CUF), p. 159.

Seudo-Luciano
Los amores, texto y traducción de M. D. MacLeod (Loeb Classical Library), p. 45.

Manuli, P.
"Fisiologia e patologia del feminile negli scritti hippocratici", *Hippocratica,* París, 1980, p. 51.

North, H.
Sōphrosynē. Self-knowledge and self-restraint in Greek literature, "Cornell Studies in Classical Philology", xxxv, Ithaca, 1966, p. 70.

Pablo de Egina
Cirugía, traducción de R. Briau, París, 1855, pp. 119, 125.

Platón
Alcibiades, texto y traducción de M. Croiset (CUF), p. 81.
Banquete, texto y traducción de L. Robin (CUF), pp. 27, 48, 53, 57, 66-67, 147, 205, 208, 212, 217, 226, 242-243, 249-251, 254-255, 261, 264.
Cármide, texto y traducción de A. Croiset (CUF), p. 211.
Eutidemo, texto y traducción de L. Méridier (CUF), p. 211.
Gorgias, texto y traducción de A. Croiset (CUF), pp. 48, 62, 70-71, 73, 81, 92, 101, 207.
Cartas, texto y traducción de J. Souilhé (CUF), pp. 74-75.
Leyes, texto y traducción de É. des Places y A. Diès (CUF), pp. 48-49, 54-55, 57, 72-76, 79-80, 83-84, 86, 98, 117, 131-136, 146-147, 149, 157, 181-184, 204, 241-242, 264.
Fedro, texto y traducción de L. Robin (CUF), pp. 25, 48, 55, 73-75, 99, 218, 242, 250, 254-260, 264.
Filebo, texto y traducción de A. Diès (CUF), pp. 47, 54, 137.
Político, texto y traducción de A. Diès (CUF), p. 53.
Protágoras, texto y traducción de A. Croiset (CUF), pp. 73, 184.
La República, texto y traducción de E. Chambry (CUF), pp. 45, 48, 50, 53-56, 58, 62, 68, 70, 73-79, 83-85, 89-90, 97, 102, 109-110, 113-115, 133, 203.
Timeo, texto y traducción de A. Rivaud (CUF), pp. 49, 54-55, 110, 114, 117, 144.

Seudo-Platón
Rivales, texto y traducción de J. Souilhé (CUF), pp. 112, 218.

Plinio el Viejo
Historia natural, texto y traducción de J. Beaujeu (CUF), p. 23.

Plutarco
Conversaciones de sobremesa, texto y traducción de F. Fuhrmann (CUF), p. 65.
Vida de Catón el Joven, texto y traducción de R. Flacelière y E. Chambry (CUF), p. 23.
Vida de Solón, texto y traducción de E. Chambry, R. Flacelière y M. Juneaux (CUF), p. 158.

Polibio
Historias, texto y traducción de R. Weil y C. Nicolet (CUF), p. 59.

Pomeroy, S.
Goddesses, whores, wives and slaves: women in classical Antiquity, Nueva York, 1975, p. 159.

Porfirio
Vida de Pitágoras, texto y traducción de É. des Places (CUF), p. 112.

Romilly, J. de
L'idée de loi dans la pensée grecque des origines à Aristote, París, Les Belles Lettres, 1971, p. 59.

Rufo de Éfeso
Œuvres, texto y traducción de Ch. Daremberg y Ch.-E. Ruelle, París, 1878, p. 53.

Séneca el Viejo
Controversias y suasorios, traducción de H. Bornecque, París, Garnier, 1932, p. 25.

Smith, W. D.
"The development of classical dietetic theory", *Hippocratica,* París, 1980, p. 119.

Van Gulik, R.
La vie sexuelle dans la Chine ancienne, traducción francesa de L. Évrard, París, Gallimard, 1971, pp. 150, 156.

Vernant, J.-P.
Mythe et pensée chez les Grecs, París, Maspero, 1966, p. 171.